Poder e desigualdade

Cesar Calejon e André Roncaglia

Poder e desigualdade
O retrato do Brasil no começo do século XXI

1ª edição

Rio de Janeiro
2024

Copyright © Cesar Calejon e André Roncaglia, 2024

Capa: Anderson Junqueira
Diagramação: Abreu's System

Todos os direitos reservados. É proibido reproduzir, armazenar ou transmitir partes deste livro, através de quaisquer meios, sem prévia autorização por escrito.

Texto revisado segundo o Acordo Ortográfico da Língua Portuguesa de 1990.

As opiniões aqui apresentadas são exclusivamente dos autores e não representam as opiniões de nenhum país, organização, organismo internacional ou qualquer outra entidade aqui mencionada.

Direitos desta edição adquiridos pela
EDITORA CIVILIZAÇÃO BRASILEIRA
Um selo da
EDITORA JOSÉ OLYMPIO LTDA.
Rua Argentina, 171 – 3º andar – São Cristóvão
Rio de Janeiro, RJ – 20921-380
Tel.: (21) 2585-2000.

Seja um leitor preferencial Record.
Cadastre-se no site www.record.com.br
e receba informações sobre nossos
lançamentos e nossas promoções.

Atendimento e venda direta ao leitor:
sac@record.com.br

CIP-BRASIL. CATALOGAÇÃO NA PUBLICAÇÃO
SINDICATO NACIONAL DOS EDITORES DE LIVROS, RJ

C153p

Calejon, Cesar
 Poder e desigualdade : o retrato do Brasil no começo do século XXI / Cesar Calejon, André Roncaglia. – 1. ed. – Rio de Janeiro : Civilização Brasileira, 2024.

 ISBN 978-65-5802-162-9

 1. Poder (Ciências sociais). 2. Brasil – Condições sociais. 3. Brasil – Condições econômicas. 4. Comunicação de massa – Aspectos políticos. 5. Mídia social – Aspectos políticos. 6. Brasil – Política e governo – Séc. XXI. I. Roncaglia, André. II. Título.

24-93629

CDD: 320.0981
CDU: 32(81)

Meri Gleice Rodrigues de Souza – Bibliotecária – CRB-7/6439

Impresso no Brasil
2024

Para Erick e Tomás

Não é na resignação mas na *rebeldia*
em face das injustiças que nos afirmamos.

PAULO FREIRE

SUMÁRIO

INTRODUÇÃO   13

PARTE I – A CONCENTRAÇÃO DO PODER MIDIÁTICO   23

Capítulo 1. A formação e a evolução das mídias hegemônicas brasileiras ao longo do século xx   25
Era Vargas   28
A imprensa, o corporativismo e o regime militar   32

Capítulo 2. As mídias hegemônicas no Brasil atual   39
Mídias tradicionais: Globo, Record, Bandeirantes, SBT,
  Folha de S.Paulo e *O Estado de S. Paulo*   40
Mídias digitais: um novo modelo de governança global
  e o risco à soberania dos Estados nacionais   49

Capítulo 3. O vínculo do poder político e do mercado financeiro transnacional com as empresas de mídia   59
O capitalismo anglo-saxão como principal regulador
  da vida sociopolítica brasileira   65
Uma sociedade feudal financista   68

Capítulo 4. Concentração midiática e a ameaça à democracia   73
O golpe de 1964   73
Lula versus Collor em 1989   80
A Lava Jato e o golpe de 2016   83

PARTE II – A CONCENTRAÇÃO DO PODER POLÍTICO 87

Capítulo 5. Teocracia miliciana: o dogma religioso no cerne da organização da vida sociopolítica do Brasil 89
Como o bolsonarismo catalisou a teologia da prosperidade para a teologia do domínio 92
Quem são os principais mercadores da fé no Brasil? 96

Capítulo 6. Os poderes da República 101
Separados sim, estanques não 101
Sistema de governo 105
Do presidencialismo de coalizão ao governo congressual 107
Sistema de justiça: judicialização da política, politização da justiça e democracia militante 113
Desafios da política 116

Capítulo 7. Políticos e representantes patronais versus representantes laborais 119
Os lobbies no Congresso Nacional 120
Um caso emblemático – Piso Nacional dos Enfermeiros 123
Confederação Nacional da Indústria (CNI) 125
Federação Brasileira de Bancos (Febraban) 128
Frentes Parlamentares 130

PARTE III – A CONCENTRAÇÃO DO PODER ECONÔMICO 137

Capítulo 8. Debate público em economia: tribos ideológicas e o jornalismo econômico 139
Conflito de escolas de pensamento e a hegemonia neoliberal 142
Poder econômico e a imprensa especializada em economia e negócios 146
Corrupção e ineficiência do Estado e do setor privado 149
A fraude sistêmica do *subprime* (2008) 151
A fraude financeira das Lojas Americanas (2023) 152
Os efeitos da indignação seletiva contra a corrupção 153

Monetarismo e a miséria da ortodoxia econômica   154
O globalismo neoliberal   157
Austeridade corporativa e a ciranda financeira global   160
A nova e fluida razão do mundo   164

Capítulo 9. Fazendão com cassino   171
O modelo Serra Pelada de desenvolvimento   173
Abundância de recursos naturais: benção ou maldição?   178
Vantagens coercitivas e captura do Estado no Brasil   180
O vício da economia brasileira em rendas extrativas   183
O ciclo ideológico do neoliberalismo
  e a doença industrial brasileira   188

Capítulo 10. Economia Dual: Faria Lima versus Feira de Acari   193
O mercado de trabalho na periferia ou
  "O que você vai ser quando crescer?"   195
Teletrabalho e "microempresários de aplicativo"   200
Não deu *match*   206
A reforma trabalhista de 2017 e a precarização do emprego   211

Capítulo 11. A vida no camarote vip da sociedade   215
Caso Natura ou "Quem quer ganhar 70 milhões de reais por ano?"   219
Emulando o topo: os esfarrapados viraram traders   222
O código-fonte da desigualdade: homoplutia e homogamia   226
O *charme discreto* das classes privilegiadas latino-americanas   231

Capítulo 12. Orçamento público e o conflito social   235
O déficit social e econômico das elites latino-americanas   235
A economia do condomínio   237
Impostos e privilégios   242
Tributos e gastos sociais   246
Regras fiscais como expressão do poder político   252
Estabilização da dívida pública e regras fiscais   255
Plano Real e a Lei de Responsabilidade Fiscal   258

Uma breve história da política fiscal recente   261
Teto de Gastos de Temer e Bolsonaro   264
A PEC da Transição e o Novo Arcabouço Fiscal   269

Capítulo 13. Dívida pública é riqueza privada: as pulsões do capital patrimonial   273
Dívida pública como lastro e rede de proteção empresarial   277
A grande diáspora da riqueza pública   284
O camarote VIP defende a austeridade… para os outros!   287
Não há alternativa à supremacia da iniciativa privada   288
Mercado de títulos de dívida e os limites ao poder político   293
A gramática do poder financeiro:
    o mercado de títulos da dívida pública   300
A apoteose do rentismo ou como a dívida pública impulsionou a
    Revolução Industrial   303

Capítulo 14. Dinheiro na mão é vendaval   309
Promessa é dívida: a essência das relações econômicas   309
Para que serve a moeda?   315
Bitcoin aborígene e a moeda como rede informacional   315
Bem público ou propriedade privada: o dinheiro é de quem?   319
O poder do intermediário financeiro e a tendência
    à instabilidade financeira   321
A rede de proteção preferencial dos bancos   327
A eficiência social das finanças   329
Bancos Centrais: muito mais que uma Casa da Moeda   333
Finanças impacientes e as metas de inflação: a dominância monetária
    sobre a política econômica brasileira   336
Quem ganha e quem perde com a austeridade monetária   344

POSFÁCIO   351

AGRADECIMENTOS   355

REFERÊNCIAS BIBLIOGRÁFICAS   357

Introdução

O jornalista e escritor franco-argelino Albert Camus afirma que um romance nada mais é do que uma filosofia expressa em imagens. Ou seja, podemos dizer que, num bom romance, a filosofia desaparece nas imagens. De certa forma, esse mesmo raciocínio se aplica ao modelo de sociedade. Contudo, um modelo de sociedade saudável deve exercer a função contrária à proposta por Camus sobre os romances: deve explicitar a filosofia que a orienta em vez de escamoteá-la, o que é, precisamente, o cenário com o qual nos deparamos hoje. Isso torna a identificação dos meandros que formaram nossa sociedade uma tarefa bastante desafiadora, mesmo para as pessoas que são versadas nas ciências sociais.

Tal fato não é fruto de um mero acidente ou casualidade. Desde a implementação do sistema das capitanias hereditárias, durante a primeira metade do século XVI, a filosofia que organiza a composição do Brasil tem por objetivo precípuo a concentração do poder nas mãos daqueles que viriam a ser os *próceres da República*, segundo a hierarquia moral determinada pelo elitismo histórico-cultural.[1] Ao longo do último século, por exemplo, a classe privilegiada (que pode ser entendida como classe dirigente do Brasil) formou-se, sobretudo, na rede pública do ensino superior – com destaque para as cidades de São Paulo, Rio de Janeiro, Porto Alegre, Recife e Salvador, e com ênfase aos bacharéis de direito.

---

1 Sobre o elitismo histórico-cultural, ver Cesar Calejon, *Esfarrapados*, 2023.

Os efeitos dessa formação são sentidos até hoje. Uma pesquisa recente[2] analisou grupos dos dirigentes que se formaram na Universidade de São Paulo (USP) e que ocuparam cargos no alto escalão do Brasil nas últimas nove décadas (entre 1930 e 2023), considerando a segmentação por ramo da instituição estatal e o tipo de agência dentro de cada ramo, assim descritos: Poder Executivo, formado por 287 ocupantes de posições de destaque, como presidentes da República, ministros de Estado e presidentes do Banco Central (BC); Poder Judiciário, composto de cem nomeações a ministros do Supremo Tribunal Federal (STF), que serviram entre 1934 e 2023; e Poder Legislativo, constituído de 85 ocupantes das presidências da Câmara dos Deputados e do Senado Federal – além do Ministério Público, composto de trinta Procuradores-Gerais da República (PGR), que serviram desde 1931, sendo que o último procurador considerado tomou posse em 2019 e deixou o cargo em 2023.

Não precisamos de muito esforço para saber qual era a raça e o gênero desse grupo de dirigentes. Até o ano de 2023, havia apenas 125 negros (pretos e pardos) entre os mais de 5.531 professores da USP, o que equivalia a 2,3% do total.[3] Devido às políticas das cotas raciais no ensino superior, a situação entre os discentes melhorou de maneira significativa. Em 2021, a USP tinha 44,1% de alunos autodeclarados pretos, pardos e indígenas.[4] Mesmo com a melhora, a maioria ainda é branca. Ou seja, a despeito das forças progressistas que visam romper essa estrutura de controle secular, existe um projeto político, econômico e sociocultural que orienta o arranjo social brasileiro de tal forma.

Encontram-se, no cerne desse projeto, duas grandes falsas premissas elementares: a primeira diz que existem seres humanos que são superiores ou inferiores por natureza, e a segunda salienta que o de-

---

[2] Maria Rita Loureiro, Adriano Codato, Rafael Rodrigues Viegas e Rodrigo Silva, "Fábrica de líderes", 2024.
[3] Juliana Domingos de Lima, "'História do racismo na USP coincide com a história da USP', diz professor", *Ecoa*, 28 mar. 2023.
[4] Adriana Cruz, "Reportagens repercutem conquista da USP com a inclusão de mais de 50% de alunos de escolas públicas", *Jornal da USP*, 16 jun. 2021.

senvolvimento humano seria, fundamentalmente, de progresso linear dos *selvagens* para o *homem civilizado*.

O que vemos no Brasil é um reflexo direto da colonização filosófica imposta pelos países da Europa Ocidental. Conforme abordado no livro *Esfarrapados*,[5] a ideia de que existem homens de ouro, prata e bronze já aparecia nos escritos de Platão. Essa noção de que há pessoas superiores a outras também aparece na segunda metade do século XVIII, que ficou conhecido como o Século das Luzes. Diversos pensadores, entre eles Adam Smith, Anne Robert Jacques Turgot, William Robertson, John Millar, Adam Ferguson e Henry Home (Lord Kames), por exemplo, tentaram sintetizar uma explicação da condição humana por meio de conceitos universais, como se existisse uma narrativa única da história do progresso humano.

Contudo, de diferentes formas e com etapas distintas, os iluministas ingleses elaboraram uma perspectiva linear e não dialética do desenvolvimento humano: caça e coleta (selvageria), pastoralismo (barbárie), agricultura (civilização) e urbanização (sociedade comercial). Mesmo que John Locke tivesse dito que "a liberdade natural do homem é estar livre de qualquer poder superior na Terra",[6] seus pares intelectuais apostavam em argumentos, condições e teorias para enfatizar a superioridade (moral e científica) dos povos europeus – em detrimento, sobretudo, dos africanos e nativos das Américas, que, portanto, poderiam ser tratados como *selvagens* e, por consequência, como mercadorias. De modo conveniente, tais estruturas de raciocínio serviam como uma luva para as monarquias europeias, que estavam invadindo, pilhando, catequizando, escravizando, estuprando e assassinando os povos ditos inferiores.

O próprio Locke afirma que "a liberdade do homem, na sociedade, não deve estar sujeita a nenhum outro poder legislativo, exceto aquele estabelecido, por consentimento, no Commonweath",[7] e que "toda a terra

---

5 Cesar Calejon, *op. cit.*, 2023.
6 John Locke, *Second Treatise of Government*, 1980, p. 10. Tradução nossa.
7 *Ibidem*. Tradução nossa.

que um homem cultiva, planta, melhora e pode usufruir dos seus produtos é sua propriedade. Ele, por meio do seu trabalho, por assim dizer, isola [essa propriedade] do comum [e a torna privada]".[8] Indígenas e africanos não faziam parte do Commonwealth.[9] Ou seja, não possuíam direitos à liberdade ou às terras. De maneira estrutural, essa mentalidade segue viva até os dias atuais, classificando como terroristas, ditadores, fundamentalistas etc. todos os povos e nações que se oponham aos interesses do Ocidente (o que podemos considerar como o Commonwealth do século XXI). Apesar de todos esses avanços e das forças contra-hegemônicas que se consolidam com cada vez mais ênfase no começo do século XXI, a principal força reguladora da sociedade internacional ainda é o capitalismo anglo-saxão – e o subsequente militarismo que o acompanha.

Assim, o Século da Luzes pode ter iluminado os salões europeus da época com as roupas e o açúcar, que eram obtidos por meio da exploração da mão de obra escravizada na Ásia, na África e nas Américas, mas levou a escuridão, a morte e o sofrimento para milhões de seres humanos que foram usados e descartados como produtos. A principal *razão* que o século XVIII trouxe para as relações humanas foi uma racionalidade profundamente violenta, elitista e segregada, fundamentada na pretensa superioridade dos povos europeus.

Em última instância, essa presunção iluminista falaciosa conformou um arcabouço ideológico e argumentativo forte e eficaz a ponto de justificar séculos de extermínios coloniais, quase quatrocentos anos de tráfico de escravizados sobre o Atlântico, a ascensão do liberalismo vitoriano, duas grandes guerras mundiais, a consolidação do neoliberalismo a partir da década de 1980 e, consequentemente, a catalisação das mudanças climáticas,[10] que agora ameaçam a nossa espécie de

---

8 *Ibidem*, p. 13. Tradução nossa.
9 Originalmente criada como Comunidade Britânica de Nações, o Commonwealth é, atualmente, uma organização intergovernamental composta por 56 países membros e independentes. De muitas formas, o Commonwealth traduz a extensão do poder do Império Britânico até os dias atuais.
10 Michael Löwy, "A ofensiva do capitalismo neoliberal contra a Mãe Terra", 2023.

forma derradeira. Mesmo com todas essas tragédias, os seres humanos parecem pouco capazes de aprender com a própria experiência, pois essa mentalidade biologista e elitista segue vigorosa como a premissa da "Internacional do Fascismo"[11] no começo do século XXI, sendo manifestada através de figuras como Trump (Estados Unidos), Bolsonaro (Brasil), Meloni (Itália), Orban (Hungria), Milei (Argentina), Kast (Chile), Krah (Alemanha), Bardella e Le Pen (França), Ventura (Portugal), Abascal (Espanha) e tantos outros.

Neste livro, vamos debater como esse modelo organizacional nos trouxe até esse ponto enquanto nação. Apesar disso, cabe colocar em perspectiva que as questões aqui avaliadas são pertinentes ao legado histórico e cultural brasileiro e, portanto, são correlatas ao contexto de dominação, morte e violência mais amplo citado acima.

Por exemplo: segundo dados da University College of London (UCL), a invasão europeia nas Américas exterminou quase 90% da população originária local em um século e matou tantas pessoas que alterou até o clima da Terra: "A escala da perturbação que se seguiu à 'descoberta' das Américas por Colombo, em 1492", foi tão brutal que, "ao longo dos cem anos após a chegada da Europa, a população indígena das Américas caiu de 60 milhões para apenas 6 milhões, devido às ondas de epidemias, guerras e fome."[12] Segundo o estudo, esse processo resultou no crescimento das florestas e, consequentemente, na redução dos níveis de dióxido de carbono (CO_2), contribuindo para o esfriamento da Terra. Ou seja, o massacre dos povos indígenas das Américas implicou o abandono de terras desmatadas a ponto de que a absorção de carbono terrestre tivesse um impacto verificável no CO_2 da atmosfera e nas temperaturas globais do ar na superfície.[13]

---

11 William I. Robinson, "Capital Has an Internationale and It Is Going Fascist", 2019. Tradução nossa.
12 "'Great Dying' in Americas Disturbed Earth's Climate", *UCL News*, 1º fev. 2019.
13 *Ibidem*.

Dos africanos sequestrados e traficados para o Brasil, estima-se que 1.736.309 foram embarcados para a Bahia e 1.550.355 chegaram vivos ao fim da viagem. Outros 960.475 foram enviados para Pernambuco, dos quais apenas 853.833 sobreviveram. Para o Sudeste do Brasil, mais 2.672.635 pessoas foram despachadas como mercadorias e 2.317.955 completaram o percurso para engordar o capital dos traficantes europeus. Por fim, 64.063 escravizados foram remetidos a regiões não especificadas do país; dentre esses, apenas 54.041 sobreviveram à jornada. Ao todo, foram sequestrados e mandados 5.369.419 escravizados ao Brasil, dos quais 4.722.143 chegaram ao país. Mais de 647.276 morreram na travessia do Atlântico.[14] A quantidade de corpos dispensada em alto-mar pelos navios assassinos era tão acentuada que fazia com que cardumes de tubarões se formassem nos rastros das embarcações.

Assim, sobre sangue, morte, estupro, horror e violência absoluta dos escravizados africanos e dos originários, que foram igualmente massacrados, iniciou-se a invasão europeia – e o modo de reprodução do nosso atual modelo de sociabilidade, que concentra os poderes político, midiático e econômico nas mãos de uma parcela ínfima da sociedade. A tese central deste livro discorre sobre como a concentração de tais poderes atua de forma dialética, interseccional e representa a fonte central de toda sorte de violências e desigualdades no Brasil.

Não por acaso, nos dias atuais, a violência letal no país se assemelha a um cenário de guerra civil: de acordo com o Observatório Sírio para os Direitos Humanos, entre março de 2011 e março de 2023, 162.390 civis e 340.674 não civis foram mortos na Guerra Civil Síria, totalizando 613 mil mortos.[15] No Brasil, durante quase o mesmo período, entre 2011 e 2021, 601.716 pessoas perderam a vida de forma violenta, vítimas de homicídios, de acordo com o Escritório das Nações Unidas sobre

---

14 Dados disponíveis no site colaborativo *Slave Voyages*, que compila registros de negócios de africanos escravizados por meio do Atlântico.
15 "Syrian Revolution 12 Years On", SOHR, 15 mar. 2023.

Drogas e Crime (UNODC).[16] Em 2020, a taxa de homicídios de negros no Brasil foi de 51 a cada 100 mil habitantes, número quase quatro vezes maior do que o de homens não negros (14,6), de acordo com a segunda edição do relatório do Instituto Sou da Paz.[17] No sistema carcerário brasileiro, a população negra (pretos e pardos) atingiu o maior patamar da série histórica do Fórum Brasileiro de Segurança Pública (FBSP), que começou a ser compilado em 2005: em 2022, 442.033 negros estavam presos no país, 68,2% do total das pessoas encarceradas.[18]

Além disso, a maior parte das comunidades empobrecidas da nação, que em ampla medida é formada por pretos e pardos, não conta sequer com saneamento básico e elementos essenciais de infraestrutura. Segundo dados do Censo 2022,[19] o Brasil tem 49 milhões de pessoas vivendo em lares sem descarte adequado de esgoto, número que equivale a 24% da população. Contudo, entre os pretos e pardos – grupos que compõem mais da metade da sociedade brasileira –, esse percentual sobe para 68,6%.

É evidente que há uma correlação intrínseca entre esses dados e a representatividade política. Nas eleições de 2022, os negros foram eleitos para ocupar apenas 135 cadeiras da Câmara dos Deputados: 26% do total. No Senado, os negros são 25%. Os números de representantes parlamentares indígenas são ainda piores: apenas cinco na Câmara e nenhum no Senado. Em 2024, o Senado completou duzentos anos. Desde a redemocratização do Brasil até a eleição de 2022, cerca de dois em cada três senadores eleitos vieram de famílias que tinham histórico na política institucional, e nove de cada dez eleitos eram homens. Entre 1986 e 2022, apenas quatro mulheres negras foram eleitas

---

16 Dados referentes ao Brasil disponibilizados no site UNODC, na seção "Victims of Intentional Homicide".
17 Instituto Sou da Paz, "Violência armada e racismo: o papel da arma de fogo na desigualdade racial", 2022.
18 Dados do Anuário Brasileiro de Segurança Pública, elaborados pelo FBSP e disponibilizados em seu site.
19 Igor Ferreira, "Censo 2022: rede de esgoto alcança 62,5% da população, mas desigualdades regionais e por cor e raça persistem", *Agência de Notícias IBGE*, 23 fev. 2024.

para o Senado. Dos 407 mandatos disputados nesse período, 274 deles – o equivalente a 67% dos cargos – foram ocupados por pessoas com vínculos familiares com políticos já eleitos.[20]

Portanto, a dimensão política contempla de forma integral a materialidade factual que organizou o Brasil: não se trata de mera representatividade estética e cultural ou *identitarismo*.[21] Como veremos neste livro, existe uma relação entre a concentração dos poderes e o cenário dramático que a maior parte da população brasileira enfrenta em seu cotidiano. Vale notar que na seara midiática – até a presente data –, apesar de estarem nas telenovelas e nas bancadas dos principais telejornais da nação, negros ou indígenas jamais foram proprietários de veículos hegemônicos de comunicação no Brasil. Assim como na lista de bilionários da *Forbes*,[22] que registrou 69 brasileiros e brasileiras com patrimônio acima de 1 bilhão de dólares em 2024, também não apareceu nenhum negro ou indígena. São 56 homens brancos e apenas 13 mulheres, igualmente brancas. Além disso, não por acaso, todos os bilionários do mundo com menos de trinta anos são herdeiros.[23]

Este livro pretende discutir como essas desigualdades – que são operadas dentro de um quadro organizacional que transcende as vontades e as intenções dos indivíduos, orbitando os circuitos de poder – transformaram o Brasil em um dos países mais violentos e desiguais do planeta, altamente suscetível ao dogma religioso[24] e a processos de

---

20 Sobre esse tema, indicamos a pesquisa do cientista político Robson Carvalho, da Universidade de Brasília (UnB). Há uma reportagem sobre seu estudo: "De pai para filho: homens e herdeiros políticos são maioria no Senado", *ICL Notícias*, 25 mar. 2024.
21 Em geral, o termo *identitarismo* é utilizado de forma pejorativa para desqualificar as questões raciais e de gênero como menos importantes na organização social.
22 "Veja quem são os brasileiros na lista de bilionários da *Forbes* em 2024", *g1*, 3 abr. 2024.
23 "Todos os bilionários com menos de 30 anos são herdeiros", *Nexo*, 3 abr. 2024.
24 Dados do Censo 2022 (IBGE) mostram que o Brasil tem mais estabelecimentos religiosos do que o total somado de instituições de ensino e de saúde. São 580 mil estabelecimentos religiosos de todos os tipos, 264 mil instituições de ensino e 248 mil unidades de saúde. Além disso, igrejas são isentas de pagar diversos tipos de tributos e impostos no país.

milicianização[25] no cerne da organização das suas dimensões sociais e políticas.

Para tanto, este livro foi dividido em três partes: (1) a concentração do poder midiático, (2) a concentração do poder político e (3) a concentração do poder econômico. No sentido de enriquecer o debate e as ideias propostas, convidamos doutores e especialistas nas áreas relacionadas aos temas abordados para contribuírem com suas proposições.

Na primeira parte, será avaliada a formação e a evolução das mídias hegemônicas brasileiras ao longo do século XX, considerando a era Vargas e a ditadura militar. O capítulo inicial serve como uma espécie de preâmbulo para trabalharmos os principais veículos da mídia corporativa nacional – tais como Globo, Record, Bandeirantes, SBT, *Folha de S.Paulo* e *O Estado de S. Paulo* – e os novos meios digitais de comunicação, o que faremos no segundo capítulo. A seguir, avaliaremos o vínculo do poder político e do mercado financeiro com as empresas de mídia, e como a concentração midiática oferece uma ameaça iminente à democracia. Serão analisados o golpe de 1964, a eleição de Lula versus Collor, em 1989, a Lava Jato e o golpe de 2016.

A segunda parte e o quinto capítulo expõem a possibilidade da formação de uma espécie de teocracia miliciana que vem se desenhando no Brasil. Nesse ponto, vamos tratar de entender a cooptação de diferentes dimensões da vida social e política pelo dogma religioso; como o bolsonarismo catalisou a teologia da prosperidade para a teologia do domínio; e quem são e como agem os principais pastores do Brasil. Adiante, vamos tratar da divisão de poderes da República – Executivo, Legislativo e Judiciário –, da concentração de poder dos políticos e das dinâmicas nas relações entre representantes patronais e os representantes laborais (manifestadas por meio dos lobbies no Congresso

---

25 Ver Cesar Calejon, *Tempestade perfeita*, 2021; Bruno Paes Manso, *A república das milícias*, 2020. Ver também o trabalho do jornalista Gilberto Nascimento, no veículo digital *The Intercept*.

Nacional), por meio da Confederação Nacional da Indústria (CNI), da Federação Brasileira de Bancos (Febraban) e das Frentes Parlamentares.

Na terceira parte, serão abordados a concentração do poder econômico; as "tribos ideológicas" e o jornalismo econômico em seu conflito de escolas de pensamento; e a hegemonia neoliberal. O poder econômico e a imprensa especializada em economia e negócios, a indignação seletiva contra a corrupção e as diferenças de tratamento considerando as ineficiências do Estado e do setor privado também serão trazidos à baila.

Intitulado "Fazendão com cassino", o nono capítulo explora o que convencionamos chamar de "modelo Serra Pelada de subdesenvolvimento" do Brasil. Nesse ponto, vamos explorar a abundância de recursos naturais (bênção ou maldição?); as vantagens coercitivas e a captura do Estado no Brasil; o vício da economia brasileira em rendas extrativas; o ciclo ideológico do neoliberalismo; e a doença industrial brasileira. O capítulo seguinte traz uma analogia entre a Faria Lima versus a Feira de Acari, e trata do mercado de trabalho na periferia do capitalismo global – o teletrabalho, os "microempresários de aplicativo", a reforma trabalhista de 2017 e a precarização do emprego.

No décimo primeiro capítulo, olharemos para o caso Natura – o que convencionamos chamar de o "código-fonte da desigualdade" –, com a homoplutia, a homogamia e o *charme discreto* das classes privilegiadas latino-americanas. O antepenúltimo capítulo é dedicado à análise do orçamento público e do conflito social; já o penúltimo capítulo trata da dívida pública como riqueza privada e das pulsões do capital patrimonial.

Por fim, o último capítulo trata de questões correlatas à moeda, tais como o bitcoin aborígene e a moeda como rede informacional; o poder do intermediário financeiro e a tendência à instabilidade financeira; a rede de proteção preferencial dos bancos; a eficiência social das finanças; e quem ganha e quem perde com a austeridade monetária.

PARTE I

A concentração do poder midiático

CAPÍTULO 1

A formação e a evolução das mídias hegemônicas brasileiras ao longo do século xx

Inúmeros outros exemplos poderiam ser citados para ilustrar a correlação entre a política, a comunicação e o poder no Brasil. Poderíamos ressaltar como os militares brasileiros forjaram o documento do Plano Cohen para instaurar a ditadura do Estado Novo, em 1937; como Carlos Lacerda inventou a Carta Brandi para atacar João Goulart, em 1955; como o ex-presidente Jair Bolsonaro associou a vacina da covid-19 com a aids.

Qualquer sistema de dominação, opressão e morte depende de um processo coeso e eficaz de comunicação. Entender a relação entre comunicação e poder é um parâmetro basilar para refletir sobre qualquer tipo de organização humana, e é exatamente por isso que iniciamos o livro com esta análise.

A partir do começo do século XVI, para manter a colônia brasileira sob controle, Portugal proibiu, por mais de três séculos, qualquer tipo de livre manifestação da comunicação: funcionamento do jornalismo, publicação de livros ou panfletos, discursos públicos etc. Em 1706, acontece a primeira tentativa de estabelecer uma forma de imprensa no País, que foi rechaçada por uma Carta Régia[1] proibindo a impressão de livros e outros documentos. Contudo, a efêmera imprensa pernambucana de 1706 também é tema de controvérsias e disputas entre os estudiosos do

---

1 Carta Régia era um documento oficial elaborado pela monarquia e destinado às autoridades metropolitanas ou coloniais, com ordens de caráter permanente e poder de lei.

tema.[2] Mais de quarenta anos depois, em 1747, o tipógrafo português Antônio Isidoro da Fonseca foi o primeiro a instalar o prelo no Brasil: rodou dois textos e foi obrigado a abandonar a atividade. Quatro anos mais tarde, Isidoro da Fonseca solicitou a instalação de uma oficina de impressão, o que lhe foi negado:

> Além das características da colonização, impedindo a sustentação de um desenvolvimento letrado, a repressão a Isidoro da Fonseca seria, numa concepção tradicional, o exemplo perfeito da política metropolitana para a América, que vedava não só as tipografias coloniais, mas impedia todas as manifestações de cultura letrada e desenvolvimento intelectual.[3]

Com a chegada dos monarcas lusitanos, o Brasil recebe pela primeira vez, em 1808, um equipamento de tipografia, que fora adquirido na Inglaterra e seria instalado na casa de Antonio Araújo, o conde da Barca, título que ele receberia mais tarde. Assim, dom João VI oficializaria a Imprensa Régia,[4] criada somente para imprimir documentos e publicações com a chancela da família real portuguesa. A primeira edição da *Gazeta do Rio de Janeiro*, primeiro periódico impresso no Brasil, foi publicada no dia 10 de setembro daquele mesmo ano. Mas alguns meses antes, o *Correio Braziliense*, jornal organizado para os lusitanos que viviam no Brasil, havia sido lançado em Londres. Ou seja, a imprensa nacional nasce, única e exclusivamente, para atender aos interesses dos monarcas e próceres da organização colonial.

Portanto, ao contrário do que dizem as mídias hegemônicas não somente no Brasil, mas em quase todos os países do mundo, a imprensa não surge e se mantém para informar a população – no sentido mais produtivo dessa ideia, o que remete à dimensão de que os veículos midiáticos seriam neutros, imparciais e orientados a apenas noticiar os

---

2 Ver Richard Romancini, "A querela da imprensa", 2004.
3 **Jerônimo Duque Estrada de Barros**, *Impressões de um tempo*, 2012, p. 36.
4 **Ana Luiza Martins e Tânia Regina de Luca**, *História da imprensa no Brasil*, 2008.

fatos.[5] Desde seus primórdios, por séculos – e até a presente data –, a atuação midiática trata, sobretudo, de fazer a manutenção dos interesses das classes mais privilegiadas, abastadas e influentes de cada sociedade, ainda que camufle esse objetivo elementar com um verniz de utilidade pública, pluralidade e bom jornalismo.

Em 1821, com o Brasil em ebulição e a Europa liberada dos rompantes de Napoleão Bonaparte, dom João VI retorna para Portugal e a censura dos textos impressos em solo brasileiro arrefece. No ano seguinte, com a Independência, a imprensa nacional cresceria de forma exponencial, e os jornais passariam a reorientar suas incipientes linhas editoriais considerando o que queriam os monarcas e a nova burguesia estabelecida. O período pós-independência trouxe uma intensa atividade jornalística, com o surgimento de diversos jornais e periódicos que refletiam as divergências políticas da época, tais como *O Tamoyo* e *O Espelho*. Em 1824, dom Pedro I efetivou a primeira Constituição nacional, que consagrou o direito à liberdade de imprensa, ainda que de maneira parcial. Contudo, somente vinte anos depois, na década de 1840, com o reinado de dom Pedro II, os jornais começaram a publicar caricaturas e críticas ao próprio governo.[6]

Esse processo gradual de "liberação da imprensa" e de relativa flexibilização da censura entre o fim do século XIX e começo do século XX ocorria em um país totalmente iletrado. O índice de analfabetismo da população brasileira em 1872 (entre as pessoas de 6 anos ou mais que eram livres e escravizadas) era de 82,3%.[7] A despeito deste altíssimo índice de analfabetismo durante a segunda metade do século XIX, esse também foi um período no qual houve uma série de inovações significativas na imprensa brasileira, que se modernizou e ganhou maior relevância junto à população. Na época da Proclamação da República, em 1889, a

---

[5] Para se transformar em notícia, um determinado fato deve sempre ser interpretado.
[6] Kátia de Carvalho, "Imprensa e informação no Brasil, século XIX", 1996.
[7] Censo de 1872. Ver Ricardo Westin, "1º Censo do Brasil, feito há 150 anos, contou 1,5 milhão de escravizados", *Senado Notícias*, 5 ago. 2022.

mídia nacional se tornaria mais ágil, via telégrafo elétrico, e os custos de produção e distribuição dos jornais também seriam reduzidos – passos importantes para a popularização da atuação midiática no Brasil.

ERA VARGAS

Durante a era Vargas (1930-1945), a imprensa brasileira sofreu transformações significativas. Getulio Vargas governou o Brasil entre 1930 e 1945, e entre 1951 e 1954, quando cometeu suicídio, o que quase resultou na tentativa de um golpe de Estado – evitado pelo marechal Henrique Lott.[8] Em 1931, foi criado o Departamento Oficial de Propaganda (DOP) e, três anos mais tarde, em 1934, surgiria o Departamento de Propaganda e Difusão Cultural (DPDC), que seria substituído pelo Departamento de Imprensa e Propaganda (DIP), em 1939, durante o Estado Novo. A capilaridade e a penetração das ideias veiculadas pelo DIP junto à população eram maiores do que as do DOP e as do DPDC. *Grosso modo*, podemos afirmar que o DIP tinha poder de influência para pautar a opinião pública com o mesmo nível de eficácia e hegemonia que a Rede Globo conquistou entre os anos 1980 e 1990, antes da popularização da internet, e do surgimento das redes sociais digitais e dos smartphones.

Em busca de se perpetuar no poder, Vargas passou a cercear a imprensa de forma mais enfática, promovendo o fechamento dos veículos críticos ao governo e a censura de conteúdos percebidos como potencialmente perigosos à gestão. Nesse período, a imprensa também foi utilizada para enaltecer a imagem e a política do presidente, então ditador, como um líder carismático e paternalista, preocupado com o bem-estar do povo brasileiro. Tal direcionamento da imprensa se deu por meio da inauguração de periódicos favoráveis ao regime.

---

8 Ver Wagner William, *O soldado absoluto*, 2005.

O próprio Estado Novo foi instaurado com base em uma falácia midiática. Na esteira do medo gerado pela ameaça vermelha (*red scare*)[9] nos Estados Unidos, que teve origem durante a segunda década do século XX e percebia o comunismo como a principal ameaça a ser combatida no nível da segurança nacional, os militares brasileiros forjaram, em novembro de 1937, o documento que ficou conhecido como Plano Cohen. Segundo a teoria da conspiração inventada pela caserna, a Internacional Comunista pretendia derrubar o governo Vargas por meio de greves, organização de manifestações, incêndios em instalações públicas, saques, depredações e assassinatos de autoridades governamentais. A partir disso, foi possível determinar a pecha de *comunistas* para criminalizar os que se opunham ao governo e legitimar o golpe de Estado que deu início ao Estado Novo.

Dois anos depois, em 1939, o governo ditatorial criaria o DIP, fazendo ressoar a ideologia do Estado Novo com uma propaganda política nacionalista e virulenta – que era veiculada, sobretudo, via rádios e jornais –, censurando as vozes discordantes e moldando a opinião fora do Brasil.[10] Em alguma medida, a era Vargas usou métodos de difusão de propaganda análogos aos da Alemanha nazista até com as crianças,[11] aplicando-os de forma sistemática e exaustiva, e foi extremamente leniente com a propaganda do Terceiro Reich em solo nacional:

> Durante praticamente toda a década de 1930, os órgãos censores e repressores do Governo Vargas, o DIP (Departamento de Imprensa e Propaganda), responsável pela censura do país, e o DEOPS (Departamento Especializado de Ordem Política e Social), a temida polícia política,

---

9 Período iniciado em 1917 de desenvolvimento do anticomunismo nos Estados Unidos, com perseguições políticas, violações de direitos civis, criminalização de opiniões políticas comunistas ou anarquistas e prisão de ativistas políticos.
10 Tania Regina de Luca, "A produção do Departamento de Imprensa e Propaganda (DIP) em acervos norte-americanos: estudo de caso", 2011.
11 Zilda Gaspar Oliveira de Aquino e Letícia Fernandes de Britto-Costa, "Identidade infantil e mídia no Brasil de Vargas e na Alemanha nazista", 2020.

passaram ao largo dos nazistas. Lembrando que, além do Partido Nazista, outros partidos e movimentos políticos participavam de um cenário de efervescência dos anos 1930 no Brasil. Movimentos como o anarquismo, trazido pelos imigrantes italianos, o comunismo, o integralismo e movimentos do operariado são alguns exemplos. Nesta atmosfera de não repressão que poderia ser caracterizada até como uma certa liberdade política, ou mesmo como uma simpatia com interesses comerciais, o movimento nazista se desenvolveu e se expandiu no Brasil. O mesmo país que reprimia o Partido Comunista na "Intentona de 1935" e mandava todos os seus dirigentes para o julgamento do Tribunal de Segurança Nacional, assistia aos festejos do 1º de maio alemão em grandes estádios de futebol, com desfiles de bandeira da suástica, da chamada juventude hitlerista, coros de músicas alemãs e discursos de seus partidários. Há registros dos festejos no coração das grandes metrópoles brasileiras, a citar, São Paulo, Rio de Janeiro, Porto Alegre, Santa Catarina e Recife. Tais manifestações ultrapassavam o limite de meramente "culturais" ou "tradicionais" para se revestirem de um espírito ideológico marcado pelas teorias raciais, principalmente antissemitas.[12]

Por óbvio, não pretendemos aqui classificar o varguismo como fenômeno fascista ou nazista, mas ponderar a importância da inspiração das experiências alemã e italiana do regime, considerando, em especial, a propaganda política, porque o paradigma do Estado Novo nessa seara é fundamental para a reflexão de tudo o que aconteceria no Brasil. Em ampla medida, o funcionamento da mídia nacional emula os modelos europeu e estadunidense. Assim, cabe fazer referência ao significado e à organização da propaganda nazifascista, identificando como a atual ascensão de uma extrema direita nazifascista transnacional, que no Brasil assume a forma do bolsonarismo, funciona segundo esses mesmos preceitos:

---

12 Ana Maria Dietrich, "Organização política e propaganda nazista no Brasil (1930-1945)", 2005, p. 3.

Os nazistas acreditavam nos modernos métodos de comunicação de massa e, segundo Hannah Arendt, muito aprenderam com a propaganda comercial norte-americana. Mas a propaganda política tinha características particulares: uso de insinuações indiretas, veladas e ameaçadoras; simplificação das ideias para atingir as massas incultas; apelo emocional; repetições; promessas de benefícios materiais ao povo (emprego, aumento de salários, barateamento dos gêneros de primeira necessidade); promessas de unificação e fortalecimento nacional. A propaganda nazifascista exigia uma unidade de todas as atividades e ideologias. A moral e a educação estavam subordinadas a ela. Sua linguagem simples, imagética e agressiva visava a provocar paixões para atingir diretamente as massas. Segundo os preceitos de Hitler expressos em *Mein Kampf*: "A arte da propaganda consiste em ser capaz de despertar a imaginação pública fazendo apelo aos sentimentos, encontrando fórmulas psicologicamente apropriadas que chamam a atenção das massas e tocam os corações."[13]

Com um diretor-geral e as divisões de divulgação – rádio, turismo, imprensa, cinema e teatro –, o DIP era controlado diretamente por Vargas e, para muito além do conhecido controle da mídia via censura, também contava com uma lista de atividades: serviço telegráfico interestadual e internacional, noticiário local, arquivo fotográfico, registro de jornais, produção do programa de rádio *A Hora do Brasil*, exposições e conferências, edição de livros e tradução, direitos autorais, estatística de turismo, administração do Palácio Tiradentes e outros 53 diferentes serviços, que foram elencados por Lourival Fontes ao próprio Getulio Vargas, em 1941. Além disso, o DIP agia de forma coordenada com o ministério da Educação e da Saúde Pública (MES)[14] – assim como o governo Bolsonaro, que entre 2019 e 2022 articulou seu gabinete do ódio em linha com a atuação dessas mesmas pastas, que hoje ocupam

---
13 Maria Helena Capelato, "Propaganda política e controle dos meios de comunicação", 1999, p 159.
14 Ana Paula Leite Vieira, "A política editorial do Departamento de Imprensa e Propaganda (DIP)", 2017.

ministérios independentes. Portanto, com a derrocada de Vargas, em 1945, e o fim do Estado Novo, o DIP foi descontinuado, mas seu legado editorial de virulência e opressão, de muitas formas, organizaria a história da comunicação e da política brasileira.

A IMPRENSA, O CORPORATIVISMO E O REGIME MILITAR

Com a instabilidade política gerada pelo suicídio de Getulio Vargas, no dia 24 de agosto de 1954, o ano seguinte foi agitado até o ápice das tensões, que culminaram no evento evolvendo o cruzador *Tamandaré* – quando a direita, liderada por Carlos Lacerda, tentou dar um golpe para evitar a posse de Juscelino Kubitschek e João Goulart como presidente e vice-presidente, respectivamente. No dia 11 de novembro de 1955, a Novembrada ou o Golpe Preventivo do marechal Lott, como o evento foi intitulado, garantiu que Juscelino e Jango assumissem os cargos que lhes foram atribuídos pela soberania do voto popular.

Durante os cinco anos seguintes, o governo Juscelino manteria uma relação relativamente positiva com a mídia, que teve um papel importante na divulgação das políticas e realizações do seu governo, mas também atuou de forma crítica, considerando temas como corrupção, desigualdade social e questões políticas correlatas às ações governamentais. Tendo como plataforma o nacional-desenvolvimentismo, o governo JK, durante a segunda metade da década de 1950, marcou a modernização da imprensa – com mudanças editoriais, aperfeiçoamento dos elementos gráficos e pluralidade das ideias e opiniões, sobretudo no que dizia respeito à dívida externa, ao financiamento de projetos de desenvolvimento do país e às relações políticas domésticas e internacionais. Com o golpe de 1964, contudo, esse cenário mudaria de modo radical.

Na ditadura militar, a imprensa desempenhou um papel ambíguo: por um lado, enfrentou uma série de desafios e restrições significativas impostas pelo regime, em especial após o decreto do AI-5. Por outro, emprestou sua pena e, em alguns casos, ofereceu até carros e outros recursos para legitimar o regime ou escamotear as atrocidades das torturas cometidas nos porões com a ciência e o aval dos ditadores.[15] Diversas instituições da República desenvolveram papéis semelhantes, e até o STF chancelou o golpe – para depois entrar em rota de colisão com os militares.[16]

O relatório final da Comissão Nacional da Verdade discorre sobre como o Grupo Folha, por exemplo, deu não apenas apoio ideológico ao golpe de 1964, mas também emprestou recursos materiais ao regime que assassinou e torturou centenas de civis, inclusive jornalistas.[17]

Acusações de colaboração com o regime militar também pesam contra a Rede Globo, e existem estudos importantes sobre como a empresa foi beneficiada pelos militares com concessões, verbas publicitárias e outros favores. Além disso, alguns programas de entretenimento da Globo foram acusados de promover uma visão favorável aos militares e de ignorar questões políticas sensíveis de forma deliberada. Alguns estudiosos apontam o próprio surgimento da Globo como fruto direto da ditadura militar no Brasil.[18] Contudo, cabe salientar que a relação entre a empresa e o regime militar é complexa e não pode ser reduzida a uma simples narrativa de apoio irrestrito, conforme mencionado de forma genérica acima. Houve momentos em que a Globo também enfrentou pressões e censura do governo, e houve casos em que a emissora resistiu às tentativas de controle estatal – quando seus interesses estavam em risco, naturalmente. Algo similar ao que aconteceu com a ascensão do bolsonarismo, quando, em um primeiro momento, a família Marinho ofereceu apoio e, ao perceber que o monstro criado havia se virado contra ela, passou a combater o governo de Jair Bolsonaro.

---

15 Leandro Loyola, "Matias Spektor: 'O Planalto decidia sobre vida e morte de cidadãos'", *O Globo*, 15 maio 2018.
16 Felipe Recondo, *Tanques e togas*, 2018.
17 Beatriz Kushnir, *Cães de guarda*, 2015.
18 Roberto José Ramos, "Rede Globo e a ditadura militar", 2005.

Ainda segundo a Comissão Nacional da Verdade, mais de oitenta empresas do mercado corporativo contribuíram para a espionagem com a delação de centenas de trabalhadores que resistiam aos abusos dos militares por meio de greves e da organização sindical. São companhias como General Motors, Volkswagen, Toyota, Chrysler, Ford, Scania, Rolls-Royce, Mercedes-Benz, Brastemp, Kodak, Johnson & Johnson, Petrobras, Monark e muitas outras.[19]

Ao mesmo tempo que fortaleciam a ditadura, vários veículos da imprensa passaram a ser atacados por ela, sobretudo a partir de 1968, com a decretação do AI-5 e o início do período que ficou conhecido como os anos de chumbo. Censura, leis de segurança nacional, intimidação e perseguição, monopólio estatal dos meios de comunicação e autocensura tornaram-se a realidade cotidiana nas redações em todo o país.

O regime militar passou a controlar o que poderia ser publicado ou transmitido: reportagens, artigos, editoriais, músicas e qualquer forma de expressão que fosse considerada crítica ao governo ou que pudesse promover a dissidência política – e quem escolhia lutar contra essas e outras medidas ditatoriais adotadas à época sofria perseguição. Algumas pessoas públicas utilizaram pseudônimos, como Chico Buarque, que se tornou o Julinho da Adelaide para driblar a censura entre 1974 e 1975. Em 1978, com a transição de poder do ditador Ernesto Geisel, que cedia às pressões da sociedade civil e falava em uma abertura "lenta, gradual e segura" do regime militar, Chico escreveu "Cálice", um dos maiores clássicos da luta contra a censura em forma da música:

> Pai, afasta de mim esse cálice
> Pai, afasta de mim esse cálice
> Pai, afasta de mim esse cálice
> De vinho tinto de sangue

---

[19] Sobre esse tema, veja a série de reportagens especiais de Dyepeson Martins, André Borges, Vasconcelo Quadros e Marcelo Oliveira, "Empresas cúmplices da ditadura", *Agência Pública*, s/d.

Como beber dessa bebida amarga
Tragar a dor, engolir a labuta
Mesmo calada a boca, resta o peito
Silêncio na cidade não se escuta

De que me vale ser filho da santa
Melhor seria ser filho da outra
Outra realidade menos morta
Tanta mentira, tanta força bruta[20]

Outros não conseguiram escapar à "realidade morta" e ao uso da "força bruta" e foram sumariamente assassinados pelos generais, como o jornalista Vladimir Herzog, que teve sua vida ceifada aos 46 anos em uma sala de tortura do Destacamento de Operações de Informações – Centro de Operações de Defesa Interna (DOI-Codi). Os militares ainda organizaram uma foto, que se tornaria um ícone da canalhice e da covardia do regime, na qual Herzog aparece com um fio amarrado ao redor do seu pescoço e preso na grade de uma janela para forjar seu suicídio. Em 2012, o Tribunal de Justiça de São Paulo (TJ-SP) determinou que o termo "asfixia mecânica" fosse trocado por "lesões e maus-tratos sofridos em dependência do II Exército – SP (DOI-Codi)" como causa da morte no atestado de óbito de Herzog.

Muitas pessoas que lutaram contra a censura da imprensa e a repressão política pagaram com suas vidas, algumas vezes desaparecendo para sempre – o que impediu que suas respectivas famílias velassem os corpos e pudessem organizar o processo de luto. Dados da Comissão Nacional da Verdade apontam que, de um total de 434 pessoas mortas e desaparecidas por atuação direta da repressão política, 191 cidadãos foram sabidamente assassinados, 210 estão até hoje desaparecidos e 33 corpos desaparecidos foram localizados posteriormente. Segundo a

---

20 "Cálice" é uma composição de Chico Buarque e Gilberto Gil, originalmente de 1973, sendo lançada apenas em 1978 por conta da censura.

Comissão Especial sobre Mortos e Desaparecidos Políticos (CEMDP) da Secretaria Especial dos Direitos Humanos da Presidência da República (SEDH-PR), aproximadamente 50 mil pessoas foram presas somente nos primeiros meses da ditadura militar, e cerca de 20 mil brasileiros foram torturados. Existem 7.367 acusados e 10.034 atingidos na fase de inquérito em 707 processos judiciais por crimes contra a segurança nacional, milhares de prisões políticas e exílios não registrados e várias centenas de camponeses assassinados que não integram os dados oficiais.

Tudo isso foi possível porque, em ampla medida, o governo militar utilizou leis de segurança nacional para justificar a repressão à liberdade de imprensa – ou seja, leis que permitiam a prisão de jornalistas e editores considerados uma ameaça à ordem estabelecida pelo regime. Muitos jornalistas e meios de comunicação foram alvos de intimidação, perseguição e até mesmo violência física por parte das autoridades militares. Diversos profissionais da imprensa foram presos, torturados ou forçados ao exílio por se oporem aos militares.

O governo militar controlava de maneira direta alguns meios de comunicação, enquanto outros eram pressionados a seguir a linha editorial ditada pelas autoridades. Isso levou a uma diminuição da diversidade de opiniões e perspectivas na imprensa brasileira durante esse período. Alguns veículos de comunicação adotaram a autocensura como forma de evitar problemas com o regime militar – editores e jornalistas evitavam temas sensíveis ou críticas diretas ao governo para não serem retaliados.

Apesar das restrições, alguns veículos de comunicação e jornalistas resistiram à censura e continuaram a publicar reportagens investigativas e críticas ao regime. Muitos jornais, revistas e emissoras de rádio clandestinas surgiram para tentar contornar a censura e fornecer informações alternativas à população. Algumas pessoas recorriam a transmissões de rádio e televisão estrangeiras para obter informações não censuradas sobre o que estava acontecendo no Brasil. Emissoras como a BBC e a Voz da América eram fontes importantes de notícias **para muitos brasileiros durante esse período.**

Ou seja, a despeito das restrições impostas pelo regime militar, a imprensa desempenhou um papel importante na resistência à ditadura e na luta pela restauração da democracia no Brasil. Após a redemocratização do país, a mídia nacional passou por um processo de reestruturação e aumento da liberdade de expressão. Desse contexto extremamente autoritário, violento, denso e complexo surgem os principais veículos da mídia hegemônica atuantes hoje no país. Isso é o que vamos explorar no capítulo a seguir, além de olharmos para os novos conglomerados de mídias digitais que surgem no começo do século XXI e, atualmente, alteram o paradigma de funcionamento da comunicação social não só no Brasil, mas em todo o mundo.

CAPÍTULO 2
As mídias hegemônicas no Brasil atual

Considerando o debate proposto neste capítulo, vamos estabelecer dois preceitos elementares: hoje, existem dois tipos de mídias hegemônicas no Brasil. Primeiro, entre o que neste livro classificamos como as mídias hegemônicas analógicas, estão os veículos tradicionais de televisão, rádio e impressos (revistas e jornais). Depois, temos as mídias hegemônicas digitais – tais como as redes da empresa Meta, o Google e o X (antigo Twitter), por exemplo –, que ao longo da última década se tornaram poderosas a ponto de criar estruturas para afrontar os ordenamentos jurídicos dos Estados nacionais, sobretudo daqueles que se encontram na periferia e na semiperiferia do sistema capitalista global, o que é o caso do Brasil. Em última instância, a ascensão dessas empresas vem transformando o paradigma de funcionamento da própria sociedade internacional.

Fundamentalmente, o controle de toda a mídia hegemônica analógica do Brasil, a segunda maior democracia das Américas, encontra-se nas mãos de seis famílias, que podem se tornar extremamente coesas e alinhadas durante situações específicas de interesse comum[1] aos seus respectivos objetivos empresariais. Ou seja, no Brasil apenas meia dúzia de famílias – que possuem suas próprias agendas – determinam o que centenas de milhões de pessoas assistem, escutam e leem de forma

---
1 Veja, por exemplo, o estudo de caso sobre "a quase candidatura de Luciano Huck" em 2018, que foi publicado no livro de Cesar Calejon, *A ascensão do bolsonarismo no Brasil do século XXI*, 2019.

basicamente unilateral, e muitas vezes via concessões públicas que deveriam servir aos interesses da população (art. 223, CF 1988). Dados do Instituto Brasileiro de Geografia e Estatística (IBGE) divulgados em novembro de 2023 apontam que 93,1% dos lares brasileiros assistem TV aberta e 56,5% escutam rádio.[2]

Para além de deletéria à organização da vida social, política e econômica da nação, essa concentração desrespeita o preceito constitucional da pluralidade e da diversidade de imprensa. A Constituição afirma que "os meios de comunicação social não podem, direta ou indiretamente, ser objeto de monopólio ou oligopólio" (art. 220, CF 1988).

Outra característica dessa concentração exacerbada é a propriedade cruzada dos meios de comunicação de massa,[3] que também traz efeitos negativos à democracia e ao exercício da cidadania. Em janeiro de 2024, o governo Lula sancionou a Lei nº 14.812 para alterar o Decreto 236, de 1967. Na prática, essa mudança tem potencial para agravar ainda mais a concentração de poder nas mãos das famílias que detêm a propriedade dos meios hegemônicos analógicos de comunicação no Brasil. Isso mudou os limites das outorgas das estações de rádio e TV que cada grupo pode controlar: o limite de concessões de rádio para uma mesma empresa sobe de seis para vinte emissoras, e o limite de estações de televisão para um mesmo grupo salta de dez para vinte.[4]

MÍDIAS TRADICIONAIS: GLOBO, RECORD, BANDEIRANTES, SBT, *FOLHA DE S.PAULO* E *O ESTADO DE S. PAULO*

Neste ponto, vamos olhar, brevemente, para as seis principais empresas hegemônicas de comunicação analógica no Brasil, conforme as defini-

---

[2] "92,5% domicílios tinham acesso à internet no Brasil", IBGE *Educa*, s/d.
[3] Carlo José Napolitano, "Propriedade cruzada das mídias e o exercício do direito à comunicação e da cidadania", 2024.
[4] Ver Lei nº 14.812 de 15 de janeiro de 2024.

mos anteriormente: Globo, Record, Bandeirantes, SBT, *Folha de S.Paulo* e *O Estado de S. Paulo*.

A Globo surgiu, ainda em 1925, como um jornal intitulado *A Noite*, que foi fundado por Irineu Marinho. Seu filho, Roberto Marinho, começou a carreira como repórter e secretário do pai. Assumiu a presidência do jornal em 1931, com apenas 27 anos, quando entrou na radiodifusão. Um negócio de pai para filho, que faria o mais fervoroso dos liberais meritocratas questionar suas próprias crenças. Ele tentou também montar uma editora, seguindo o formato das editoras estadunidenses, com a revista *Rio Magazine*. Em 1944, inaugurou a Rádio Globo, que, em pouco tempo, ganharia enorme poder de influência política. Conforme explica o jornalista Luis Nassif:

> Carlos Lacerda ganhou a dimensão política que teve nos anos 1950 muito em função de Marinho ter aberto a ele os microfones da Rádio Globo. No dia do suicídio de Getulio Vargas, aliás, uma multidão cercou a rádio e tentou incendiá-la. Contudo, o grande salto de Roberto Marinho foi quando se aproximou do Grupo Time-Life. A esposa de Henry Luce, fundador do grupo, foi nomeada embaixadora dos Estados Unidos no Brasil. Por alguma razão, não chegou a assumir, mas recebeu artigos laudatórios de *O Globo* e se aproximou de Roberto Marinho. Foi a parceria definitiva. O Grupo Time-Life injetou US$ 5 milhões na Globo e passou o conhecimento comercial e de programação para a emissora. Além disso, o grupo conseguiu isenção de impostos e um câmbio especial para a importação de equipamentos e a autorização para adquirir a TV Paulista, que operava em São Paulo. Em pouco tempo, a Globo conseguiu a liderança nacional, desbancando a Rede Tupi, de Assis Chateaubriand, e se tornando uma espécie de emissora oficial do governo militar.[5]

No dia 26 de abril de 1965, apenas um ano após o golpe que colocou os militares no comando da nação, a TV Globo foi fundada, oficialmente,

---
5 Luis Nassif em entrevista concedida a Cesar Calejon em 9 abr. 2024.

no Rio de Janeiro. Com a transmissão do *Uni Duni Tê*, um inocente programa infantil, e a série *Capitão Furacão*, outra atração voltada às crianças, a Rede Globo dava início às suas atividades. Apesar disso, as ambições de Roberto Marinho não eram meramente infantis, e o telejornal *Tele Globo*, embrião do atual *Jornal Nacional* (*JN*), também estava na grade de programação inicial da emissora. Nos anos seguintes, o *Jornal Nacional*, principal telejornal da emissora, tornou-se o maior instrumento de comunicação do país. Sempre estabelecendo parcerias com os governos vigentes e mantendo enorme influência na organização da vida social, política e econômica da nação, o *JN*, como ficou conhecido, pode ser considerado o principal mecanismo de manipulação da opinião pública nacional ao longo das últimas seis décadas.

Conforme veremos no quarto capítulo deste livro, a Globo e o *JN* tiveram um papel determinante no pleito presidencial de Lula versus Collor, em 1989, na infame operação Lava Jato e no golpe de 2016 contra a então presidenta Dilma Rousseff. Com a fortuna obtida por meio das Organizações Globo, a família Marinho, que atualmente, segundo a revista *Forbes*, tem uma fortuna estimada em 26,8 bilhões de reais, passou a investir em outros negócios – tais como a Globo Ventures, fazendas e empresas de produção agrícola, no mercado imobiliário e no setor de finanças e de vendas. Hoje, os negócios dos Marinho vão dos serviços financeiros ao e-commerce e dos transportes ao agronegócio.

Além disso, a Globo é beneficiária direta das altas taxas de juros que são praticadas no Brasil e, portanto, defende esse modelo com unhas e dentes. Nassif complementa:

> A Globo cai matando em cima de pautas que abordam a austeridade fiscal e a redução dos juros por um motivo muito simples: em ampla medida, o lucro da Globo decorre do seu caixa, que está aplicado no mercado financeiro. Eles são beneficiários diretos do rentismo nacional. Então, criou-se uma nação de parasitas.[6]

---

6 *Ibidem.*

Durante muito tempo, a Globo ocupou a liderança da audiência com o SBT no segundo lugar. Criado pelo general Golbery do Couto e Silva, sobre os escombros da TV Tupi, o SBT foi ao ar pela primeira vez no dia 19 de agosto de 1981. Luis Nassif explica que:

> Vários candidatos se apresentaram, mas Golbery optou por Silvio Santos, por vê-lo sem pretensões políticas e facilmente cooptável pelo governo de plantão. Em 1976, Silvio Santos adquiriu a TVS, do Rio de Janeiro. Em 1979, a TV Tupi, primeira emissora de televisão do Brasil, enfrentava uma grave crise financeira. A empresa acumulava dívidas milionárias, atrasos salariais, greves constantes e a outorga da emissora foi cassada pelo governo militar em 18 de julho de 1980. Houve um leilão de venda da emissora, com a participação de diversos grupos de mídia. Silvio Santos foi o escolhido, oferecendo 1 bilhão de cruzeiros, e consolidou a emissora com base nos programas de auditório, na programação infantil e no apoio a qualquer governo.[7]

Na década de 1980, o SBT organizou sua imagem ao redor da figura de Silvio Santos, que era percebido por boa parte da população brasileira como um empreendedor que começou como vendedor ambulante e tornou-se um megaempresário da comunicação por méritos próprios. Além disso, semioticamente, a emissora selou o modelo do formato dos programas de palco aos domingos, com o Programa Silvio Santos, e estabeleceu uma imagem atrelada ao arquétipo tradicional do que se entendia por "família" naquela ocasião.[8]

Com esse prestígio enorme de homem bem-sucedido por mérito próprio, Silvio Santos oficializou sua candidatura à Presidência da República no dia 31 de outubro de 1989. Contudo, a breve campanha durou apenas dez dias e foi impugnada pelo Tribunal Superior Eleitoral (TSE)

---

7 *Ibidem.*
8 Rafael Barbosa Fialho Martins, "As mediações da interação do SBT com a audiência", 2016.

no dia 9 de novembro. Segundo dados do próprio TSE, Silvio Santos registrou algo em torno de 30% das intenções de voto, número bastante significativo e que, via de regra, caracteriza uma espécie de marca para que o candidato passe ao segundo turno, dependendo do contexto específico. Após tentar lançar-se pelo Partido da Frente Liberal substituindo Aureliano Chaves, Santos conseguiu apenas o Partido Municipalista Brasileiro, que à época era pequeno e hoje não existe mais.

Por sete votos a zero, o TSE deliberou que Silvio Santos era inelegível por ser, de fato, dirigente de uma rede televisiva de alcance nacional, conquanto não constasse formalmente como seu diretor, e por ser a empresa concessionária de serviço público. A Procuradoria-Geral Eleitoral embasou seu parecer na inviabilidade da candidatura de Silvio Santos com base em um artigo que estabelecia serem inelegíveis os candidatos a presidente que tivessem exercido, nos seis meses anteriores ao pleito, cargo ou função de direção, administração ou representação em empresas concessionárias ou permissionárias de serviço público ou sujeitas a seu controle. Além do SBT, a família Santos também é proprietária da Jequiti Cosméticos e da Liderança Capitalização (Tele Sena e Tele Prêmios da Sorte).

Com a *Folha da Noite*, fundada por Olival Costa e Pedro Cunha, teve início o jornal que viria a se tornar a *Folha de S.Paulo*, maior periódico do Brasil hoje. Em 1962, o jornal foi vendido para Otávio Frias de Oliveira e Carlos Caldeira. Frias começou a carreira no setor público, cuidando de um departamento da Secretaria da Fazenda, sob desígnio de Ademar de Barros, quando conheceu Orozimbo Roxo Loureiro – empresário agressivo do setor imobiliário, que reformulou o centro de São Paulo com a construção de edifícios como o Copan. Luis Nassif conta que:

> Quando terminou o governo Ademar [de Barros], Roxo Loureiro convidou Frias para dirigir suas empresas. Como lançava uma obra atrás da outra, a empresa tinha caixa reforçado, e Roxo Loureiro resolveu lançar um banco, o Banco Nacional Imobiliário. Acabou se enrolando,

envolvendo-se com a política e o banco quebrou. Dois dos executivos do banco conseguiram sair com algum patrimônio, Frias e Carlos Caldeira, e se associaram a Ademar de Barros na construção de uma rodoviária no centro de São Paulo. Como já tinham experiência com jornais – já que a imobiliária era grande cliente dos diários – resolveram adquirir a *Folha* [*de S.Paulo*]. Com Frias, a *Folha* mudou o jornalismo brasileiro. Ele a preparou para ser o contraponto ao conservadorismo do *Estadão*. Enfrentou problemas com a ditadura, compôs-se entregando a *Folha da Tarde* a um membro da OBAN [Operação Bandeirantes]. Depois, deu o grande salto saindo na frente no apoio à campanha das Diretas.[9]

Com as contas do jornal em ordem, passou a atacar o *Estadão* de maneira direta, oferecendo classificados de graça e aproveitando as muitas ideias do *Jornal da Tarde* – filho caçula, abandonado pelo *Estadão*. Da campanha das Diretas Já até os anos 2000, foi o mais influente jornal brasileiro. Depois, caiu definitivamente para a direita no espectro político-ideológico. Em abril de 1996, o Grupo Folha fundou o *UOL*, que se tornaria o maior portal de notícias e entretenimento da mídia brasileira. Com uma linha editorial diversificada, o site aborda todos os tipos de assuntos – exceto as pautas que podem afetar os interesses dos bancos, o que explicaremos melhor no capítulo a seguir.

Já a Record pertencia ao Grupo Paulo Machado de Carvalho. Paulo era filho de um comerciante bem-sucedido, e sua mãe era filha do governador do Paraná, Brasilio Augusto Machado de Oliveira. A rádio foi fundada em 1931 e, em 1944, Carvalho adquiriu a Rádio Panamericana. Em 1953, fundou a TV Record. Luis Nassif complementa que:

> No período dos festivais de música, a TV Record explodiu, fazendo frente à própria Globo. Depois, disputas internas implodiram o grupo. Em 1973, Silvio Santos adquiriu metade da Record. Em 1989, ambos a venderam para o pastor Edir Macedo, da Igreja Universal do Reino de Deus.

---

9 Luis Nassif em entrevista concedida a Cesar Calejon em 9 abr. 2024.

O Grupo Machado de Carvalho manteve apenas a Rádio Panamericana, que teve o nome mudado para Jovem Pan e gozou de enorme prestígio durante bom tempo, até se render à ultradireita.[10]

Por meio do dogma religioso, Macedo criou um modelo de negócios imbatível, utilizando a Record como parte da sua estrutura e inaugurando a era dos pastores eletrônicos e do televangelismo.[11] Programas como o *Show da Fé*, *Fala que Eu Te Escuto* e *O Despertar da Fé* se tornaram campeões de audiência. Em 2007, a Record ultrapassou o SBT em audiência. Onze anos depois, Macedo apoiaria a campanha de Jair Bolsonaro e, com a ascensão do bolsonarismo, sua teologia da prosperidade seria catalisada na teologia da dominação – o que exploraremos no quinto capítulo. Atualmente, portanto, Edir Macedo é proprietário da Rádio e Televisão Record SA, que controla a BA Empreendimentos e Participações e é dona da Renner Participações, controladora do banco A.J. Renner. Na Renner Participações, ele é sócio da MJC Empreendimentos e Participações, que tem 14,81% do capital da companhia. Em 2024, Macedo possui uma fortuna estimada em 2 bilhões de dólares pela revista *Forbes*, e pretende organizar a candidatura de um presidenciável para 2030 por meio do seu partido político, o Republicanos. Retornaremos a esse tema adiante.

Fundado em 1875, como expressão da força dos cafeicultores paulistas, o jornal *O Estado de S. Paulo* (*Estadão*), que se chamava *A Província de São Paulo*, é o periódico mais reacionário de alcance nacional em atividade hoje no Brasil. O grupo fundador era composto por Américo Brasiliense de Almeida Mello e Manuel de Campos Salles. Posteriormente, Júlio de Mesquita transformou o jornal no mais influente veículo brasileiro por décadas. Luis Nassif explica que:

---

10 *Ibidem*.
11 João Afonso dos Santos L. Pantoja e Kátia Mendonça, "'Fala que eu te escuto'", 2020.

Até os anos 1980, [o *Estadão*] tinha grande fôlego financeiro e uma rede de correspondentes internacionais. Entusiasmou-se com o crescimento e resolveu investir em uma enorme sede, na marginal Tietê. A construção da sede jogou o jornal em uma crise financeira irreversível. Nos anos 1980, ele foi salvo por uma manobra de Delfim Netto, com grandes bancos paulistas, permitindo que parte das reservas bancárias fosse constituída por debêntures emitidas pelo jornal. Os credores obrigaram o jornal a profissionalizar a gestão, afastar os familiares que trabalhavam na empresa. Apesar do sucesso da Broadcast – segunda agência de informações financeiras do país – o jornal não se recuperou. A dívida manteve-se inalterada e o jornal continuou patinando. Hoje, periodicamente, são anunciados candidatos à sua compra.[12]

Em 2013, Ruy Mesquita faleceu e deixou o conglomerado familiar, que incluía o *Estadão*, a Agência Estado, a Rádio Eldorado, o *Jornal da Tarde*, a OESP Gráfica e a OESP Mídia, em uma situação financeira complicada. A família Mesquita chegou a montar uma fábrica de papel, mas, com a crise da empresa, vendeu o empreendimento.

Durante os últimos sessenta anos, o *Estadão* adotou, sem variações, uma linha editorial abertamente a favor da manutenção dos privilégios das classes mais abastadas do Brasil: empresários, financistas e plutocratas em geral. Muitas vezes, a família Mesquita agiu para desestabilizar presidentes que haviam sido eleitos de forma democrática. Com editoriais que usaram estratégias análogas,[13] o *Estadão* foi um artífice importante nos golpes de 1964 e 2016, contra João Goulart e Dilma Rousseff, respectivamente. A própria imagem da memória da ditadura no Brasil foi tema de disputa nas páginas do jornal. Em um primeiro momento, o veículo fez coro ao discurso da ideia de "revolução democrática". Depois, adotou a interpretação de uma "contrarrevolução" e,

---

12 Luis Nassif em entrevista concedida a Cesar Calejon em 9 abr. 2024.
13 Mauro de Queiroz Dias Jácome e Luísa Guimarães Lima, "A opinião do *Estadão* nas rupturas políticas de 1964 e 2016", 2018.

finalmente, no âmbito da Comissão Nacional da Verdade (sob governos petistas), criou uma disputa ao redor de como tratar a memória da ditadura no Brasil.[14] Durante a eleição presidencial de 2018, no dia 8 de outubro, com a disputa entre Fernando Haddad e Jair Bolsonaro, o *Estadão* publicou o infame editorial "Uma escolha muito difícil".[15]

Um dos principais conglomerados de comunicação do país, o Grupo Bandeirantes de Comunicação – que leva o nome dos assassinos que escravizaram indígenas, caçaram escravizados rebelados e combateram quilombos no século XVII[16] – foi fundado em 1937, por João Jorge Saad. A empresa foi iniciada com a Rádio Bandeirantes, que se consolidou, sobretudo, por meio do jornalismo e da cobertura esportiva, mas criou outras ramificações com a televisão, o rádio, a mídia digital e outras plataformas.

Hoje, os Saad controlam os veículos Band, Rede 21, Arte 1, Agromais, BandNews TV, Band Sports, Band Internacional, Conmebol TV, SexPrive, Smithsonian Channel, Sabor e Arte, Band FM, Band News FM, Rádio Bandeirantes, Nativa FM, Play FM, *Metro Jornal* e Band.com.br. A família também é dona de terras e proprietária dos canais Agromais e TV Terraviva, um canal de agronegócios. João Saad, filho do fundador da Rede Bandeirantes, é criador de gado da Fazenda Ponte Nova, em São Luís do Paraitinga, e um dos negócios da família, a Omahaus Produções, está registrado no mesmo endereço da fazenda.[17]

No fim de maio de 2022, a bancada ruralista do Congresso Nacional ofereceu uma premiação aos jornalistas e veículos de imprensa que são considerados "parceiros do agronegócio".[18] A Frente Parlamentar da

---

14 Cássio Augusto Samogin Almeida Guilherme, "1964", 2017.
15 "Uma escolha muito difícil", *Estadão*, 8 out. 2018.
16 Inúmeras deferências, considerando palácios de governo, rodovias, ruas, pontes, praças etc., seguem homenageando os assassinos dos povos originários e dos africanos que foram traficados pelos europeus para o Brasil.
17 Carolina Magalhães, "As aproximações entre a mídia e o agronegócio", 2023.
18 Mariana Franco Ramos, "Band, CNN e *Valor* recebem 'prêmios de imprensa' da bancada ruralista", *Brasil de Fato*, 1º jun. 2022.

Agropecuária (FPA), braço institucional da bancada ruralista, realizou a homenagem. O evento aconteceu no Clube Náutico de Brasília. Paulo Saad, vice-presidente do Grupo Bandeirantes, recebeu o prêmio da categoria de melhor veículo e disse estar "cheio de orgulho", que "o agronegócio é o exemplo perfeito do que o Brasil poderia ser" e que "se a indústria e o comércio tivessem a eficiência e a pujança do agro, nosso país seria muito melhor".[19]

Sem o menor pudor de demonstrar eventuais conflitos de interesse, Saad disse, publicamente, que a defesa das pautas do agronegócio é um "compromisso" desde a criação do Grupo Bandeirantes, mais de oito décadas atrás: "Mobilizamos nossas câmeras e microfones. Podem contar conosco sempre. [...] Todos os veículos do Grupo Band estarão ao lado de vocês. Podem contar conosco sempre."[20]

MÍDIAS DIGITAIS: UM NOVO MODELO DE GOVERNANÇA GLOBAL E O RISCO À SOBERANIA DOS ESTADOS NACIONAIS

Com a popularização da internet, entre a segunda metade da década de 1990 e o começo dos anos 2000, existia certa inocência considerando a possibilidade que os novos meios de comunicação pudessem trazer uma espécie de democratização da informação, o que seria capaz de contrapor, por exemplo, a concentração do poder exercido pelas mídias hegemônicas tradicionais de comunicação:

> Os celebrantes da aurora daquilo que foi chamado de revolução digital acreditavam que enfim teriam voz as pessoas que até então estavam excluídas dos tradicionais meios de comunicação de massa. Saudava-se o surgimento de um novo tipo de democracia representativa que seria viabilizada pelo universo digital. [...] O curso da história e a realidade em

---

19 *Ibidem.*
20 *Ibidem.*

que vivemos na atualidade são provas de como aquelas análises estavam equivocadas. O progresso da tecnologia não somente era apresentado como algo que atualizava a ideia de destino, mas também como uma explicação da gênese de uma nova sociedade. O sociólogo catalão Manoel Castells chamou-a de sociedade em rede ao construir uma narrativa que apresentava o desenvolvimento tecnológico como fator determinante do movimento histórico. Em outros termos, uma narrativa marcada pelo determinismo tecnológico e na qual não se fazem presentes as relações sociais de produção e tampouco as lutas de classes. Ignorou-se um importante alerta de Marx: o conhecimento científico e tecnológico não é uma realidade fechada em si e assume, no curso do progresso histórico capitalista, a forma social do capital.[21]

Trinta anos depois, portanto, o cenário com o qual nos confrontamos não poderia ser mais distinto desse sonho pueril, mas ele ainda pode piorar.[22] E muito. Hoje, as empresas de tecnologia tornaram-se conglomerados fortes e monopolistas a ponto de questionarem os ordenamentos jurídicos dos Estados-nações e a própria dinâmica de funcionamento da arquitetura institucional – que começou a ser organizada a partir da Paz de Westfália, em 1648, e por quase quatrocentos anos fundamentou a dinâmica da sociedade internacional. Atualmente, as empresas de tecnologia, conhecidas como *big techs*, tais como Meta, Alphabet, Amazon, Nvidia, Apple e Microsoft, estão entre as mais rentáveis de toda a história do capitalismo e valem mais do que o Produto Interno Bruto (PIB) anual da maioria dos países ao redor do planeta.

A Meta, fundada por Mark Zuckerberg, Eduardo Saverin, Andrew McCollum, Dustin Moskovitz e Chris Hughes, em 2004, e dona das redes sociais Facebook, Instagram, Whatsapp e Threads, por exemplo, vale hoje 1,23 trilhão de dólares. Para efeito de comparação, a Turquia

---

21 Ana Bizberge, Patrícia Maurício e Rodrigo Moreno Marques, "A concentração na internet e o necessário controle social", 2021, p. 94.
22 Ver "Efeitos práticos do elitismo histórico-cultural no século XXI e no futuro" em Cesar Calejon, *op. cit*, 2023.

e a Holanda, que ocupam a décima sétima e a décima oitava posições entre as maiores economias do mundo, tiveram PIBs de 1,15 trilhão de dólares e 1,09 trilhão de dólares, respectivamente, em 2023. Companhia que controla o Google, a Alphabet Inc. – fundada por Larry Page e Sergey Brin, em 2015 – vale hoje 1,79 trilhão de dólares em valor de mercado. Coreia do Sul, Austrália e Espanha, que são a décima terceira, décima quarta e décima quinta maiores economias do planeta, registraram, respectivamente, PIBs de 1,71 trilhão de dólares, 1,69 trilhão de dólares e 1,58 trilhão de dólares em 2023.

Fundada em 1994 por Jeff Bezos, que aparece com frequência nas listas da revista *Forbes* como o homem mais rico do mundo, a Amazon vale, hoje, 1,81 trilhão de dólares – exatamente o tamanho do PIB do México, a décima segunda maior economia da Terra em 2023. A Nvidia Corporation, que foi fundada por Jensen Huang, Curtis Priem e Chris Malachowsky, em 1993, tem hoje seu valor de mercado avaliado em 1,94 trilhão de dólares – 8 bilhões de dólares a mais do que o PIB da Rússia (1,86 trilhão de dólares), a décima primeira maior economia global em 2023.

A Apple, fundada por Steve Jobs, Ronald Wayne e Steve Wozniak em 1976, vale hoje 2,8 trilhões de dólares e supera os PIBs da Itália, oitava maior economia do mundo, com 2,19 trilhões de dólares; do Brasil, nona maior do planeta, com 2,13 trilhões de dólares; e do Canadá, a décima, com 2,12 trilhões de dólares. Finalmente, a Microsoft, fundada por Bill Gates e Paul Allen, em 1975, tem o valor de mercado de 3,05 trilhões de dólares – o equivalente ao PIB da França, sétima maior economia do mundo em 2023.[23]

Com base nesses dados, algumas ponderações tornam-se inevitáveis. A primeira é refletir sobre por qual motivo todos os fundadores das principais mídias hegemônicas tradicionais do Brasil e das *big techs* internacionais aqui citadas são, invariavelmente, homens brancos. Podemos presumir

---

23 Para os valores das empresas, ver "Fortune Global 500", *Fortune*, 2024. Para os valores de PIB dos países, ver "Real GDP Growth", Fundo Monetário Internacional, 2024.

que essas pessoas são mais inteligentes e/ou esforçadas do que o restante *inferior* da população – o que nos leva à dimensão teórica exposta na introdução deste livro de que existem seres humanos que são superiores ou inferiores *por natureza*, ideia que vem sustentando todo o desenvolvimento da sociedade capitalista por séculos. Ou devemos considerar que, a despeito do quão geniais e esforçados esses homens brancos sejam, eles também contaram com as benesses de um modelo de sociabilidade que os favoreceu brutalmente, concentrando toda sorte de privilégios e benefícios em suas mãos, em detrimento do restante da população mundial.

A segunda, evidentemente, remete à mudança de paradigma na forma como a governança global é exercida. Evidentemente, o capitalismo anglo-saxão vem agindo como o principal regulador da vida social no âmbito internacional. Contudo, conforme o neoliberalismo se assume como a face hegemônica do capitalismo, a partir da década de 1980, o nível de concentração de poder e capital faz surgir uma dimensão monopolista capaz de erigir empresas com poder análogo ao exercido pela East India Company [Companhia Britânica das Índias Orientais],[24] por exemplo, e algumas das principais companhias do regime colonial, que eram capazes de afrontar os arranjos sociais determinados nos países que pretendiam colonizar para implementar suas respectivas leis e culturas.

No dia 1º de maio de 2023, o Google deu uma demonstração enfática de como pretende exercer seu poder neocolonial no sentido de atuar como uma espécie de Companhia Britânica das Índias Orientais digital no século XXI. Nessa data, o povo brasileiro discutia a tramitação do Projeto de Lei nº 2630, de 2020, que ficou conhecido como "PL das Fake News" e que teve início no Senado Federal. Com autoria

---

24 Fundada no ano de 1600 e dissolvida em 1874, a East India Company foi uma empresa inglesa e, posteriormente, britânica. O seu objetivo principal era comercializar escravizados e outros produtos na região do Oceano Índico. No ápice do seu poder, era a maior corporação do mundo, possuindo até suas próprias forças armadas (mais de 260 mil homens), com o dobro do tamanho do exército britânico na época, e detendo o controle de grandes partes do subcontinente indiano, além de colonizar partes do Sudeste Asiático e de Hong Kong.

do senador Alessandro Vieira e relatoria do deputado federal Orlando Silva, o projeto visava estabelecer a Lei Brasileira de Liberdade, Responsabilidade e Transparência na Internet.

De forma resumida, o PL 2630 propunha regular as plataformas digitais para fortalecer a democracia, a transparência dos provedores de internet atuantes no país e o combate às notícias falsas e aos discursos de ódio no ambiente virtual. Como era de se esperar, as *big techs* e seus magnatas reagiram, assim como aconteceu (e ainda acontece) com as indústrias das armas e tabagista, por exemplo. O texto do Projeto de Lei implementaria medidas para responsabilizar as empresas que operam, sobretudo, as redes sociais digitais e os aplicativos de mensagens, tendo como cerne da questão a obrigatoriedade da moderação de contas e publicações ilícitas, com o objetivo de identificá-las, excluí-las ou sinalizá-las – o que impediria as *big techs* de seguirem lucrando, de modo indiscriminado, com os tipos de conteúdos que mais engajam os usuários e aumentam o tempo gasto e os resultados financeiros das plataformas: notícias falsas e discursos de ódio.

Em suma, os principais aspectos do PL 2630 discorriam sobre a proibição da criação de contas falsas nas mídias sociais para simular a identidade de uma pessoa ou entidade; a proibição de uso de *bots*, ou seja, contas automatizadas geridas por robôs; a limitação do alcance de mensagens muito compartilhadas; a obrigação de que as companhias mantenham durante noventa dias o registro de mensagens encaminhadas em massa; a exigência da identificação de usuários que patrocinam conteúdos publicados; a impossibilidade de que contas oficiais de organizações governamentais ou de pessoas de interesse público (como políticos) bloqueiem contas dos cidadãos; a criação do Conselho de Transparência e Responsabilidade na Internet (fiscalização dos provedores); a determinação de que os controladores das redes sociais tenham sede em território nacional; e a imposição de sanções ou punições (advertências ou multas) às empresas que burlassem a lei.

O projeto – que seguramente não era perfeito, mas representaria um avanço significativo no sentido de estabelecer parâmetros mais saudáveis e inteligíveis ao funcionamento da internet do Brasil – foi atacado pelos dois grupos sociais que mais lucram, política e economicamente, com a falta de critério e legislação que permeia o atual faroeste virtual da web nacional: a extrema direita bolsonarista e as grandes empresas transnacionais do setor. Contudo, alguns setores da própria esquerda nacional, cooptados por empresas como o Google, por exemplo, também atacaram a iniciativa, rotulando-a como censura.

Interferindo na política doméstica brasileira sem o menor pudor ou verniz de discrição, o Google, uma empresa estrangeira, publicou, em sua página inicial de buscas, no dia 1º de maio de 2023, a seguinte mensagem: "O PL das fake news pode piorar a sua internet". Sob o título "Como o PL 2630 pode piorar a sua internet", o diretor de Relações Governamentais e Políticas Públicas do Google Brasil, Marcelo Lacerda, assinou um texto fazendo uma convocação direta à população brasileira:

> Temos sérias preocupações de que o PL 2630 mude a internet que você conhece para pior e limite a inovação, a liberdade de expressão e a geração de oportunidades econômicas para todos os brasileiros. Convidamos você a buscar mais informações sobre o tema e nos ajudar a chamar a atenção dos parlamentares no Congresso por meio da hashtag #MaisDebatePL2630. A seguir, detalhamos alguns pontos preocupantes que podem impactar como você usa a sua internet hoje.
> 1) Acaba protegendo quem produz desinformação;
> 2) Coloca em risco o acesso e a distribuição gratuita de conteúdo na internet;
> 3) Dá amplos poderes a um órgão governamental para decidir o que os brasileiros podem ver na internet;
> 4) Traz sérias ameaças à liberdade de expressão;
> 5) Prejudica empresas e anunciantes brasileiros;
> 6) Dificulta o acesso dos brasileiros à Busca do Google ao tratar buscadores como redes sociais.[25]

---

25 Marcelo Lacerda, "Como o PL 2630 pode piorar a sua internet", *Blog do Google Brasil*, 27 abr. 2023.

Quase um ano depois, no dia 6 de abril de 2024, o bilionário Elon Musk, dono da plataforma x, seguiu o mesmo caminho do Google e passou a interferir de modo direto nas questões internas do Brasil. Com um *tweet* direcionado ao ministro do stf, Alexandre de Moraes, Musk perguntou: *"Why are you demanding so much censorship in Brazil?"*[26] [Por que você está exigindo tanta censura no Brasil?] Fazendo eco a todas as principais falácias bolsonaristas sobre fraude nas urnas durante as eleições presidenciais de 2022 e uma suposta ditadura conjunta entre o Poder Judiciário e o Governo Federal, que estaria controlando o país, Musk ameaçou descumprir as decisões judiciais que retiraram contas com mensagens golpistas contra a democracia nacional do ar. Com isso, conseguiu enterrar de vez o pl 2630.

Menos de duas semanas após o ataque contra a soberania brasileira, Musk voltou sua artilharia de extrema direita à Austrália: *"The Australian censorship commissar is demanding *global* content bans!"*[27] [O comissário de censura australiano está exigindo proibição de conteúdo *global*!]. O que Musk classificou como *conteúdo* eram vídeos de um ataque terrorista. Uma comissão de segurança digital australiana ordenou que diversas redes retirassem os vídeos que demostravam, graficamente, um ataque de faca contra um clérigo cristão assírio e mais duas pessoas numa igreja de Sydney. O ataque, que foi transmitido ao vivo, foi depois classificado pela polícia como uma ação terrorista. O autor, um adolescente muçulmano de 16 anos, foi apreendido. Não houve registro de mortes. Prontamente, as redes controladas pela Meta removeram os conteúdos após uma ordem da comissária de Segurança Eletrônica da Austrália, Julie Inman Grant, que ameaçou impor multas. A rede x, de Musk, apenas ocultou o vídeo para os usuários na Austrália e permitiu que o ataque pudesse ser assistido pelo público internacional ou por australianos com vpns. Anthony Albanese, primeiro-ministro da

---

26 Disponível no perfil oficial do Elon Musk no x.
27 Disponível no perfil oficial do Elon Musk no x.

Austrália, classificou Musk como um "bilionário arrogante que pensa estar acima da lei e da decência básica. [...] Um sujeito que escolheu o ego e a violência em vez do bom senso".[28]

Os ataques de Musk contra os ordenamentos jurídicos do Brasil e da Austrália em abril de 2024 não foram casos isolados e denotam duas dimensões fulcrais, que resumem alguns sinais do tempo atual: conforme enfatizado anteriormente, o paradigma de funcionamento da governança global mudou de forma radical em apenas algumas décadas, e a extrema direita e os megaempresários das *big techs* estão alinhados no sentido de seguirem explorando as notícias falsas e os discursos de ódio para angariar capital político e econômico. Conforme explica o influenciador Felipe Neto:

> Nós precisamos de uma Constituição Digital. [...] Falta o embasamento dessa Constituição Digital para que os crimes (cometidos na internet) sejam muito melhor tipificados e recebidos pelo sistema Judiciário. O neofascismo funciona através de mentiras e ataques a personalidades. Um ambiente digital regulamentado expurga a extrema direita, porque eles agem, sempre, na ilegalidade e contra os princípios básicos dos direitos humanos. Então, quando existem regras elementares que protegem os direitos humanos, a extrema direita é banida, então eles tratam isso como "censura".[29]

Na última semana de agosto de 2024, após descumprir as ordens da Justiça do Brasil de forma reiterada sob o comando de Elon Musk, a plataforma x foi retirada do ar em todo o território nacional. Na ocasião, Musk pretendia atuar sem representação oficial no país, o que é ilegal, capitalizando sobre todos os tipos de conteúdo, incluindo mensagens nazistas, de incentivo ao suicídio de jovens, ao estupro etc.

---

28 Hannah Ritchie, "Australian PM Calls Elon Musk an 'Arrogant Billionaire' in Row Over Attack Footage", *BBC News*, 23 abr. 2024.
29 Felipe Neto, em entrevista concedida a Cesar Calejon em 12 abr. 2024 e, originalmente, exibida no *ICL Notícias*.

Além disso, sua empresa acumulou 18,3 milhões de reais em multas.[30] O presidente Lula reagiu:

Todo e qualquer cidadão de qualquer parte do mundo que tem investimento no Brasil está subordinado à Constituição brasileira e às leis brasileiras. Se a Suprema Corte tomou uma decisão para ele cumprir determinadas coisas, ou ele cumpre ou vai ter que tomar outra atitude. [...] Não é porque o cara tem muito dinheiro que o cara pode desrespeitar. [...] Ele não pode ficar ofendendo os presidentes [dos países]. Ofendendo os deputados, ofendendo o Senado, a Câmara, a Suprema Corte. Ele pensa que é o quê? Ele tem que respeitar a decisão da Suprema Corte brasileira.[31]

É evidente que o vínculo entre o grande capital e as mídias de comunicação, sejam elas analógicas ou digitais, tem raízes muito profundas, que representam um dos principais problemas quando tratamos da concentração de poder no Brasil, conforme veremos a seguir.

---

30 Marcio Falcão, "x já acumula R$ 18,3 milhões em multas aplicadas pelo STF; empresa teve R$ 2 milhões bloqueados", *g1*, 30 ago. 2024.
31 Luís Inácio Lula da Silva em entrevista concedida a Rádio MaisPB, 30 ago. 2024.

CAPÍTULO 3
O vínculo do poder político e do mercado financeiro transnacional com as empresas de mídia

O vínculo do mercado financeiro transnacional com o poder político e as empresas de comunicação é um dos pontos nevrálgicos para entender as amarras que sustentam a estrutura de controle e dominação que vigora hoje no Brasil – e que fazem do nosso arranjo social um dos mais desiguais e, como consequência, violentos do planeta. Conforme demonstrado nos capítulos anteriores, a relação espúria entre os donos do capital e os veículos de comunicação não é recente, mas vem sendo agudizada em virtude da concentração midiática, da assimétrica representatividade política no Congresso Nacional e da financeirização do capital que se apresentam no Brasil.

Outro exemplo sintomático desse paradigma é o estudo de caso da Broadcast,[1] a agência em tempo real do Grupo Estado, que, de forma sistemática, reproduz os interesses do mercado financeiro e influencia a cobertura de outros veículos de comunicação. Basicamente, todos os maiores veículos de investimentos do Brasil, tais como a Broadcast, o *InfoMoney*, que é parte do grupo XP Inc., e o *Valor Econômico*, do Grupo Globo, por exemplo, defendem os interesses dos grandes capitalistas em detrimento dos cidadãos que, em tese, deveriam orientar. Muitas vezes, os maiores bancos do país patrocinam os veículos, mas

---

[1] Jaqueline de Paiva e Silva, *A Broadcast, o mercado financeiro e a cobertura de economia da grande imprensa*, 2002.

escondem suas marcas e procuram imprimir um caráter "educativo" ao conteúdo publicado. Além de influírem na política social, os maiores banqueiros do Brasil também atuam, diretamente, no sentido de manipular a política institucional.[2]

Em outubro de 2021, um áudio, supostamente vazado, traz o banqueiro André Santos Esteves, dono do BTG Pactual, afirmando ter orientado com "conselhos"[3] o então presidente da Câmara dos Deputados, Arthur Lira, o então presidente do BC, Roberto Campos Neto e até magistrados da corte constitucional da nação, o STF. Na gravação, Esteves demonstra todo o seu viralatismo, com referências explícitas a países como Estados Unidos, Inglaterra, Japão etc., e garante ter sido procurado por Campos Neto, que segundo o banqueiro queria lhe consultar sobre o limite para a queda da Selic, a taxa básica de juros da economia nacional. Ainda de acordo com o banqueiro, Lira lhe telefonou após uma crise no Ministério da Economia, que resultou na saída de vários funcionários da pasta. Para uma audiência restrita, que o dono do BTG Pactual parece querer impressionar, ele ressalta também que é preciso "educar" e "ensinar"[4] agentes do Estado e diz ter oferecido conselhos aos membros do STF sobre a autonomia do BC.

Sobre Campos Neto, Esteves disse:

> Eu achei que caiu demais os juros na pandemia, para esses 2%. Eu me lembro que tem um conceito que chama *lower bound*, alguns aqui já devem ter ouvido falar, que é qual a taxa de juros mínima. E eu me lembro que o juros estavam assim em uns 3,5% e o Roberto me ligou para perguntar: "Pô, André, o que você está achando disso, onde você

---

2 Neste contexto, a política social é o termo utilizado para definir o funcionamento da pólis e, de forma mais ampla, qualquer atitude tomada por cidadãos que a compõem, enquanto a política institucional é praticada no Congresso Nacional e nos âmbitos estaduais e municipais pelos políticos que recebem o voto da população para exercerem a representatividade democrática.
3 Paulo Motoryn, "Leia o que disse André Esteves sobre 'conselhos' a Lira, Campos Neto e ministros do STF", *Brasil de Fato*, 25 out. 2021.
4 *Ibidem*.

acha que está o *lower bound*?" Eu falei assim: "Olha, Roberto, eu não sei onde que está, mas eu estou vendo pelo retrovisor, porque a gente já passou por ele. Acho que, em algum momento, a gente se achou inglês demais e levamos esses juros para 2%, o que eu acho que é um pouquinho fora de apreço. Acho que a gente não comporta ainda esses juros."[5]

Sobre a conversa com Arthur Lira, o banqueiro afirma que:

Para quem não sabe, o secretário do Tesouro [do Ministério da Economia] acabou de renunciar, com mais três outros, tem mais quatro ameaçando. E eu atrasei um pouquinho, porque o presidente da Câmara me ligou para perguntar o que eu achava. "Arthur, vou dar uma palestra agora à tarde. Se quiser, dá um pulo aí. Mas não tá legal, né?"[6]

Sobre o STF:

Teve essa discussão de Banco Central independente, foi importantíssimo conversar com ministros do Supremo, explicar. Pô, o cara não é obrigado a nascer sabendo. E o argumento que foi usado é que foi aprovado e aí teve uma contestação no Supremo, né? Que depois deu a vitória de oito a dois a favor do Banco Central independente. E o melhor argumento era explicar assim: "Pô, ministro, assim, o senhor sabe que Banco Central independente tem nos Estados Unidos, no Japão, na Alemanha e na Inglaterra, né? E não tem na Venezuela e na Argentina... tinha, mas a Cristina Kirchner revogou no primeiro ano de mandato. O senhor acha em qual grupo a gente quer estar junto?" Porra! Deu oito a dois, mas precisa chegar um de nós lá e explicar... o guizo no gato, não ter medo de falar, de conversar, de interagir.[7]

Esteves ainda fez críticas à ex-presidenta Dilma Rousseff e elogiou o ex-presidente Michel Temer pela aprovação da PEC do Teto de Gastos, que limitou os investimentos públicos em educação e saúde.

---

5 *Ibidem.*
6 *Ibidem.*
7 *Ibidem.*

Mais um exemplo simbólico da relação entre o grande capital financeiro e o poder político e midiático pode ser obtido por meio das movimentações de Luciano Huck. No dia 17 de maio de 2024, Huck, um dos principais apresentadores e animadores de palco do Brasil, assistido por dezenas de milhões de brasileiros na tela da Rede Globo aos domingos, e sócio do Banco Pan,[8] organizou um jantar restrito para a extrema direita nacional. O encontro reuniu o então presidente do BC, Roberto Campos Neto, o governador de São Paulo, Tarcísio de Freitas, empresários, autoridades e jornalistas. Na ocasião, Huck alegou que não trataria de política e que o evento era apenas uma "reunião de amigos".

Apesar disso, apenas três dias depois, o site *Metrópoles*[9] soltou a seguinte manchete: "Piorou geral: Focus detona projeção para Selic, inflação, dólar e PIB."[10] Nesse contexto, cabe entender que um dos componentes usados para definir a taxa de juros do Comitê de Política Monetária (Copom) é a expectativa do mercado com relação à inflação. Em casos de expectativa de inflação alta, a prática mais comum é não baixar ou até subir os juros, e vice-versa. No comando do BC, Campos Neto, um notório bolsonarista, usou a autoridade monetária como uma arma contra o governo Lula a fim de tolher o crescimento da economia nacional sob a gestão petista. Essa expectativa de mercado é medida pelo boletim Focus, documento compilado por meio de um questionário enviado aos bancos e agentes financeiros – 150 atores, ao todo –, para que esses respondam qual é a previsão do "mercado". Os participantes respondem de forma anônima, e somente o BC sabe quem respondeu e qual o caráter da resposta – o que facilita manipulações de todas as ordens. Na reunião do Copom em maio de 2024,

---

8 "Banco PAN anuncia parceria estratégica com Luciano Huck", *Banco Pan*, 3 set. 2021.
9 O site *Metrópoles* pertence a Luiz Estevão de Oliveira Neto. Estevão foi o primeiro senador da história do Brasil a ser cassado por ter desviado 169 milhões de reais da obra do Tribunal Regional do Trabalho (TRT), em São Paulo. Posteriormente foi condenado por corrupção e preso.
10 Carlos Rydlewski, "Piorou geral: Focus detona projeções para Selic, inflação, dólar e PIB", 20 maio 2024.

houve discordância: cinco integrantes da diretoria do BC, indicados na gestão de Jair Bolsonaro, defenderam a queda de 0,25% na taxa de juros, e os outros quatro, indicados pelo governo Lula, votaram para que a Selic caísse 0,5%. O engenheiro Eduardo Moreira explica:

> A independência do BC é papo para boi dormir. A pergunta a ser feita é: o BC é dependente de quem? A gente criou um modelo esdrúxulo, em que o BC é dependente do governo anterior. Olha que maluquice: temos hoje à frente da instituição alguém que era absolutamente ligado ao governo anterior. Roberto Campos Neto fazia contas para estimular e ajudar a campanha de Bolsonaro.[11]

Moreira denuncia que a imprensa, que costuma estar afinada com os interesses dos bancos, decidiu, nessa ocasião, atacar os diretores do BC ligados ao governo Lula e fortalecer o grupo indicado por Bolsonaro. A publicação do *Metrópoles* afirmava que "os cerca de 150 analistas consultados semanalmente em pesquisa realizada pelo BC pioraram as projeções para os principais indicadores econômicos do país" e essa era apenas uma entre as várias que a imprensa nacional soltou defendendo esta mesma ideia, de que as perspectivas da economia brasileira haviam piorado da noite para o dia. Moreira, no entanto, denuncia que, ao contrário do que dizia o noticiário, não foram os "150 analistas" que passaram a interpretar de forma negativa o cenário econômico:

> Olha o escândalo: algum ou alguns bancos pegaram e meteram 8% de inflação só para puxar a média para cima e fazer confusão no mercado. Analista de banco nunca muda tanto: normalmente vai de 3% para 3,1%, para 3,2%. De 4% para 3,8%. Mudanças de uma semana para outra costumam ser pequenas. O que fizeram agora para manipular a opinião pública, aparentemente em combinação com os veículos de imprensa,

---

11 Eduardo Moreira no *ICL Notícias*, 24 maio 2024.

para gerar a notícia que os meios de comunicação usariam? Como é anônimo, colocaram uma expectativa de 8%.[12]

Fazendo isso, explica Moreira, conseguiu-se elevar a média da expectativa de inflação para enfraquecer o ministro da Fazenda, Fernando Haddad, o diretor de política monetária do BC, Gabriel Galípolo, e debilitar toda a área econômica do governo:

> A Broadcast faz uma pesquisa parecida com a Focus e pede para os bancos darem os nomes. Nessa versão, a expectativa de inflação para 2026 está em torno de 3% e não passa de 4,03%. No boletim Focus, botaram o 8% para poder manipular as notícias e queimar o filme do governo na economia, além de forçar o Banco Central a tomar a sua decisão em cima de uma mentira, em cima de um respondente, que é anônimo.[13]

Até mesmo os personagens que atuam no mercado estranharam. A edição do *Valor Econômico* publicada no dia 24 de maio de 2024 trazia uma matéria com o seguinte título: "Mercado questiona peso do Focus nas projeções e comunicação recente do BC."[14] Prossegue Moreira:

> Colocar a projeção de 8% no boletim Focus é claramente uma tentativa de manipular a opinião pública, artificialmente subindo uma média que gera notícias que parte da imprensa precisa para bater na equipe econômica do governo. Precisamos saber a projeção das instituições com os nomes de cada uma. Esse é um dos maiores escândalos recentes, ao que tudo indica, combinado com o banco que jogou a previsão de 8%. Essa notícia sobre a piora de cenário saiu na mesma semana do jantar organizado por Luciano Huck para o Roberto Campos Neto e para o Tarcísio de Freitas. Não tem como não conectar esses pontos.[15]

---

12 *Ibidem.*
13 *Ibidem.*
14 Victor Rezende e Gabriel Roca, "Mercado questiona peso do Focus nas projeções e comunicação recente do BC", *Valor Econômico*, 24 maio 2024.
15 Eduardo Moreira no *ICL Notícias*, 24 maio 2024.

Após a denúncia feita pelo Instituto Conhecimento Liberta, o Ministério Público Federal, junto ao Tribunal de Contas da União (TCU), ingressou com uma representação para identificar eventuais desvios de finalidade pelo Copom do BC na definição da taxa Selic. Segundo o subprocurador Lucas Furtado, a apuração se daria por suposta influência considerando as projeções constantes do boletim Focus, elaborado a partir de pesquisas macroeconômicas realizadas por diversas instituições, tais como bancos, consultorias e corretoras. Retomaremos esse ponto adiante.

O CAPITALISMO ANGLO-SAXÃO COMO PRINCIPAL REGULADOR DA VIDA SOCIOPOLÍTICA BRASILEIRA

Via de regra, os cursos acadêmicos de relações internacionais ensinam seus discentes que, a despeito das suas imperfeições, as democracias liberais ocidentais seriam a única forma de organização da sociedade capaz de combater o autoritarismo de outros regimes e, portanto, representariam os bastiões do mundo livre e civilizado sob a égide dos valores humanistas consagrados pela Carta das Nações Unidas, pela Declaração Universal dos Direitos Humanos e pelo Direito Internacional Púbico.

Conforme ressaltado na introdução deste livro, a questão é muito mais complexa do que pressupõe essa linha discursiva, da qual figuras como André Esteves se valem para avançar suas ideias e interesses – o que, em geral, funciona bem para impressionar sua audiência. Apesar de todos esses avanços e das forças contra-hegemônicas que se consolidam com cada vez mais ênfase no começo do século XXI – considerando, fundamentalmente, a ascensão da China –, a principal estrutura reguladora da sociedade internacional e dos arranjos sociais nos Estados-nações ainda é o capitalismo anglo-saxão. Sobretudo para os países que estão na periferia e na semiperiferia do capitalismo global, como o Brasil, e nas zonas de influência dos países capitalistas hegemônicos, tais como Estados Unidos e Reino Unido, os ímpetos e desígnios dos motores capitalistas moldam os rumos da política doméstica e, como consequência, seus respectivos arranjos sociais.

Na história recente do Brasil, o envolvimento dos Estados Unidos na infame operação Lava Jato[16] – que serviu como pedra fundamental para o golpe de 2016, que depôs Dilma Rousseff, para a inelegibilidade de Lula, em 2018, e para ascensão do bolsonarismo no ano seguinte – é o caso mais ilustrativo desse processo.

Valendo-se do Foreign Corrupt Practices Act (Lei de Práticas de Corrupção no Exterior – FCPA), uma lei federal dos Estados Unidos para, supostamente, combater o suborno de funcionários públicos no exterior, o governo estadunidense exerceu, por meio da Lava Jato, ingerência direta nos rumos sociais e políticos do Brasil. Contudo, essa não foi a primeira vez que os Estados Unidos manipularam a vida sociopolítica brasileira ou usaram o FCPA para conquistar seus objetivos geopolíticos. Em 1964, sob a orientação do embaixador Lincoln Gordon, John Kennedy deu aval à operação Brother Sam e ofereceu suporte total aos golpistas que derrubaram João Goulart para implementar uma ditadura sangrenta de mais de duas décadas no país. Sob o pretexto de combater o avanço do comunismo, o mesmo aconteceu em muitos outros países latino-americanos ao redor do mundo.[17]

Essa influência dos Estados Unidos assume que o controle político também passa pela manutenção de uma agenda econômica. Dilma Rousseff explica que o golpe de 2016

> foi dado por razões muito concretas, porque a gente não deixaria passar a Lei de Teto de Gastos, que constitucionalizou a austeridade, a retirada do povo do orçamento e da cidadania do voto. [...] O Teto de Gastos é a

---

16 Gaspard Estrada e Nicolas Bourcier, "'Lava Jato'", *Le Monde*, 11 mar. 2022.
17 Frédéric Pierucci, Matthieu Aron, *Arapuca estadunidense*, 2021.

garantia de que qualquer grupo político que ascenda ao poder no Brasil estará automaticamente submisso ao projeto neoliberal. Jamais deixaríamos passar medidas como a independência do BC, o esquartejamento planejado da Petrobras, a reforma trabalhista que criou condições precárias de trabalho, trabalho intermitente etc. Ou seja, o golpe aconteceu porque nós travamos a agenda neoliberal.[18]

Essa agenda é internacional e vem sendo ampliada por um projeto geopolítico global que pretende manter o Brasil como produtor e exportador de produtos primários, a serviço do capital financeiro e dos interesses das elites empresariais e midiáticas nacionais – o que exploraremos de forma mais integral adiante neste livro. Por exemplo, segundo dados do GISMAPS, entre 2004 e 2015, dos 5.570 municípios brasileiros apenas 33 não produziram cabeças de gado. Esses poucos locais são cidades litorâneas, pantanosas ou asfaltadas.

Prossegue Dilma Rousseff:

> O [Barack] Obama me prometeu [em 2013] que ele levantaria o que tinha acontecido para evitar processos similares de espionagem no futuro e que ele me responderia direitinho uma semana depois. Após uma semana, ele me ligou e disse que não conseguiria fazer isso. Passa-se um tempo, talvez um mês ou dois, acontece uma reunião da Assembleia Geral da ONU, quando o sr. [Bill] Clinton solicitou um encontro paralelo conosco e me informou, extraoficialmente, que eles não poderiam responder as minhas duas questões, que eram sobre o que havia sido espionado e que eles se retratassem publicamente com um pedido de desculpa, porque eles não sabiam exatamente o conteúdo que o Edward [Snowden] possuía naquela época. O pedido público de desculpa veio em outro contexto, quando eles abriram uma investigação e lamentaram o ocorrido. Mas, sobre todas as informações que foram grampeadas, eles disseram que não poderiam

---

18 Dilma Rousseff em entrevista concedida a Cesar Calejon em 4 maio 2021 e publicada, originalmente, no site *UOL*.

informar precisamente porque, segundo o próprio ex-presidente Clinton, eles tinham perdido o controle por conta de terem terceirizado parte dos serviços de inteligência da NSA para o setor privado.[19]

Um ano depois, teve início no Brasil o maior processo de *lawfare* da história do país, a operação Lava Jato, que culminou na prisão de Lula, em abril de 2018. Diversos líderes progressistas da América Latina enfrentaram processos similares ao longo dos últimos anos: Manuel Zelaya, em Honduras; Fernando Lugo, no Paraguai; Evo Morales, na Bolívia; Cristina Kirchner, na Argentina; Rafael Corrêa, no Equador, entre outros. O caso mais dramático é o de Alan García, ex-presidente do Peru que se suicidou assim que tomou ciência de que policiais estavam em sua casa para cumprir uma ordem de prisão. Ele era investigado em um inquérito sobre os contratos de seu governo com a empreiteira Odebrecht.

UMA SOCIEDADE FEUDAL FINANCISTA

O capitalismo anglo-saxão como principal regulador da sociedade internacional e da vida sociopolítica brasileira criou, no Brasil e em diferentes países que estão na periferia e na semiperiferia desse sistema, estruturas societárias análogas às do período do feudalismo europeu, considerando uma diferença fundamental.

Conforme explica Michael Hudson – economista estadunidense, professor de economia na Universidade do Missouri do Kansas, pesquisador do Levy Economics Institute do Bard College e autor do livro *The Destiny of Civilization* [O destino da civilização]:[20]

> Eu me encontrei com o presidente João Goulart, que foi derrubado pelos Estados Unidos no início dos anos 1960, e ele descreveu como ele foi derrubado e como, basicamente, os bancos haviam assumido o controle.

---

19 *Ibidem*.
20 Michael Hudson, *The Destiny of Civilization*, 2022.

> Cerca de 6 ou 7 anos atrás, o seu Conselho de Assessores Econômicos me trouxe para o Brasil para conhecê-los. Eles me explicaram que o problema com o Lula era que lhe disseram que ele só poderia concorrer e ganhar a eleição se concordasse em deixar os bancos brasileiros no controle.[21]

O economista, que começou a trabalhar como consultor do World's Sovereign Debt Fund [Fundo Mundial da Dívida Soberana] na década de 1990 prossegue:

> Naquela época, o Brasil pagava 45% de juros anuais sobre seus títulos. A Merrill Lynch percorreu os Estados Unidos tentando vendê-los (os títulos) para os americanos. 45% de juros! Ninguém chegaria perto disso. Eles foram para a Europa e tentaram vendê-los. Isso é um grande retorno. Ninguém os quis. Por fim, a Merrill Lynch passou por seu escritório em Brasília e quem comprou toda a dívida externa brasileira em dólar? Os banqueiros centrais brasileiros e todas as famílias ricas do Brasil. [...] Então a dívida externa do Brasil está vinculada à sua própria classe alta, sua própria classe financeira, que basicamente dirige o país.[22]

Nese sentido, Hudson salienta que a classe financeira, hoje, no Brasil, desempenha os papéis que os latifundiários exercem no feudalismo:

> Vocês estão vivendo no equivalente a uma sociedade feudal, mas em vez de latifundiários, vocês têm financistas, oligarcas e monopolistas administrando o país. Todos eles vivem de uma forma econômica ou de outra: juros, renda da terra, renda dos recursos naturais, renda do monopólio e todos esses tipos de renda. Então todos os recursos do país são direcionados para essa classe rentista que sequer precisa de mais dinheiro. E a única maneira de se livrar deles seria uma revolução, mas

---

21 Michael Hudson em entrevista concedida a Cesar Calejon em 4 jul. 2022 e publicada, originalmente, no site *Brasil 247*. Cesar Calejon, "Michael Hudson: 'Vocês estão vivendo o equivalente a uma sociedade feudal, mas em vez de latifundiários, vocês têm financistas'", *Brasil 247*, 4 jul. 2022.
22 *Ibidem.*

essa classe rentista sabe disso e tem o apoio dos Estados Unidos como uma oligarquia cliente e não vejo como o Brasil pode sair disso. Quando Lula planejou algo para o povo, foi derrubado com a ajuda americana para implantar uma ditadura do terceiro mundo na forma de Jair Bolsonaro.[23]

Para Hudson, a única forma de desmontar esse processo é por meio da construção de uma filosofia econômica diferente:

> O grande inimigo do desenvolvimento do Brasil tem sido o Banco Mundial. Desde o início, nas décadas de 1950 e 1960, o Banco Mundial disse ao Brasil que faria empréstimos para vocês, mas só faria empréstimos em moeda estrangeira. E vocês só poderiam pagar os empréstimos via exportações. Há uma coisa que vocês não poderiam fazer e, se vocês fizessem isso, eles iriam matá-los. Vocês não podem cultivar a sua própria comida, ou haveria uma revolução. Vocês não devem cultivar seus alimentos, mas comprar seus grãos e alimentos dos Estados Unidos.[24]

Ele prossegue:

> Vocês devem se concentrar na exportação para não competir com os Estados Unidos e não devem fazer uma reforma agrária. Vocês devem ter grandes plantações e agricultura, plantações tropicais para exportar, mas não alimentos. Essa era a condição absoluta. Então, se você ler a missão do Banco Mundial ao Brasil, diz que o país precisa de reforma agrária e gastos com moeda nacional para promover a agricultura familiar e local como os Estados Unidos, para fornecer educação agrícola, sementes, sistemas de transporte, contudo, o Banco Mundial disse que vocês não poderiam fazer isso porque, se vocês cultivassem seus próprios alimentos, não seriam um mercado para os Estados Unidos. As pessoas pensam nos EUA e em uma economia industrial, mas seus principais produtos de exportação por décadas têm sido da agricultura. Então, se

---

23 *Ibidem.*
24 *Ibidem.*

você tentar cultivar sua própria comida e se livrar dessa classe rentista e bilionários, os EUA vão impor sanções ao Brasil e tentar matá-lo de fome. A única defesa que o Brasil tem é cultivar seus próprios alimentos. É por isso que China, Rússia e outros países estão percebendo que para desdolarizar o mundo e libertá-lo do capitalismo financeiro é necessária uma alternativa ao Banco Mundial.[25]

Hudson aponta que o Sul global precisa de seu próprio fundo monetário e de todo um conjunto de instituições espelho para se opor à filosofia predatória e à estratégia de subdesenvolvimento conduzidas pelos Estados Unidos, principalmente:

China e Rússia podem simplesmente mostrar por exemplo. Eles podem mostrar pelo seu sucesso. Neste verão e outono (no hemisfério Norte), acredito que a maior parte do Sul Global terá uma crise: os preços do petróleo e da energia estão subindo. Você tem os preços dos alimentos subindo. Isso é projetado pelos Estados Unidos nas sanções que o presidente Biden impôs contra a Rússia. É a inflação de Biden.[26]

Ao mesmo tempo, conforme a interpretação dele, o Federal Reserve [equivalente ao nosso Banco Central] vai tornar os dólares muito mais caros para os países estrangeiros comprarem com sua própria moeda:

O Brasil e outros países da América Latina têm enormes dívidas externas vencidas. Como esses países poderão importar energia e alimentos e ainda pagar as suas dívidas? Algo deverá ceder. Você tem a Rússia e a China dizendo que estão dispostas a exportar alimentos e energia, mas isso contradiz os interesses dos Estados Unidos e, portanto, os interesses daqueles oligarcas que governam o Brasil e querem permanecer no poder sob a proteção dos Estados Unidos. Será que a população brasileira vai passar fome no escuro, sem comida ou energia, e deixar o seu padrão de

---

25 *Ibidem.*
26 *Ibidem.*

vida cair se endividando e perdendo suas casas? Ou será que, de alguma forma, deverá agir politicamente para não pagar a dívida externa? Essa classe dominante vai dizer que o país precisa pagar a dívida. O que eles não dirão, porém, é que suas classes superiores são as proprietárias desses fundos, que estão localizados, principalmente, em offshores ocultas no exterior. Essa é a atual guerra de classes que está acontecendo no Brasil e vai realmente ganhar força nos próximos meses.[27]

Por fim, Hudson afirma que:

> A classe bancária tentará manter Lula em rédea curta. Ele sabe que foi derrubado antes pela interferência corrupta dos Estados Unidos e terá que encontrar uma maneira de se proteger, mas precisará do apoio de alguns elementos do exército, porque no final vai ser sobre quem controla a violência. Ele terá que limpar o exército e, em um certo ponto, terá que enfrentar as classes altas como o próprio inimigo interno do Brasil, o que é extremamente difícil de se fazer sem sofrer um golpe de Estado.[28]

---

27 *Ibidem.*
28 *Ibidem.*

CAPÍTULO 4
Concentração midiática e a ameaça à democracia

Além de ser um dos pontos fulcrais para entender a dinâmica organizacional de um Estado profundamente desigual em termos políticos, econômicos e sociais, a concentração midiática nas mãos de poucas famílias – que abordamos nos capítulos anteriores – ainda oferece outro risco constante à nação: a ameaça ao próprio processo democrático.

Muitos eventos ocorridos ao longo dos últimos cem anos servem para demonstrar tal risco. Neste livro, vamos usar apenas três: o golpe de 1964, o pleito presidencial de 1989 entre Lula e Collor e a infame operação Lava Jato, com o golpe de 2016 e a subsequente ascensão do bolsonarismo.

O GOLPE DE 1964

Ao longo da história brasileira, todas as vezes que os projetos de emancipação popular e fomento do pensamento crítico ganharam tração e relevância – a ponto de ameaçarem as estruturas dominantes para promover transformações sociais significativas –, a concentração dos veículos de comunicação foi usada para desmantelar tais iniciativas. Em 1964, não foi diferente.

Nos anos anteriores ao golpe, o país vivia um clima de crescimento, com os "50 anos em 5" de Juscelino Kubitschek durante a segunda metade da década de 1950, e uma efervescência política, pouquíssimas vezes vista no Brasil, no começo da década de 1960 – com o

Centro Popular de Cultura (CPC),[1] o Comando dos Trabalhadores Intelectuais (CTI),[2] o Instituto Superior de Estudos Brasileiros (ISEB)[3] e as reformas de base propostas pelo governo João Goulart, que, ao ser deposto pelo golpe, contava com 76% de aprovação nas pesquisas de opinião pública.[4]

Sob o pretexto de combater o comunismo, Lincoln Gordon, embaixador dos Estados Unidos no Brasil, esteve no centro das operações estadunidenses que apoiaram o golpe de 1964. A despeito de insistir posteriormente que o golpe teria sido "100% brasileiro",[5] ele foi ator elementar para convencer os presidentes John F. Kennedy (assassinado em novembro de 1963) e Lyndon Johnson sobre a importância de bancar a troca de governo na segunda maior democracia das Américas. Gordon orquestrou as conversas entre Vernon Walters (general que serviu como adido no Brasil entre 1962 e 1967) e os conspiradores militares brasileiros, e fez *lobby* por uma força-tarefa naval dos Estados Unidos – que foi intitulada operação Brother Sam[6] e teve papel fundamental para sufocar quaisquer focos de resistência que pudessem eclodir com a deposição de Goulart.

Tal articulação foi viabilizada com o apoio dos principais veículos de comunicação do país e de políticos da direita nacional, pois o golpe vinha sendo gestado havia mais de uma década. Pouco antes do sui-

---

[1] Criado em 1962, o CPC foi uma organização associada à União Nacional de Estudantes (UNE), com o objetivo de criar e divulgar uma "arte popular revolucionária".
[2] Rodrigo Czajka, "O Comando dos Trabalhadores Intelectuais e a formação da esquerda cultural na década de 1960", 2011.
[3] Criado em 1955, o ISEB era atrelado ao Ministério de Educação e Cultura e contava com autonomia administrativa e liberdade de pesquisa, opinião e cátedra. Seu objetivo principal era promover o estudo, ensino e a divulgação das ciências sociais, sobretudo em temas correlatos à filosofia, sociologia, economia e política, com a finalidade de aplicar as categorias dessas ciências ao entendimento da realidade brasileira e como núcleo disseminador das ideias do desenvolvimentismo.
[4] Ver Dênis de Moraes, *A esquerda e o golpe de 1964*, 2024.
[5] James N. Green e Abigail Jones, "Reinventando a história", 2009.
[6] Sobre esse tema, assista a *O dia que durou 21 anos*, documentário dirigido por Camilo Tavares em 2012.

cídio de Getulio Vargas, uma campanha midiática de difamação sem precedente tomou conta do país para depô-lo:

> Falava-se em "mar de lama" e pregava-se abertamente um golpe contra Getulio. Em agosto de 1954 evoluía francamente uma conspiração para derrubar o governo. Os ânimos acirraram-se de parte a parte. A reação desordenada de setores do governo às provocações levaram a desastres como o atentado contra Carlos Lacerda, no dia 5 de agosto [de 1954]. O jornalista escapou com um tiro no pé, mas um major da Aeronáutica, Rubens Vaz, foi mortalmente atingido. Os acusados do atentado, logo presos, pertenciam à guarda pessoal de Getulio Vargas. Um deles era Gregório Fortunato, chefe da guarda presidencial. Era o que faltava para a intensificação da tentativa de derrubada de Vargas. Os dezenove dias que precederam o suicídio do presidente, na madrugada do dia 24 de agosto [de 1954], foram marcados por uma campanha sem precedentes da mídia. Em coro, os jornais desencadearam o que Werneck Sodré classifica como uma verdadeira blitz contra o presidente, o que "abalou o país, entorpeceu a opinião, acordada, súbita e furiosamente, pelo dramático gesto do presidente e pelo conteúdo do libelo terrível de sua carta-testamento". Sodré afirma, a seguir, "sem nenhum risco de erro", que as ofensivas da mídia, a partir de 1951, foram rigorosamente planejadas e desenvolvidas. Na verdade, faziam parte de um plano maior, de liquidação do governo de Getulio Vargas.[7]

Em sua famosa carta-testamento, Vargas cita uma "campanha subterrânea de grupos internacionais" aliados a "grupos nacionais", organizada para barrar as medidas de caráter nacionalista do seu governo. Na ocasião, o suicídio de Vargas e a seguinte ação de personalidades como o general Henrique Lott, em 1955, assegurando a posse de Juscelino, conforme mencionado anteriormente, e como Leonel Brizola, com sua Campanha da Legalidade, para garantir a posse de João Goulart, em

---

7 Audálio Dantas, "A mídia e o golpe militar", 2014, s/p.

1961, adiaram o golpe dos "grupos internacionais aliados a grupos nacionais", mas não por muito tempo.

> Vencido em 1961, o movimento antinacional e antidemocrático retraiu-se, organizou-se e preparou, longa e meticulosamente, a investida que lhe permitiria a vitória. Em março de 1964, com tudo rigorosamente articulado, no exterior e no interior, deflagrou a preparação publicitária que anunciaria as ações militares: toda a grande imprensa, articulada em coro, participou dessa preparação psicológica, como o rádio e a televisão.[8]

Com o fracasso do Plano Trienal de Desenvolvimento Econômico e Social,[9] a falta de coesão entre os partidos e movimentos (de esquerda ou de centro) que eram pró-democracia (tais como PSB, PSD, PCB, PCdoB, ORM-Polop, Ação Popular, Port, o "brizolismo" e as Ligas Camponesas, de Francisco Julião etc.), o apoio da classe média, do setor financeiro, das mídias corporativas e hegemônicas de comunicação e a forte ingerência estadunidense, o golpe seria consumado no dia 1º de abril de 1964. Para evitar a piada pronta, os militares anteciparam a data oficial em um dia para evitar o dia da mentira no calendário oficial que eternizaria a derrubada de Jango.

> Os meios de comunicação, sobretudo a imprensa escrita, tornaram-se uma trincheira prioritária no combate a João Goulart e à esquerda. Com raríssimas exceções, as empresas jornalísticas atuaram como correias de transmissão da propaganda ideológica anticomunista e antijanguista, em sintonia com os intentos do conservadorismo golpista – uma teia que interligava o empresariado nacional, as multinacionais, os latifundiários, os especuladores do mercado financeiro, parlamen-

---

8 Nelson Werneck Sodré, *História da imprensa no Brasil*, 1966, pp. 599-600.
9 Com a inflação em 78,4% em 1963 e a deterioração do comércio exterior, o Plano Trienal foi uma tentativa de resposta do governo Jango para controlar a economia nacional. Elaborado por Celso Furtado, o objetivo do plano era retomar o crescimento do PIB em 7% e começar uma estratégia de distribuição de renda. O plano foi atacado até por amplos setores dos partidos e organizações da esquerda.

tares de direita e extrema direita e oficiais reacionários das forças armadas, entre outros associados.[10]

No artigo intitulado *Autoritarismo no discurso da imprensa brasileira durante o golpe de 1964*, Camila Garcia Kieling analisa os discursos de quatro dentre os mais influentes jornais diários brasileiros na ocasião (*Correio da Manhã, Jornal do Brasil, Folha de S.Paulo* e *O Estado de S. Paulo*) e avalia alguns dos principais pesquisadores da literatura científica correlata ao tema para compreender como os posicionamentos da mídia sobre a crise político-militar vivida no Brasil foram elementares para viabilizar o golpe.

Segundo Kieling:

> Barbosa e Bahia expõem as semelhanças entre o comportamento da imprensa às vésperas do golpe de 1964 com aquele desempenhado na campanha contra o presidente Getulio Vargas, dez anos antes. Para Bahia, a opinião concentrada da mídia desempenha um papel central entre os fatos políticos que culminam com o suicídio de Vargas, em 1954, no sentido de desestabilizar o sistema de poder representado pelo chefe de governo, fenômeno que se repete em 1964. […] Para Barbosa, o período entre 1950 e 1960 deve ser visto como um momento de intensa oposição entre os jornais *Tribuna da Imprensa* e *Última Hora*, sendo que, em 1954, este último era o único jornal, entre a grande imprensa, que apoiava o governo Vargas. A autora identifica, dez anos mais tarde, o mesmo modo de operação.[11]

Ainda de acordo com ela:

> Skidmore, autor de obras de referência sobre a ditadura militar no Brasil, também identifica o fenômeno: "A Revolução de 1964 foi entusiasticamente festejada pela maior parte da mídia brasileira. Jornais importantes

---

10 Dênis de Moraes, *op. cit.*, p. 139.
11 Camila Garcia Kieling, "Autoritarismo no discurso da imprensa brasileira durante o golpe de 1964", 2016, s/p.

como o *Jornal do Brasil*, *Correio da Manhã*, *O Globo*, *Folha de S.Paulo* e *O Estado de S. Paulo* pugnavam abertamente pela deposição do governo Goulart". Melo utiliza a participação da mídia no "clima" de instabilidade política que culminou com o golpe de 1964 para exemplificar as relações de força entre imprensa e Estado, citando pesquisa de Jonathan Lane que, já em 1967, identificou que as instituições jornalísticas brasileiras que atuaram durante a queda do governo Goulart tiveram a intenção explícita de "criar pânico entre as forças armadas, conduzindo-as à insubordinação contra o regime constitucionalmente instalado". Vemos, assim, que a atuação da imprensa como apoiadora do golpe de 1964 está identificada por grande parte da bibliografia sobre a história da imprensa brasileira.[12]

Dessa forma, para alguns dos principais pesquisadores do tema, o golpe de 1964 só pode ser explicado por meio da coesa desestabilização civil promovida, sobretudo, pela grande imprensa nacional e órgãos como o Instituto de Pesquisas e Estudos Sociais (IPES)[13] e o Instituto Brasileiro de Ação Democrática (IBAD),[14] por exemplo; enquanto a própria ação militar, que não enfrentou resistência organizada, foi improvisada e, relativamente, pífia. Para o pesquisador Carlos Fico, a desestabilização (propaganda ideológica, mobilização da classe média etc.) foi um aspecto fundamental para o golpe:

---

12 *Ibidem*, p. 6.
13 Fundado em novembro de 1961, durante o governo Jânio Quadros, por Augusto Trajano de Azevedo Antunes (ligado à Caemi Mineração) e Antônio Gallotti (ligado à Light S.A.), o IPES foi um dos principais formuladores de conspirações para o golpe contra o governo João Goulart. Conforme explica Dênis de Moraes, *op. cit.*, 2024, pp. 136-137: "O IPES cooptou empresários e militares, corrompeu e infiltrou adeptos no meio sindical e estudantil, estruturou a Ação Democrática Parlamentar, bloco político de oposição às iniciativas reformistas no Congresso, montou um banco de informações minucioso, que estocava, em caráter secreto, dados sobre 400 mil pessoas – acervo que o general Golbery do Couto e Silva, um de seus expoentes militares, levaria consigo para dar o pontapé inicial ao Serviço Nacional de Informações (SNI), após 1º de abril de 1964".
14 Fundado em 1959 por Ivan Hasslocher, o IBAD foi uma organização que tinha ligações com a Central Intelligence Agency [Agência Central de Inteligência – CIA] dos Estados Unidos e tinha como objetivo precípuo disseminar conteúdo anticomunista e fomentar as candidaturas de políticos direitistas no Brasil.

É preciso bem distinguir a atuação desestabilizadora (a propaganda do IPES e outras agências) da conspiração golpista civil-militar, que em muitos momentos não passou de retórica radical e somente se consolidou às vésperas do 31 de março. Assim, creio não ser abusivo afirmar o acerto histórico da leitura segundo a qual a "desestabilização civil" foi bastante articulada, mas a ação militar não foi inteiramente planejada, com segurança e sistematicidade, ficando à mercê de iniciativas de algum modo imprevistas.[15]

Portanto, o golpe de 1964 pode ser compreendido a partir de dois prismas centrais: a desestabilização civil, que foi articulada por meio das mídias hegemônicas de comunicação e centros de fomento de ideologias reacionárias, e a ação dos militares, que foi viabilizada, de muitas formas, com o apoio do governo dos Estados Unidos:

> A atuação da imprensa está entre os elementos que fizeram parte da desestabilização civil e que contribuíram para a efetivação e legitimação do golpe, tendo em vista que o discurso produzido pelos jornais não apenas reflete, mas também interfere de forma significativa na construção social da realidade, ao fornecer um "quadro referencial explicativo do mundo". Neste quadro, sabemos que a imprensa estava frontalmente contra o governo Goulart, mas resta compreender de que forma articulou seu discurso desestabilizador, encadeando acontecimentos e argumentos que apontavam para o Brasil – descrito como "caótico", "anárquico" – uma solução autoritária.[16]

Conforme veremos a seguir, essa não seria a última vez que a grande imprensa agiria de forma decisiva no sentido de desestabilizar determinado pleito presidencial ou governos democraticamente eleitos que ousassem contrariar seus interesses autoritários.

---

15 Carlos Fico, "Versões e controvérsias sobre 1964 e a ditadura militar", 2004, p. 55.
16 Camila Kieling, *op. cit.*, p. 7.

LULA VERSUS COLLOR EM 1989

Após mais de duas décadas de ditadura, o primeiro pleito presidencial à Presidência da República do Brasil aconteceu em 1989. Apesar do processo de redemocratização, a mídia hegemônica seguia com força total no sentido de impulsionar seus candidatos, muitas vezes criando factoides e distorcendo a realidade de forma vil a favor dos seus escolhidos. No segundo turno daquela eleição, tínhamos de um lado Fernando Collor, do PRN, com Itamar Franco concorrendo como vice, e do outro, Lula, do PT, e seu vice José Paulo Bisol. Para a grande imprensa corporativa, naquela ocasião, escolher entre o torneiro mecânico sindicalista e o playboy engomado de família tradicional da política coronelista nacional não foi difícil. Nos anos 1980, Collor havia sido prefeito de Maceió, deputado federal por Alagoas e governador do estado. Lula era um peão de chão de fábrica, que havia incendiado o país e afrontado a ditadura com as greves do ABC e o seu novo sindicalismo. Os donos do poder midiático sequer pestanejaram.

"Inocente, puro e besta", como diz a letra de Raul Seixas, Francisco Reginaldo de Sá Menezes, mais conhecido como Xico Sá, um dos jornalistas mais premiados do país, ganhador de prêmios como Esso, Folha, Abril e Comunique-se, estava iniciando sua trajetória na profissão:

> Comecei a minha trajetória de repórter de política em 1988, quando o país vivia o governo [José] Sarney, que foi escolhido, indiretamente, pelo Colégio Eleitoral, e se preparava para as eleições diretas à Presidência da República, que aconteceriam no ano seguinte. Em pouco tempo, ficou fácil perceber o jogo de manipulação da Veja, revista na qual eu trabalhava, e da maioria dos veículos de mídia. A missão inicial da imprensa hereditária – controlada basicamente por cinco famílias de herdeiros – era evitar a todo custo que Leonel Brizola, do PDT, ou Luiz Inácio Lula da Silva, do PT, fossem eleitos. Essa obsessão revelava, de cara, que não haveria o mesmo tratamento jornalístico a todos os 22 concorrentes ao Palácio do Planalto. No primeiro momento, os donos da mídia apostavam

suas fichas em políticos tradicionais como Ulysses Guimarães (PMDB), Mário Covas (PSDB), Aureliano Chaves (PFL), Afif Domingos (PL.), Ronaldo Caiado (UDR), entre outros. Tudo, menos "Brizula", como apelidaram o "monstro" composto pelos representantes pedetista e petista.[17]

Correndo por fora, estava Fernando Collor. Com apenas 38 anos, ele já havia sido insuflado em reportagens de tom heroico do *Jornal do Brasil*, da família Nascimento Brito, e da *Veja*, que pertencia à família Civita na ocasião:

> O "Furacão Collor", propagava o Diário Carioca; "Caçador de Marajás", festejava a revista paulistana, com a falsa saga do combate aos funcionários de altos salários. O *Estadão*, da família Mesquita, logo entrou no festival de afagos e a televisão da família Marinho dedicou um *Globo Repórter* especial para exaltar "a novidade" da política brasileira. Justiça seja feita: embora não sonhasse, nem de longe, com a vitória de Lula ou Brizola, a *Folha de S.Paulo*, da família Frias, fazia a cobertura mais crítica. Foi o único grande meio a revelar, por exemplo, a mutreta do acordo de Collor com os usineiros alagoanos, uma fraude fiscal no ICMS armada por PC Farias – tesoureiro da campanha eleitoral "colorida".[18]

Com o crescimento nas pesquisas de intenção de voto, Collor deixava de ser um azarão e passaria a contar com o apoio midiático de forma mais agressiva. Na peleja acirrada entre Lula e Brizola, o petista iria ao segundo turno contra o playboy que prometia a ilusão da "modernidade":

> A armação ilimitada, a essa altura, era explícita, e culminou com o fato histórico da manipulação do debate final entre os finalistas. A denúncia da fraude midiática foi revelada pelo próprio homem-forte da Rede Globo, José Bonifácio Sobrinho, o Boni. Segundo o diretor global, a emissora e Collor combinaram os mínimos detalhes. O candidato foi literalmente

---

17 Xico Sá, em entrevista concedida a Cesar Calejon em 25 jun. 2024.
18 *Ibidem*.

maquiado nos camarins para parecer menos almofadinha, levou pastas vazias que seriam de "bombas" contra Lula e contou com todo apoio nos bastidores. Para completar o pacote, a edição do debate foi manipulada e mostrou o candidato da direita com larga superioridade nos telejornais da Globo, na véspera do pleito, em dezembro de 1989. A essa altura, este repórter "foca" havia perdido, logo na primeira campanha eleitoral, a fé na imparcialidade jornalística ensinada nos bancos escolares.[19]

Em 1989, os dois turnos da disputa presidencial aconteceram nos dias 15 de novembro e 17 de dezembro, respectivamente. No dia 11 de dezembro, portanto, menos de uma semana antes do segundo turno, o empresário Abilio dos Santos Diniz foi sequestrado perto da sua casa, no Jardim Europa, em São Paulo, por dois grupos originários de El Salvador: o Movimento de Esquerda Revolucionária-Político (MIR-Político) e as Forças Populares de Libertação (FPL). Dez pessoas conduziram a ação: um brasileiro, o cearense Raimundo Rosélio Costa Freire, dois canadenses, dois argentinos e cinco chilenos.

Com o pedido de resgate de 30 milhões de dólares, o empresário ficou uma semana no cativeiro e foi encontrado pela polícia em uma casa no bairro do Jabaquara. Diniz foi libertado após um dia e meio de negociações e troca de tiros. Ao todo, a operação contou com a participação de mais de duzentos policiais. Na ocasião, os sequestradores afirmaram que o sequestro tinha cunho político e que o resgate seria usado para financiar a guerrilha em El Salvador.

A cobertura de veículos como O *Globo*, *Jornal do Brasil* e *Folha de S.Paulo* associou, abertamente, o sequestro de Diniz ao Partido dos Trabalhadores e até materiais da campanha de Lula à Presidência da República foram oferecidos como provas de que os sequestradores estariam envolvidos com o PT, o que jamais foi comprovado. Essas publicações contribuíram para o resultado das eleições presidenciais de 1989 e para a identificação de grupos guerrilheiros da América Latina

---

19 *Ibidem*.

como terroristas.[20] Por fim, Collor foi eleito com 35.090.206 votos (53,03%), e Lula obteve 31.075.803 (46,97%). Mais uma vez, a mídia havia colaborado de forma decisiva para a ascensão de um dos governos mais nefastos à população do país.

A LAVA JATO E O GOLPE DE 2016

Durante os governos Lula, entre 2003 e 2010, 2.867 telegramas foram enviados da embaixada estadunidense no Brasil para o Departamento de Estado dos Estados Unidos. O conteúdo dessas correspondências só foi conhecido por conta dos vazamentos realizados por Chelsea Manning e das publicações feitas pelo Wikileaks, em 2010 – o que gerou mais de uma década de perseguições judiciais e detenções arbitrárias para o seu fundador, o jornalista Julian Assange.[21]

Esses materiais evidenciam como, a partir de 2009, a embaixada estadunidense no Brasil passou a treinar juízes e promotores brasileiros – tais como Sergio Moro –, promovendo iniciativas de combate à corrupção, no que foi intitulado Projeto Pontes.[22] Tal iniciativa resultou na formação da força-tarefa da Lava Jato e, como consequência, no golpe de 2016. Desde o começo do governo Lula, principalmente as empresas brasileiras dos setores naval e de construção civil começaram a incomodar os gigantes do capitalismo estadunidense e transnacional. Com a descoberta do pré-sal, em 2006, os Estados Unidos passaram a adotar expedientes ativos para desestabilizar o governo do PT e resolver o que aquele país percebia como uma afronta aos seus interesses. Por óbvio, os Estados Unidos contaram com o apoio de, fundamentalmente, toda a mídia hegemônica nacional.

---
20 Diana Paula de Souza, "Jornalismo e narrativa", 2009.
21 Ver Nils Melzer, *O processo*, 2023.
22 Gabriel Lecznieski Kanaan, "O Brasil na mira do Tio Sam", 2018.

Durante mais de uma década, quase todos os principais veículos de comunicação do país, entre rádios, televisões, jornais e revistas, reverberaram de forma uníssona a mensagem de que Lula era um ladrão, Dilma era sua comparsa incompetente e o PT era a maior quadrilha do mundo, que estava saqueando o Brasil com seus processos corruptos. É indiscutível que houve muita corrupção na Petrobras e em diferentes empresas ligadas aos governos do PT. A corrupção, aliás, é um problema endêmico no Brasil desde os tempos coloniais. Contudo, a Lava Jato valeu-se da ingerência estadunidense para usar esse artifício como método desestabilizador da democracia brasileira, o que arrebentou a economia nacional e pavimentou o caminho para a ascensão do bolsonarismo – o regime sociopolítico mais deletério da história da nação.

Entre agosto de 2016 (data do impedimento de Dilma Rousseff) e outubro de 2018 (ano das eleições), somente a *Veja* (Grupo Abril), uma das revistas mais influentes do Brasil naquela época, publicou 48 capas que, de alguma maneira (direta ou indireta), caracterizavam o ex-presidente Lula como o chefe de uma quadrilha criminosa que assaltou o Brasil; e a operação Lava Jato, comandada pelo ex-juiz Sergio Moro, como a solução para o problema da corrupção. Somente em 2017, ano pré-eleitoral, foram 28 capas aludindo à mesma narrativa.

A revista *Isto É* (Editora Três), entre o impedimento de Dilma e as eleições de outubro de 2018, publicou 55 capas semanais com essa mesma agenda. A revista *Época* (Editora Globo) publicou 31 capas estruturando esse raciocínio, e a *Exame* (Grupo Abril) rodou pelo menos nove capas com essa mensagem no mesmo período. A edição de número 1.125 da revista *Exame*, publicada no dia 9 de novembro de 2016, pouco mais de dois meses após o impedimento de Dilma Rousseff, estampou a pergunta: "Os bons tempos voltaram?"[23] em sua capa, com balões de festa ao fundo. Os veículos de rádio e televisão seguiram o mesmo caminho. O *Jornal Nacional*, principal telejornal do país, organizou os

---

23 "Os bons tempos voltaram?", *Exame*, 9 nov. 2016.

infames dutos de esgoto para trabalhar a pauta da corrupção de forma enfática no imaginário coletivo popular do país e foi, possivelmente, o ator individual mais relevante para o golpe perpetrado contra Dilma Rousseff,[24] em 2016, e para a prisão de Lula, em 2018.

Durante muito tempo, os donos da Rede Globo, seus diretores de jornalismo e até alguns dos seus principais apresentadores de palco foram tratados como estadistas a serem consultados sobre cada pequeno passo da política nacional. Durante um diálogo com o procurador Deltan Dallagnol, o então juiz Sergio Moro afirmou ter sido procurado por Fausto Silva, o Faustão, que aconselhou os porta-vozes da Lava Jato a usarem "uma linguagem mais simples. Para todo mundo entender".[25]

Em texto publicado pela revista *piauí*, em abril de 2024, a jornalista Ana Clara Costa discorre sobre os poderes quase imperiais de Ali Kamel. Logo no início da publicação, Costa afirma que Kamel dirigiu a maior operação de jornalismo da América Latina por mais de duas décadas e comandou 1,3 mil profissionais distribuídos em programas que diariamente forneciam informações para mais de cem milhões de brasileiros. O texto prossegue:

> Em setembro de 2015, quando o Brasil perdeu o grau de investimento da Standard & Poor's, [Ali] Kamel recomendou à equipe de [Joaquim] Levy: "O ministro precisa falar." Levy acatou e deu entrevista naquela noite no *Jornal da Globo*. Foi um desastre. Sua vulnerabilidade ficou patente. Quando terminou, um produtor lhe trouxe um telefone. Era Kamel. Cumprimentou-o pela entrevista e desejou-lhe boa sorte. O ministro caiu três meses depois. As críticas à economia se somavam ao noticiário da Lava Jato, operação que a Globo apoiou sem reservas. O juiz Sergio Moro foi premiado num evento do grupo, e tanto ele quanto o procurador Deltan Dallagnol foram recebidos pelos Marinho. Embora a força-tarefa

---

24 Danielle Ferreira de Oliveira, *A queda de Dilma Rousseff*, 2023.
25 Glenn Greenwald, Edoardo Ghirotto, Fernando Molica, Leandro Resende e Roberta Paduan, "Em diálogos, Moro revela conselho de Fausto Silva à Lava Jato", *Veja*, 5 jul. 2019.

tivesse relações com todos os veículos de imprensa, a Globo recebia tratamento preferencial. Era avisada com antecedência das operações policiais para que pudesse captar imagens das prisões, esquentando o noticiário. Dilma começou a ver a cobertura da Lava Jato como um instrumento de oposição. "A gente sempre definia o horário de resposta da Dilma em relação ao horário do *Jornal Nacional*", diz um ex-auxiliar da presidente. "Era uma preocupação dela que a gente entrasse no JN. No jornalismo da Globo, tudo o que se referia à Lava Jato era tratado com Silvia Faria, Ricardo Villela ou Kamel. O apresentador William Bonner, embora editor-chefe do JN, não influenciava diretamente a cobertura de política. "Ele dizia: 'Nem começa a falar. Vamos poupar meu esforço e o seu. Liga para o Ali. Se ele quiser dar, ele me liga e eu abro espaço aqui'", conta um ex-repórter da emissora. A relação entre os dois já havia sido mais áspera no passado. Depois, acertaram-se: a autonomia de Bonner terminava exatamente onde começava o poder de Kamel.[26]

Com a intensificação dos meios de *streaming* e as mídias sociais digitais, os poderes imperiais da Globo vêm arrefecendo ao longo dos últimos anos. Além disso, é visível que a direção da empresa entendeu o monstro que ajudou a criar – sobretudo entre 2013 e 2018, na figura de Jair Bolsonaro –, e reformulou sua linha editorial a fim de evitar a consolidação do Estado teocrático e miliciano que hoje assombra o futuro do Brasil, tema que vamos avaliar a seguir.

---

26 Ana Clara Costa, "O cardeal três", *piauí*, abr. 2024.

PARTE II

A concentração do poder político

CAPÍTULO 5

Teocracia miliciana: o dogma religioso no cerne da organização da vida sociopolítica do Brasil

Considerando a notória adesão de diferentes correntes e grupos evangélicos, o dogma religioso foi fundamental à eleição de Jair Bolsonaro, em outubro de 2018, e à manutenção do seu governo, entre 2019 e 2022. Desde então, o processo de expansão desses grupos evangélicos em todas as dimensões da vida social, política e econômica do país foi ainda mais catalisado. Segundo dados do Censo 2010, feito pelo IBGE, um em cada cinco adultos no Brasil se identifica como evangélico atualmente. O Censo 2022, também do IBGE, demonstrou que o Brasil tem mais templos ou outros tipos de estabelecimentos religiosos do que a soma de instituições de ensino e unidades de saúde. Conforme o estudo, o Brasil registrava 579,8 mil estabelecimentos religiosos até o fim de 2022, enquanto havia 264,4 mil espaços de ensino e 247,5 mil de saúde.

Alguns pontos centrais ajudam a refletir sobre esse cenário: a hierarquia, a capacidade de multiplicação (que se assemelha à divisão celular) e a facilidade de ascensão social presentes na proposta neoevangelista. É evidente que as organizações hierárquicas das igrejas evangélicas variam de acordo com cada grupo e ramificação histórica. Contudo, em linhas gerais, existe uma estrutura rígida determinada, nesse sentido, por ordem de importância: apóstolo, bispo, pastor, presbítero, ministro, coordenadores e líderes de células, obreiros e os fiéis.

Apesar de as primeiras posições dessa pirâmide serem ocupadas, sempre, pelas figuras centrais de cada movimento[1] e de oferecerem poucas possibilidades de mobilidade sucessória, os cargos inferiores do arranjo podem ser acessados com muito mais facilidade – o que potencializa o caráter de multiplicação celular dos grupos. No Brasil, a Igreja Católica, por exemplo, até alguns anos atrás, reunia seus seguidores somente dentro das igrejas. Os padres são eclesiásticos, com formação em teologia e uma linguagem cada vez mais distante da população em geral. Na igreja evangélica, qualquer cidadão pode se tornar um líder de célula meses após o ingresso na entidade, dependendo da denominação em questão. Esse novo membro, que na maioria dos casos não precisa de nenhuma formação prévia, passa a reunir a comunidade dentro da sua própria casa – promovendo a multiplicação dessa célula como orientação formal de desenvolvimento da doutrina. Soma-se à equação o fato de que o televangelismo é muito mais um fenômeno de caráter político, econômico e de comunicação social de massa do que de caráter propriamente religioso.[2]

No Brasil, todos os principais pastores evangélicos que promoveram a ascensão do bolsonarismo em 2018 transmitem suas ideias por meio da televisão aberta e da internet. Alguns são proprietários de veículos hegemônicos de comunicação e figuram na lista de bilionários da revista *Forbes*, o que veremos ainda neste capítulo de forma mais detalhada. Assim, nenhuma outra área da atuação social brasileira oferece uma oportunidade tão rápida, segura e promissora como projeto de vida – sobretudo nas regiões mais pobres do país, nas quais o Estado é totalmente ausente. Além disso, as igrejas são isentas de impostos, arrecadam o dízimo por deliberação dos fiéis e são capazes de estabelecer, sem nenhuma forma de contestação ou abertura ao debate,

---

[1] De diversas maneiras, a organização de muitas igrejas evangélicas no Brasil é semelhante ao Esquema Ponzi com o caráter religioso.
[2] No Brasil, esse movimento foi influenciado por pastores estadunidenses como Billy Graham, Jimmy Swaggart e Francis Schaeffer, por exemplo.

as narrativas sociopolíticas que mais lhes interessam em determinada ocasião.

Por esses motivos, diversos estudos projetam que o Brasil poderá se tornar um país de maioria evangélica ainda nesta década,[3] organizado de forma cada vez mais homogênea e intolerante com a diversidade do seu próprio povo. Essas previsões levam em conta a forma como essas filosofias rechaçam a participação da comunidade LGBTQIA+, de mulheres e negros nos espaços de poder; obrigam pastores a emagrecer e a fazerem vasectomia;[4] quebram sigilos bancários[5] e até vetam casamentos interraciais.[6] Com esse nível absurdo de intolerância e ingerência, o dogma religioso vem se enraizando em quase todas as instituições e instâncias da vida social no Brasil ao longo das últimas décadas: na contratação de policiais militares como seguranças[7] (o que é proibido por lei); na doutrinação das forças armadas e policiais da nação;[8] na organização de atos antidemocráticos;[9] nos lucros bilionários;[10] na orquestração de esquemas de lavagem de dinheiro;[11] na promoção da ascensão de uma espécie de "narcopentecostalismo"[12] em estados como o Rio de Janeiro e outras capitais; na exploração da fé religiosa para fins econômicos e políticos, que já chega em nível

---

[3] José Eustáquio Diniz Alves, Suzana Marta Cavenaghi, Luiz Felipe Walter Barros e Angelita Alves de Carvalho, "Distribuição espacial da transição religiosa no Brasil", 2017.
[4] Gilberto Nascimento, "Exclusivo: por dentro da máquina de vasectomias da Universal", *Intercept Brasil*, 17 abr. 2023.
[5] *Idem*, "Pastores acusam Universal de quebrar seus sigilos bancários após investimentos em bitcoins", *Intercept Brasil*, 7 abr. 2021.
[6] *Idem*, "'Já perdeu quanto?'", *Intercept Brasil*, 29 nov. 2023.
[7] *Idem*, "Bico na igreja", *Intercept Brasil*, 10 jul. 2023.
[8] Gilberto Nascimento e Tatiana Dias, "Fardados e consagrados", *Intercept Brasil*, 29 maio 2023.
[9] Gilberto Nascimento, "Pastores evangélicos participaram e mobilizaram fiéis para atos golpistas contra Lula", *Intercept Brasil*, 4 nov. 2022.
[10] *Idem*, "Igreja bilionária", *Intercept Brasil*, 20 jul. 2022.
[11] *Idem*, "Nada a perder", *Intercept Brasil*, 18 jul. 2022
[12] Gil Alessi, "A ascensão do 'narcopentecostalismo' no Rio de Janeiro", *El País*, 26 mar. 2021.

de paroxismo. Segundo o jornalista Gilberto Nascimento, em matéria para o *Intercept*:

> A Igreja Universal do Reino de Deus, liderada pelo bispo Edir Macedo, recebeu R$ 33 bilhões somente em doações bancárias, entre 1º de janeiro de 2011 e 31 de julho de 2015. Em valores corrigidos pela inflação, a soma chega a R$ 42 bilhões.[13]

Dessa forma, a ascensão e a manutenção do bolsonarismo, que foram possíveis por conta do dogma religioso via teologia da prosperidade, catalisaram a inserção do fanatismo religioso na vida sociopolítica e econômica do país de maneira a consolidar o avanço da teologia do domínio. É isso o que veremos a seguir.

COMO O BOLSONARISMO CATALISOU A TEOLOGIA DA PROSPERIDADE PARA A TEOLOGIA DO DOMÍNIO

A teologia da prosperidade teve como pedra fundamental os *healing revivals*, os avivamentos de cura dos anos 1940 e 1950, nos Estados Unidos, quando a doutrina ganhou tração. Contudo, indícios apontam as suas origens no Novo Pensamento, movimento espiritual que surgiu também nos Estados Unidos no final do século XIX, orientado por crenças metafísicas.

Posteriormente, os princípios do evangelho da prosperidade foram incorporados pelo Movimento Palavra de Fé e ao televangelismo dos anos 1980. Nos vinte anos seguintes, suas estruturas foram incorporadas por líderes do Movimento Carismático e promovidas por missionários cristãos ao redor do planeta – tais como Kenneth Hagin, Oral Roberts, E. W. Kenyon, T. L. Osborn, entre outros. O que, ao fim e ao

---

13 Gilberto Nascimento, "Igreja bilionária", *Intercept Brasil*, 20 jul. 2022.

cabo, resultou na construção de templos nababescos – como o Templo de Salomão, na cidade de São Paulo – que organizam uma espécie de ostentação religiosa para denotar a prosperidade por meio da fé e da devoção espiritual, emocional e financeira aos pastores que servem como intermediários de Deus na Terra.

Por décadas, os pastores evangélicos trabalharam a consolidação da teologia da prosperidade no Brasil. Essa doutrina neopentecostal prega que a fartura material é o desígnio divino para os que, por meio da fé, de discursos positivos e do dízimo doado aos ministérios cristãos, seriam recompensados com a abundância. Assim, a teologia da prosperidade – que, em ampla medida, foi organizada com base em interpretações do Livro de Malaquias – entende a Bíblia quase como um arranjo financeiro entre um deus contratual e seus seguidores:

> Trazei todos os dízimos à casa do tesouro, para que haja mantimento na minha casa, e depois fazei prova de mim nisto, diz o Senhor dos Exércitos, se eu não vos abrir as janelas do céu, e não derramar sobre vós uma bênção tal até que não haja lugar suficiente para a recolherdes.[14]

A teologia da prosperidade, em vez de salientar os aspectos da compaixão, da tolerância e do amor ao próximo, ressalta a importância do empoderamento pessoal por meio da visualização e da confissão positiva, o que é geralmente professado em termos contratuais e mecanicistas. Assim, com base no uso da teologia da prosperidade como filosofia elementar dos seus empreendimentos teológicos, alguns pastores ficaram bilionários e passaram a atuar de forma direta na política institucional do país. Contudo, isso ainda era apenas o começo. Com a ascensão do bolsonarismo no Brasil, a teologia da prosperidade foi catalisada para a teologia do domínio, uma doutrina teológica ainda

---

[14] Malaquias 3:10 é, em geral, o versículo mais utilizado nos momentos de dízimos e ofertas solicitados pelos pastores evangélicos.

mais perigosa e deletéria para o tecido social brasileiro do que o próprio bolsonarismo.[15]

Ideologia política que tem como objetivo principal consolidar uma teocracia cristã, na qual as leis religiosas e o autoritarismo dominam a vida social e política da nação com mãos de ferro, a teologia do domínio preconiza que os cristãos têm uma espécie de mandato divino para assumir o controle de todas as áreas da sociedade, incluindo o governo, a educação e a cultura. A teologia do domínio é, com frequência, associada ao movimento do Reconstrucionismo Cristão,[16] que busca aplicar leis e princípios bíblicos à sociedade moderna – o que vai de encontro à laicidade do Estado brasileiro e ameaça a separação entre Igreja e Estado.[17]

Entre os principais ideólogos da teologia do domínio[18] estão figuras como R.J. Rushdoony,[19] considerado o pai do Reconstrucionismo Cristão; Gary North[20], escritor e economista conhecido por seus escritos sobre economia bíblica e a aplicação da lei bíblica à sociedade moderna; Greg Bahnsen,[21] teólogo e filósofo reconhecido por sua defesa do Reconstrucionismo Cristão e por seu trabalho sobre teonomia;[22] Kenneth Gentry,[23] teólogo e autor de textos sobre o pós-milenismo[24] e sua relação

---

15 Andrea Dip, Clarissa Levy e Ricardo Terto, "Teologia do domínio é mais perigosa para democracia que bolsonarismo, diz historiador", *Agência Pública*, 10 mar. 2024.
16 Movimento fundamentalista reformista teonômico organizado, fundamentalmente, sobre as ideias de Greg Bahnsen, Rousas Rushdoony e Gary North. Em suma, as ideias centrais do movimento pretendem organizar um tipo de sociedade medieval submetida ao jugo do dogma religioso em pleno século XXI.
17 No Brasil, a separação entre a Igreja e o Estado foi efetivada em 7 de janeiro de 1890, pelo Decreto nº 119-A, e, constitucionalmente, consagrada desde a Constituição de 1891.
18 Eliseu Pereira, "Teologia do Domínio", 2023.
19 Rousas John Rushdoony é autor de The Institutes of Biblical Law, 1970.
20 Gary North é autor de vários livros, tais como *Tools of Dominion*, 1990 e *Christian Reconstruction*, 1990.
21 Greg Bahnsen é autor do livro *Theonomy in Christian Ethics*, 2021.
22 Crença segunda a qual Deus deve governar todos os aspectos da vida.
23 Kenneth Gentry é autor do livro *He Shall Have Dominion*, 1992.
24 Crença de que Jesus Cristo retornará após uma era de ouro de domínio cristão.

com o Reconstrucionismo Cristão; e David Chilton,[25] teólogo e autor que explora a base bíblica para sustentar a ideia de que os cristãos são chamados a exercerem o domínio sobre a Terra.

No dia 25 de fevereiro de 2024, em ato convocado pelo bolsonarismo – que reuniu aproximadamente 180 mil pessoas na avenida Paulista, na cidade de São Paulo –, Michelle Bolsonaro, ex-primeira-dama da República explicou, na prática, a teoria da teologia do domínio:

> Aprouve o Senhor nos colocar à frente desta nação. Aprouve Deus nos colocar na Presidência da República para que a gente pudesse trabalhar e fazer a verdadeira justiça social na vida daqueles que mais precisam. E hoje o povo brasileiro sabe a diferença de um governo justo e de um governo ímpio.[26]

Prosseguiu ela, citando o termo "Deus" 38 vezes durante a leitura de um texto com pouco mais de dezessete parágrafos:

> Sim, por um bom tempo fomos negligentes ao ponto de dizer que não poderiam misturar política com religião. E o mal tomou e o mal ocupou o espaço. Chegou o momento, agora, da libertação. "Conhecereis a verdade e a verdade vos libertará" foi o versículo que ele [Bolsonaro] usou em toda campanha e eu creio que isso foi gerado no mundo espiritual, porque eu acredito em um Deus vivo. Um Deus todo-poderoso, que é capaz de restaurar e curar a nossa nação. Não desistam, mulheres, homens, jovens, crianças. Não desistam do nosso país. Continue orando, continue clamando porque eu sei que o nosso Deus, do alto dos céus, irá nos conceder um socorro. [...] O nosso país é tão rico e tão abençoado que eles têm sede para tomar de nós. E, nesse momento, a palavra de Deus fala que o que está ligado na Terra, será selado nos céus. Eu gosto muito, sempre, todos os dias, de declarar a palavra do Senhor e profetizar as bençãos

---

25 David Chilton é autor de *Paraíso restaurado*, 2024.
26 "Leia a íntegra do discurso de Michelle na avenida Paulista", *Poder 360*, 25 fev. 2024.

do Senhor para a nossa nação. Vamos lá nos sete glória a Deus? Glória a Deus! Glória a Deus! Glória a Deus! Glória a Deus! Glória a Deus! Glória a Deus! Glória a Deus! Aleluias! Deus é bom. Deus é maravilhoso.[27]

QUEM SÃO OS PRINCIPAIS MERCADORES DA FÉ NO BRASIL?

Nessa ocasião, ao lado de Michelle Bolsonaro estava presente o pastor Silas Malafaia, um televangelista fundador da igreja pentecostal Assembleia de Deus Vitória em Cristo. Conhecido por sua voz estridente, presença ativa nas redes sociais e visão reacionária contra o aborto, o feminismo, a homossexualidade e qualquer outro tema com viés progressista, Malafaia é um defensor ferrenho da teologia da prosperidade. De acordo com a revista *Forbes*, ele é o terceiro pastor mais rico do Brasil, com um patrimônio líquido de 150 milhões de dólares. Em março de 2018, ele endossou Jair Bolsonaro como candidato presidencial, afirmando que Bolsonaro era o "único" que defendia "diretamente a ideologia da direita". No final de 2018, 59% dos autodeclarados evangélicos apoiavam Bolsonaro, em comparação com os 26% que apoiavam Fernando Haddad.

No dia 8 de janeiro de 2023, Malafaia apoiou os atos terroristas e antidemocráticos do bolsonarismo em Brasília, chamando-os de "manifestação popular". Ele já recorreu diversas vezes às redes sociais para se manifestar contra o STF, em especial contra Alexandre de Moraes, e pediu intervenção militar. No ato realizado pelo bolsonarismo na avenida Paulista no dia 25 de fevereiro de 2024, Malafaia, ao lado de Jair e Michelle Bolsonaro (e de outros expoentes do bolsonarismo) misturou, deliberadamente, os símbolos da pátria com aspectos da doutrina cristã para afirmar que Jair Bolsonaro era vítima de um processo de perseguição e que as instituições estavam a favor de uma ditadura do PT em parceira com o STF:

---

27 *Ibidem*.

Eu termino para orar citando um texto da Bíblia que me move. Hebreus 13:6. Não temerei o que me possa fazer o homem. Deus abençoe você, Deus abençoe tua família, Deus abençoe a querida pátria brasileira, Deus nos livre desses homens maus. Eu sou desafinado, mas eu vou terminar antes de orar cantando um pedacinho do Hino da Independência. Brava gente brasileira. Longe vá, temor servil. Ou ficar a pátria livre ou morrer pelo Brasil. Ou ficar a pátria livre ou morrer pelo Brasil. Mais uma vez. Brava gente brasileira, longe vá, temor servil.[28]

Menos estridente, mas muito mais pragmático, poderoso e influente do que Silas Malafaia, o bispo evangélico Edir Macedo usou a teologia da prosperidade para construir um império religioso com a Igreja Universal do Reino de Deus (IURD), que abrange mais de cem países e o transformou num dos líderes religiosos mais ricos do mundo, com fortuna estimada em 2 bilhões de dólares[29] (mais de 11 bilhões de reais, segundo a taxa de conversão do dólar estadunidense para o real, em agosto de 2024). Macedo ainda é conhecido por seus projetos polêmicos, como a construção de uma réplica do Templo de Salomão, no valor de 300 milhões de dólares, em São Paulo. Além disso, ele também atua na política, por meio do partido Republicanos – pelo qual pretende lançar um candidato à Presidência da República em 2030 –, e é um ator-chave no cenário midiático brasileiro.

Macedo é ainda dono da Record, a segunda maior emissora do Brasil, e da Rede Aleluia – a qual pertence à Igreja Universal –, que possui mais de 76 emissoras de rádio AM e FM, com cobertura em mais de 75% do território nacional, e mais de vinte retransmissoras da TV Universal; e a TV Templo, inaugurada em 2021. Na internet, a Rede Aleluia tem o portal Universal.org e, na mídia impressa, possui o jornal semanal *Folha Universal*; e as revistas *Plenitude* e *Renovação*. Na indústria fono-

---

[28] "Leia a íntegra do discurso de Malafaia no ato de Bolsonaro", *Poder 360*, 25 fev. 2024.
[29] Helena Benfica, "Quem são os 69 brasileiros na lista de bilionários da 'Forbes' em 2024", *Valor Econômico*, 2 abr. 2024.

gráfica, a Universal conta com a gravadora Line Records, especializada no gênero gospel. A Unipro é responsável pelas publicações dos livros da Universal, cujos principais autores são Edir Macedo e os bispos da própria Igreja Universal.

Sócio de Edir Macedo na fundação da Universal, em julho de 1977, Romildo Ribeiro Soares, conhecido como R. R. Soares, é proprietário de várias empresas relacionadas à mídia e apresenta o programa *Show da Fé*, na Rede Bandeirantes e na CNT, que é o programa brasileiro de maior extensão global, chegando a 193 países. Soares tem sob o seu controle mais de três mil templos espalhados no Brasil e no mundo, e é proprietário de vários veículos de comunicação, incluindo rede de televisão e rádio, site, TV por assinatura, gravadora e editora.

Segundo a *Forbes*, Soares, que também é o fundador da Igreja Internacional da Graça de Deus, tem uma fortuna estimada em 736 milhões de reais, e é proprietário da Graça Artes Gráficas e Editora Ltda e da Graça Music, gravadora gospel e distribuidora de filmes.

Pastor evangélico e fundador da Igreja Mundial do Poder de Deus, que possui mais de dois mil templos em todo o país, Valdemiro Santiago se concentra, principalmente, em curas pela fé, milagres e outros fenômenos sobrenaturais. Utilizando a fé como mercadoria, ele angariou um patrimônio líquido estimado em 220 milhões de dólares, segundo a *Forbes*. Dono da Rede Mundial e sócio da Rede Mundial Curitiba, Santiago passou por múltiplas emissoras de televisão, tais como a Bandeirantes, Rede Brasil, CNT, RedeTV! e Ideal TV, e outros canais locais, como a TV Passaporte (atual TV Universo, no Rio de Janeiro).

A família Valadão conduz outra organização que, por conta da sua capilaridade e extensão, merece a nossa atenção nesta breve análise:

> Uma igreja que reúne a ex-ministra Damares Alves, o deputado André Janones e visitas de Jair e Michelle Bolsonaro. Uma família pastoral midiática que apoiou a candidatura presidencial de Marina Silva duas vezes, se reuniu com Dilma Rousseff em 2013 e fez campanha explícita

para Bolsonaro em 2018 e 2022. Um patriarca que gravou um vídeo viral afirmando que Guilherme de Pádua "morreu agorinha", exibindo um sorriso. Essa é a família Valadão, liderança da Igreja Lagoinha, uma das megaigrejas que mais tem se destacado no cenário evangélico brasileiro. A Igreja Batista Lagoinha nasceu em 1957 na periferia de Belo Horizonte e passou a ser liderada por Márcio Valadão 15 anos depois. Ele é pai de Ana Paula, André e Mariana, que na juventude passaram a liderar ministérios e cultos, além de investirem na carreira artística e pastoral, fortalecendo o poder da família dentro e fora da instituição. A Lagoinha, então, expandiu até contar hoje com mais de 700 filiais pelo Brasil e o mundo.[30]

Em seguida, entre os principais mercadores da fé que concentram os poderes político, midiático e econômico no Brasil está a Igreja Bola de Neve. Igreja evangélica fundada em 1999 por Rinaldo Luis de Seixas Pereira, conhecido como "apóstolo Rina", a Bola de Neve é conhecida pelo seu apelo informal e jovem, e por manter uma imagem associada aos esportes ditos "radicais" – como o surfe, o skate, a corrida e o ciclismo. A Bola de Neve tem presença significativa no Brasil, com mais de 650 mil membros e 402 igrejas em todo o país. Também está presente em países como Portugal, Colômbia, Canadá e Uruguai.

Muitos outros nomes, como Marco Feliciano, Damares Alves, Magno Malta, Nikolas Ferreira e a família Bolsonaro, poderiam ser citados neste capítulo como os principais exploradores da fé dos brasileiros para fins de ganhos políticos e econômicos. Contudo, o aprofundamento dessa análise pode ser encontrado nos trabalhos de jornalistas como Gilberto Nascimento e de autores como Bruno Paes Manso, entre outros. A seguir, vamos nos debruçar sobre concentração do poder político no Congresso Nacional e a formação de um "governo congressual".

---

30 Luciana Petersen, Ronilso Pacheco, "Por que você precisa conhecer a família Valadão, clã por trás da Igreja Lagoinha", *Intercept Brasil*, 19 jul. 2023.

Capítulo 6
Os poderes da República[1]

SEPARADOS SIM, ESTANQUES NÃO

Uma característica fundamental e bastante conhecida do funcionamento das democracias contemporâneas é a existência de três poderes independentes: Executivo, Legislativo e Judiciário. Na teoria política moderna essa ideia começa a ser desenvolvida por John Locke em seu *Dois tratados sobre o governo*,[2] aprofundada por Montesquieu em *O espírito das leis*[3] e atualizada para termos mais próximos aos da atualidade por Alexander Hamilton, John Jay e James Madison no livro *Os artigos federalistas*,[4] quando assume o formato de um verdadeiro projeto de engenharia institucional para assegurar o bom governo e evitar o abuso do poder.

Se procurarmos as origens mais remotas das preocupações com a divisão do poder, de modo a assegurar que seja exercido da melhor forma possível, chegaremos às teorias do governo misto – defendidas

---

1 Atendendo ao convite para colaborar nesta obra, o professor Cláudio Gonçalves Couto nos enviou o texto deste capítulo no dia 25 de junho de 2024. Alterações ínfimas foram realizadas no sentido de facilitar a leitura. Cláudio Gonçalves Couto é cientista político, professor adjunto da FGV-EAESP, bolsista de produtividade do CNPq e produtor do canal do YouTube e podcast *Fora da Política Não há Salvação*.
2 John Locke, *Dois tratados sobre o governo*, 2019.
3 Montesquieu, *O espírito das leis*, 2023.
4 Alexander Hamilton, John Jay e James Madison, *Os artigos federalistas*, 2021.

desde os antigos gregos, como Aristóteles em *A política*.[5] Contudo, a ideia de governo misto tinha um fundamento muito diferente daquele que embasa nossa moderna teoria da separação dos poderes.

Esse modelo se baseava no suposto de que, para evitar o *malgovernar*, a melhor maneira seria combinar diferentes formas de governo, entendendo que cada uma delas corresponderia ao exercício do poder por um distinto estrato social. Desse modo, a república corresponderia ao governo dos muitos, do povo; a aristocracia, ao governo dos ricos, poucos; a monarquia, ao governo de um só, o nobre. No entendimento dos antigos, para evitar a degeneração da República em democracia (o governo dos pobres em proveito próprio), da aristocracia em oligarquia (o governo dos ricos em proveito próprio) e da monarquia em tirania (o governo de um só em benefício de si), o melhor seria combinar as três formas, de modo que cada um dos estratos sociais controlasse os outros dois.

Portanto, o governo seria misto não apenas por combinar diferentes formas institucionais (a mescla do governo de um, de poucos e de muitos), mas também por se constituir com base na convivência e contenção recíproca dos diferentes estratos sociais (pobres, ricos e nobres). Na antiguidade clássica, um exemplo disso era a combinação, em Roma, do Senado (governo dos poucos ricos, aristocracia) com os Tribunos da Plebe (governo dos muitos pobres, república/democracia) e os cônsules (governo monárquico, ainda que por vezes dividido num triunvirato).

Exemplo contemporâneo de sobrevivência formal (e apenas formal) desse modelo é o Reino Unido. Nele, temos a divisão do Parlamento em duas casas legislativas: uma Câmara dos Comuns (a casa do povo ou da plebe, expressando o princípio republicano/democrático) e a Câmara dos Lordes (a casa dos poucos, expressando a aristocracia).

---

5 Aristóteles, *A política*, 1998.

O modelo é completado pela figura do monarca – e assim, com essa mescla, tem-se o governo misto. Claro que no caso britânico atual isso tudo é, em termos políticos, mais simbólico do que efetivo, já que nem o monarca nem a Câmara dos Lordes decidem mais sobre políticas governamentais. Por isso, o que prevalece é a democracia na Câmara dos Comuns – ou seja, apenas o governo da plebe. Há somente um simulacro de governo misto, resultado da sobrevivência meramente figurativa de suas velhas formas.

E por que hoje a plebe é quem governa? Porque no Reino Unido, assim como em todas as democracias atuais, prevalece o princípio – inerente a tal regime – de que todos os cidadãos são politicamente iguais, não havendo sentido em estabelecer âmbitos institucionais próprios para estratos sociais distintos. Governo misto é uma ideia sem sentido na democracia e apenas sobrevive residualmente como figuração nos Estados democráticos que são monarquias constitucionais. Ou, de forma mais efetiva e restrita, nas estruturas neocorporativas, que combinam representantes de diferentes classes sociais ou setores econômicos em instâncias decisórias com competências infralegais (como conselhos participativos de algumas áreas de políticas públicas no âmbito do Poder Executivo).[6]

A moderna separação dos poderes, portanto, não se distingue por repartir o poder entre cidadãos (ou seus representantes) que, em decorrência de sua honra social ou riqueza diferenciadas, assumem papéis distintos. O que importa agora é a *função estatal* que exercem. As pessoas que ocupam cargos nos Poderes Executivo, Legislativo e Judiciário são iguais no que se refere a seus direitos políticos e a seu *status* de cidadãos, sendo sua condição econômica irrelevante para a ocupação dessas posições. Nem por isso é menos importante a divisão dos ramos de governo, já que a concentração de todas as funções estatais num único

---

[6] Cláudia M.R. Viscardi, "Corporativismo e neocorporativismo", 2018.

órgão (ou, pior, numa única pessoa) produziria um poder absoluto – e, consequentemente, incontrolável e irresponsável. Essa é a razão da necessidade de Poderes separados e igualmente legítimos no desempenho de suas atribuições específicas.

Poderes separados, contudo, não são Poderes estanques. Além de cada um deles exercer suas funções específicas dentro de seu âmbito próprio, cada um dos ramos do Estado também atua de modo a limitar e contrabalançar os demais, penetrando-os em alguma medida. É isso o que, na expressão consagrada em inglês, chamam de *checks and balances* – ou, em português, freios e contrapesos. Assim, embora caiba ao Legislativo aprovar as leis, o Executivo pode vetá-las – é comum que também tenha a possibilidade de as propor.

Por outro lado, embora o Executivo tenha suas próprias atribuições para governar, o Legislativo pode convocar seus membros a prestar contas, além de poder, em certas situações, removê-los do cargo – por meio do impeachment, no presidencialismo, e pelo voto de desconfiança, no parlamentarismo. Cabe aqui apontar uma ressalva: o impeachment é uma medida muito mais drástica e excepcional do que o voto de desconfiança, pois requer que o afastado tenha cometido um crime de responsabilidade, sendo insuficiente a mera perda de apoio político (que basta no caso do voto de desconfiança).

No caso do Judiciário, a formação das cortes superiores normalmente se dá mediante a indicação de juízes pelo Executivo, os quais deverão ser aprovados pelo Legislativo. Ademais, nos países em que há controle judicial de constitucionalidade, o Judiciário pode invalidar leis aprovadas pelo Legislativo e sancionadas pelo Executivo, caso as considere em desacordo com a Constituição.

Note-se que nesse caso não se trata de mera separação de Poderes, mas de interferência recíproca, que, dentro de certos limites, implica afetar as atribuições dos demais e, desse modo, evitar o abuso. Não se trata, portanto, de usurpação de competências alheias, mas do próprio jogo das democracias constitucionais – o que não impede que, com frequência, os membros de um Poder se incomodem com a limitação que lhes é imposta pelos outros e acabem por acusá-los de interferência indevida em sua seara.

SISTEMA DE GOVERNO

A maneira como os Poderes Executivo e Legislativo se relacionam define o sistema de governo. No presidencialismo, ambos são eleitos separadamente, dispondo assim de legitimidades eleitorais distintas, gozando de mandatos por tempo fixo e operando de modo independente. Já no parlamentarismo não há essa legitimidade eleitoral dual, pois apenas o Legislativo é eleito pelos cidadãos, cabendo ao corpo Legislativo formar o Poder Executivo; os mandatos não são fixos, já que podem ocorrer tanto a dissolução do Parlamento (com a convocação de eleições antecipadas) como a derrubada do governo, por meio do já aludido voto de desconfiança. Existe ainda a forma híbrida de sistema de governo, o semipresidencialismo, em que tanto o presidente como o Parlamento têm legitimidades eleitorais próprias, embora, caso o primeiro não conte com uma maioria legislativa, o sistema passe a operar como se parlamentarista fosse, e o chefe do Executivo – o premiê ou primeiro-ministro – será a pessoa escolhida pela maioria parlamentar.

Há uma larga literatura que analisa esses sistemas de governo, compara-os e avalia qual deles seria melhor ou mais estável. Aliás, vale observar que há muita variação entre os sistemas de um mesmo tipo: nem os presidencialismos nem os parlamentarismos são iguais a seus homólogos. Não é propósito deste capítulo enveredar por essa discussão; aqui apenas será analisado o presidencialismo brasileiro. Contudo, é necessário fazer menção a essas alternativas institucionais tendo em vista algo que será abordado aqui: em que medida o presidencialismo brasileiro teria características que poderiam lhe aproximar de sistemas parlamentaristas ou semipresidencialistas.

As aproximações e distanciamentos entre presidencialismo e parlamentarismo têm sido recorrentes na história da democracia brasileira. Em 1961, por ocasião da renúncia do presidente Jânio Quadros e da consequente subida de João Goulart ao cargo, instaurou-se no Brasil, de forma casuística, um efêmero regime parlamentarista, pois o veto militar à posse de Goulart forçou a adoção dessa alternativa. Ela, porém, foi rapidamente derrogada num plebiscito em janeiro de 1963, restaurando-se o presidencialismo. Mais uma vez se consultou o eleitorado sobre o tema em 1993, cinco anos após a promulgação da nova Constituição, após o final da ditadura militar. E novamente a alternativa presidencialista foi a escolhida pela maioria do eleitorado. A bem da verdade, a alternativa ao presidencialismo oferecida ao eleitorado naquele momento não era propriamente parlamentarista, mas semipresidencialista.

Entretanto, o assunto não se encerrou ali. Primeiro porque, de tempos em tempos, há quem busque ressuscitar a discussão sobre uma mudança do sistema de governo. Em segundo lugar, porque recentes transformações no *modus operandi* de nosso presidencialismo levam a que se faça comparações entre ele e outros sistemas. A partir de 2019, tornou-se comum falar na vigência de um "semipresidencialismo". No período objeto de análise deste capítulo, o presidente da Câmara dos Deputados Arthur Lira, achou por bem suscitar a discussão sobre a adoção de um regime semipresidencialista no Brasil. E isso não foi à toa: durante o quadriênio de Lira à frente da Câmara Baixa do Congresso Nacional, este ganhou um protagonismo e um poder inauditos desde a redemocratização brasileira, em 1985. E o que explica esse ganho de poder do Congresso? Esse será o tema da próxima seção.

DO PRESIDENCIALISMO DE COALIZÃO AO GOVERNO CONGRESSUAL

Em 1988, o cientista político Sérgio Abranches publicou um artigo cujo título estabeleceu um conceito fundamental para toda a discussão sobre a política brasileira no período pós-autoritário: *Presidencialismo de coalizão*. Segundo ele, tal sistema foi uma característica da democracia brasileira no período anterior à ditadura militar (1945-1964) e se mantinha no regime inaugurado pela Nova República (a partir de 1985).

> O Brasil é o único país que, além de combinar a proporcionalidade, o multipartidarismo e o "presidencialismo imperial", organiza o Executivo com base em grandes coalizões. A esse traço peculiar da institucionalidade concreta brasileira chamarei, à falta de melhor nome, "presidencialismo de coalizão".[7]

O entendimento acerca dessa característica institucional central de nosso sistema político foi depois aprimorado (e, a partir daí, incorporado de maneira definitiva ao léxico politológico brasileiro) por Argelina Figueiredo e Fernando Limongi em seus estudos sobre o funcionamento do Congresso e as relações Executivo-Legislativo.[8] Esses autores esmiuçaram as características do presidencialismo de coalizão, apontando inclusive as diferenças entre o modelo que vigorou antes de 1964 e aquele estabelecido pela Constituição de 1988. Enquanto no primeiro período o presidente dispunha de menos poderes, sendo incapaz de enquadrar o Congresso e sendo superado por ele na aprovação de normas legais, no segundo a situação se inverteu, com um presidente institucionalmente poderoso, capaz de definir a pauta

---

7 Sérgio Abranches, *Presidencialismo de coalizão*, 1988, pp. 21-22.
8 Argelina Figueiredo, Fernando Limongi, *Executivo e Legislativo na nova ordem constitucional*, 1999; Fernando Limongi, "A democracia no Brasil: presidencialismo, coalizão partidária e processo decisório", 2006; Fernando Limongi, Argelina Figueiredo, "A crise atual e o debate institucional", 2017.

decisória e, uma vez tendo construído uma coalizão parlamentar, impondo-se como poder dominante.

Exceção feita aos estertores do governo de Fernando Collor de Mello (que, por sua fragilidade, decorrente de seu fracasso em construir uma coalizão estável, acabou sofrendo um impeachment), essa foi a tônica no funcionamento do presidencialismo de coalizão durante 30 anos, entre 1985 e 2015, quando a situação começou a mudar. O primeiro passo no sentido dessa transformação foi a aprovação da Emenda Constitucional nº 86. Ela estabeleceu a obrigatoriedade da execução das emendas parlamentares individuais ao orçamento. Com isso, o Executivo perdeu uma valiosa moeda de troca em sua relação com o Congresso, pois até então podia condicionar a execução dos gastos à cooperação dos legisladores na votação das matérias de interesse do governo.

O que explica essa tomada de poder do Executivo por parte do Congresso naquele momento foi o declínio da presidenta Dilma Rousseff, que iniciava ali seu segundo mandato. Pouco afeita às negociações com o Legislativo e a estabelecer tratativas com os parlamentares, Dilma viu seu apoio erodir aos poucos durante seu primeiro quadriênio. Ao iniciar o segundo pressionada por um escândalo de corrupção na Petrobras, com a economia em crise, a popularidade derretendo e sendo derrotada na eleição para a presidência da Câmara dos Deputados, a mandatária viu derreter o pouco de apoio que ainda conservava no Legislativo. Sua inapetência para liderar uma coalizão congressual custou caro e minou seu poder. E, se a presidente não ocupa o espaço de poder, o Congresso pode tomá-lo – o que de fato fez.

Os efeitos dessa redução do poder presidencial em prol do Legislativo não foram muito sentidos durante o mandato presidencial de Michel Temer, guindado ao cargo com o impeachment de Dilma. Isso ocorreu basicamente por três razões. A primeira é porque o ganho de poder orçamentário ainda era uma novidade institucional, e os congressistas ainda não haviam estabelecido um novo *modus operandi* em sua relação com o Executivo.

A segunda é porque Temer, empossado pelo mesmo Congresso que cassou Dilma, era uma expressão orgânica desse Legislativo, tanto do ponto de vista ideológico/programático – convergente com o da maioria parlamentar e do congressista mediano – como no que se refere à sua trajetória – Temer fora presidente da Câmara dos Deputados por três vezes, o que não foi uma casualidade, mas sim a expressão de sua capacidade de articulação no Legislativo.

E a terceira tem a ver justamente com essa sua destreza política, ao menos em comparação com a de sua antecessora. Ilustração nítida disso pôde ser vista em matéria do jornal *Valor Econômico,* por ocasião dos primeiros três meses do novo presidente no cargo. O título da notícia já deixava explícito o problema: "Temer recebe em 90 dias mais congressistas que Dilma em 5 anos."[9] Se à presidenta faltava apetite para se entender com o Congresso, seu substituto o tinha de sobra – o que o favoreceu sobremaneira.

Contudo, as coisas voltaram a mudar com o início do governo de Jair Bolsonaro. O líder de extrema direita optou por não construir no Congresso uma coalizão que lhe desse sustentação. Segundo ele, isso significaria sucumbir à "velha política" – acusada, por ele, de ser corrupta. O problema seria saber como então fazer uma agenda avançar no Legislativo. Não bastasse a decisão de não montar uma coalizão, Bolsonaro declaradamente abdicou de atuar como um articulador de seus projetos no Legislativo – algo curioso para um político que exercera sete mandatos consecutivos como deputado e que, portanto, não teria por que desconhecer a dinâmica das relações Executivo-Legislativo no Brasil. Logo no início de seu mandato, referindo-se à reforma previdenciária, o presidente afirmou que fez sua parte ao mandar o

---

9 Andrea Jubé, Fábio Pupo e Bruno Peres, "Temer recebe em 90 dias mais congressistas que Dilma em 5 anos", *Valor Econômico*, 15 ago. 2016.

projeto para o Legislativo, mas que, a partir daí, "a bola está com o Parlamento", não competindo a ele articular. Essa foi uma postura que se repetiu ao longo do tempo.

As consequências da abdicação não tardaram a chegar. Já em junho de 2019 foi aprovada a Emenda Constitucional nº 100, tornando obrigatória a execução das emendas orçamentárias de bancadas estaduais – retirando assim mais uma moeda de troca das mãos do Executivo em sua relação com o Congresso. Pouco a pouco, o equilíbrio de Poderes se transformava, apesar do Executivo seguir com muitas prerrogativas institucionais importantes – como a iniciativa exclusiva em matérias relacionadas à organização interna de sua estrutura administrativa, a possibilidade de encaminhar projetos de lei com urgência constitucional e o poder de editar medidas provisórias. Entretanto, o estratégico controle sobre o orçamento se esvaía.

Um terceiro passo no sentido de enfraquecer ainda mais o presidente foi a criação de uma nova sistemática de utilização das emendas do relator (RP9) do orçamento no Congresso. Em vez de serem utilizadas apenas para pequenas correções e ajustes, como sempre fora de praxe, passaram a ser instrumentalizadas para produzir imensas alterações na alocação de recursos orçamentários, além de o fazer de forma pouco transparente, dando origem ao que ficou conhecido como "orçamento secreto". Mesmo com a declaração de inconstitucionalidade do orçamento secreto pelo STF, a prática não foi abandonada por completo. As emendas de relator foram substituídas pelas emendas de comissão (RP2), ainda sob controle do relator do orçamento. E, além disso, foi criado um novo tipo de destinação das verbas orçamentárias para governos locais, que ficou conhecido como "emenda Pix". Com ele, os congressistas logram destinar recursos para suas bases sem que haja clara identificação dos autores ou da forma como os recursos serão gastos no âmbito municipal.

Durante o governo Bolsonaro, esse aumento do poder do Congresso frente ao Executivo, associado à *abdicação* presidencial de liderar uma coalizão e articular politicamente, levou muitos a falarem em "semipresidencialismo", pois os presidentes das duas casas legislativas assumiram o protagonismo no encaminhamento da agenda de tomada de decisão.[10] Creio que mais correto é denominar esse fenômeno como um *governo congressual*, pois não estão presentes as condições que caracterizariam um regime parlamentarista ou semipresidencialista. O que houve foi o avanço do Poder Legislativo sobre uma seara que no presidencialismo brasileiro ficava a cargo do Executivo.

Bolsonaro, mesmo quando optou por buscar o apoio dos partidos de adesão que compõem o chamado "centrão", mais aderiu a eles do que obteve sua adesão; preferiu tentar angariar uma coalizão defensiva, visando evitar um impeachment e investigações que lhe perturbassem, em vez de montar uma base de sustentação que lhe possibilitasse seguir adiante com uma agenda positiva de políticas públicas.

Seu sucessor, Lula, adotou uma postura diferente em sua relação com o Congresso. Tentou construir uma coalizão, mas encontrou sérias dificuldades para repetir em seu terceiro mandato o sucesso legislativo que obtivera nos dois primeiros. As razões para isso foram de duas ordens, estruturais e conjunturais: um legislativo institucionalmente muito mais empoderado e partidariamente muito mais à direita do que as legislaturas com que Lula precisou se relacionar quando de sua primeira passagem pela Presidência da República, entre 2003 e 2010.

Não só a direita ideológica cresceu dentro do Legislativo (em especial a extrema direita bolsonarista), mas mesmo os partidos de adesão – que antes compunham uma direita pragmática e disposta a hipotecar apoio em troca de benefícios – se tornaram mais ideologizados, com parcelas expressivas de suas bancadas avessas a aderir ao governo de um

---

10 Angela Boldrini e Danielle Brandt, "Maia dita ritmo e já indica 2020 com parlamentarismo branco fortalecido na Câmara", *Folha de S.Paulo*, 17 fev. 2020.

presidente de esquerda em troca de benefícios como verbas e cargos, tal qual outrora.

Em primeiro lugar, essa mudança se deve ao fato de que a distribuição de verbas pelo Executivo em troca de apoio se tornou inócua, pois o Legislativo passou a ter significativo controle sobre o orçamento, independentemente de eventuais concessões que o presidente possa fazer. Isto é, por um lado, o governo passou a ter menos o que negociar em termos de recursos orçamentários, e a necessidade de barganhar por parte do Legislativo diminuiu; por outro, sua disposição parlamentar para apoiar em troca de recursos orçamentários ou cargos no governo também foi diminuída pela ideologização dos partidos de adesão. O cenário se complicou e, com isso, o tradicional presidencialismo de coalizão cedeu espaço a um governo congressual, a despeito do novo presidente, Lula, não abdicar da tentativa de liderar o processo decisório no Congresso.

Nesse contexto, a cessão de ministérios e cargos no Executivo aos partidos de adesão mudou de sentido. Não se trata mais de montar uma coalizão congressual consistente, em que os partidos que se incorporam ao governo entregam apoio integral à agenda governamental como contrapartida à sua incorporação. O que se tem é uma *estratégia de redução de danos*: cede-se espaço a partidos que sabidamente não apoiarão de forma plena a agenda do Executivo, mas se evita, ao menos, que passem de maneira unificada à oposição. Pela mesma razão, o Executivo evita encaminhar ao Legislativo pautas em que muito provavelmente será derrotado, apostando numa *agenda congressual minimalista*, com matérias em que possa haver convergência entre as agendas do governo e da maioria legislativa.

Em suma, o presidencialismo de coalizão tal qual conhecido até 2014 já não existia mais. A montagem de uma coalizão no Congresso seguiu sendo uma necessidade, mas o retorno desse investimento político foi reduzido substancialmente em comparação com o que se verificava no período cuja análise levou uma grande leva de cientistas políticos a teorizar sobre aquele que seria um traço distintivo da institucionalidade política brasileira. Em sua nova versão, o presidencialismo de coalizão fraco passou a conviver com o governo congressual.

SISTEMA DE JUSTIÇA: JUDICIALIZAÇÃO DA POLÍTICA, POLITIZAÇÃO DA JUSTIÇA E DEMOCRACIA MILITANTE

O terceiro ramo do Estado democrático, o Judiciário merece um tratamento à parte, pois não é possível enquadrá-lo da mesma forma que os outros dois numa discussão sobre sistemas de governo. O papel do Poder Judiciário (e do sistema de Justiça como um todo, incluído aí o Ministério Público e seus correlatos) pode variar independentemente de o sistema de governo ser parlamentarista, presidencialista ou semipresidencialista. Por exemplo, pode haver controle judicial da constitucionalidade das leis e de outros atos normativos (como decretos) a despeito do tipo de relação Executivo-Legislativo existente. Da mesma forma, o sistema judicial pode ser de direito civil/positivo (*civil law*) ou direito consuetudinário (*common law*), também a despeito do sistema de governo adotado. Quanto a este último ponto, tem se intensificado cada vez mais nas democracias contemporâneas a combinação entre os dois sistemas.[11]

No caso brasileiro, temos um sistema de direito civil cada vez mais permeado por elementos da *common law*, já que decisões judiciais – principalmente das cortes superiores e, dentre elas, sobretudo do STF – se tornam cada vez mais relevantes na definição do funcionamento de nosso sistema político. Ao mesmo tempo que isso tem produzido o avanço de certos direitos e a consolidação de uma sociedade mais

---
11 Estefânia Maria de Queiroz Barboza, "As origens históricas do *civil law* e do *common law*", 2018.

pluralista e democrática, tem suscitado reações fortes por atores políticos e sociais relevantes. No concernente à relação do sistema de Justiça com Executivo e Legislativo, têm sido frequentes as queixas de congressistas e membros do Executivo sobre o Judiciário estar extrapolando seu papel – isto é, se imiscuindo, de modo indevido, nas competências alheias.

Durante a pandemia da covid-19, o então presidente Bolsonaro se queixava, de maneira repetitiva, de que decisões do STF lhe teriam retirado poder – como no caso em que o tribunal decidiu favoravelmente a estados e municípios numa disputa sobre a competência para estabelecer medidas sanitárias restritivas da circulação de pessoas e do funcionamento das atividades econômicas. Da mesma forma, membros do Congresso Nacional costumam se queixar de que o Supremo toma decisões que invadem as atribuições legislativas ao decidir sobre normas – ou seja, legislando no lugar dos congressistas.

Em boa medida, essas controvérsias decorrem do fato de que atores políticos e sociais levam ao Poder Judiciário disputas travadas na esfera político-partidária, requerendo às cortes que decidam sobre ao lado de quem estaria a lei – ou, mais comumente, a lei suprema, isto é, a Constituição. Ao decidir, o Judiciário (em especial o STF, que tem a palavra em última instância sobre disputas de constitucionalidade) retira a disputa do âmbito político-partidário e fixa seu entendimento. A esse tipo de situação, envolvendo ou não matéria constitucional e ocorrendo ou não no âmbito do STF, denomina-se *judicialização da política*.[12]

Há uma situação de sentido distinto, que podemos denominar como *politização da Justiça*. Nela, em vez de pura e simplesmente atores sociais e políticos recorrerem ao sistema de Justiça para dirimir suas disputas, são os próprios atores judiciais (do Poder Judiciário ou do Ministério Público) que levam adiante *agendas próprias*, transformando sua atua-

---

12 Estefânia Maria de Queiroz Barboza e Katya Kozicki, "Judicialização da política e controle judicial de políticas públicas", 2012.

ção numa empreitada de natureza político-partidária (não no sentido de algo relativo a um partido político atuante na esfera eleitoral, mas como uma ação politicamente motivada por preferências particulares).[13]

Esse tipo de atuação partidarizada de atores do sistema de Justiça pode ocorrer em decisões acerca da validade de leis e outros atos normativos, na definição de competências de atores institucionais, em casos concretos de persecução penal ou contenciosos na esfera civil. Um exemplo notável disso, com grande impacto na política brasileira, foi a operação Lava Jato. Sob o pretexto de combater a corrupção e lidando com o que, em tese, seria "o maior caso de corrupção da história", juiz e promotores atuaram em conluio para interferir no jogo político eleitoral. À medida que essa trama foi desvendada por meio do vazamento de mensagens trocadas entre membros do Ministério Público e o juiz do caso, Sergio Moro – evidenciando as motivações políticas desses agentes e sua parcialidade –, uma série de decisões judiciais foram anuladas, inclusive a mais relevante delas em termos políticos: a condenação por corrupção do ex-presidente Lula.

Há ainda um caso importante de atuação política dos atores do sistema de Justiça, que é o que podemos denominar *democracia militante*.[14] Nela, a atuação dos atores judiciais vai no sentido de conter os abusos perpetrados por atores políticos autoritários, sejam eles partidos, movimentos ou governos. E, para tanto, os atores judiciais precisam ir além do que seria uma ação mais contida e "técnica", atuando politicamente para lidar com ameaças à democracia que inclusive se valem de suas regras ou de zonas cinzentas de regulação legal para a solapar.

Mais uma vez, o caso do governo Bolsonaro é importante para entendermos essa situação no Brasil. O governo-movimento levado a cabo pelo presidente de extrema direita se marcou por um ciclo de

---

13 Cláudio Gonçalves Couto e Vanessa Elias de Oliveira, "Politização da Justiça", 2019.
14 András Sajó, "From Militant Democracy to the Preventive State", 2005.

ações que denomino *armadilha populista*.[15] Ele funciona da seguinte maneira: o governo (com frequência, o próprio presidente) transgride normas legais, o que leva a seu questionamento perante a Justiça; a Justiça age no âmbito de suas atribuições constitucionais, corrigindo o rumo das ações e impedindo a transgressão; em reação à decisão judicial desfavorável, o presidente ataca o Poder Judiciário; atacado, o Judiciário se defende como instituição; diante disso, o governante acusa o Judiciário de parcialidade e/ou partidarismo e o agride novamente, questionando sua legitimidade e iniciando um novo ciclo de desgaste da institucionalidade democrática.

Desse modo, a atuação militante do Judiciário em prol da democracia, embora inevitável e necessária, nem por isso deixa de ser um elemento que pode, também, paradoxalmente, fragilizar a ele e à própria democracia. Essa é uma situação causada pelos populismos autoritários de um modo geral. O governo bolsonarista no Brasil é apenas mais um caso desse tipo.

DESAFIOS DA POLÍTICA

Como procurei mostrar neste capítulo, os Poderes da República só podem ser entendidos se os compreendermos como parte de um sistema. Não há qualquer sentido em pensar Executivo, Legislativo e Judiciário como partes desvinculadas ou estanques. Esses Poderes não apenas estabelecem relações entre si a partir do exercício de suas competências específicas, separadamente, mas também por meio de certas competências compartilhadas e, podemos assim dizer, concorrentes.

É essa situação de compartilhamento e disputa que permite que o sistema de freios e contrapesos da democracia funcione. E, sem um sistema de freios e contrapesos, não há democracia – já que, numa tal situação,

---

15 Cláudio Gonçalves Couto, "O Brasil de Bolsonaro", 2023.

o regime degenera, se tanto, num plebiscitarismo em que, mesmo havendo voto popular, não há meios para que esse voto popular ganhe efetividade e permanência. O plebiscitarismo é uma forma de absolutismo eletivo e é o modelo ideal das lideranças populistas autoritárias (com o perdão da redundância). Não à toa, um desses líderes populistas contemporâneos, o chefe de governo húngaro, Viktor Orbán, definiu seu regime como uma "democracia iliberal".

O problema, vale dizer, é que não existe *democracia iliberal*, pois se é iliberal, não é democracia. O elemento liberal da democracia é justamente o que permite o funcionamento do sistema de freios e contrapesos. Essa é a herança que as democracias contemporâneas receberam do liberalismo político do século XIX, acrescentando-lhe o elemento plebiscitário do sufrágio universal. O sufrágio universal sem controle, contudo, é apenas uma ilusão – e isso apesar de tais controles nem sempre funcionarem bem e, por vezes, também gerarem distorções. A democracia, como todo sistema político e como todo artifício humano, é inevitavelmente imperfeita. A questão é que, se é ruim com ela, muito pior fica na sua ausência.

Capítulo 7
Políticos e representantes patronais versus representantes laborais[1]

No Brasil do século XXI, a dinâmica entre políticos e representantes patronais em relação aos representantes laborais continua a ser um campo de tensão e conflitos. Esses grupos representam interesses muitas vezes divergentes na sociedade, no pensamento econômico e no espectro político. Os políticos, dependendo de suas alianças e bases eleitorais, podem se alinhar, de forma mais estreita, ora com interesses patronais, ora com laborais – influenciando de maneira significativa a formulação de políticas públicas e a legislação.

Os representantes patronais – que incluem grandes empresários, banqueiros e líderes de setores industriais – buscam, de modo constante, moldar políticas que favoreçam o ambiente de seus negócios, reduzindo regulações e custos associados ao trabalho. Essa postura visa aumentar,

---

1 Atendendo ao pedido para colaborar nesta publicação, Jorge R. Mizael, um dos analistas mais experientes e argutos da política institucional brasileira, nos enviou o texto deste capítulo no dia 8 de maio de 2024. Alterações ínfimas foram feitas no sentido de adaptar o conteúdo ao livro e facilitar a leitura. Jorge R. Mizael é cientista político, especialista em Compliance e Governança pela UnB. Atua em relações institucionais e governamentais desde 2011. É fundador da Metapolítica Consultoria Política e Assessoria Parlamentar, empresa revelação de 2020 do Oscar da Comunicação Política Internacional pela The Washington Academy of Political Arts & Sciences. No ano seguinte, 2021, foi indicado individualmente pela academia estadunidense como consultor político revelação. Em 2024, liderou a compra e se tornou sócio-proprietário da Lista de Autoridades Governamentais (LAG), empresa que detém o maior banco de contatos governamentais do Brasil, com mais de 34 mil agentes públicos mapeados e disponibilizados em sua plataforma.

direta ou indiretamente, seus lucros e pode entrar em conflito com os interesses dos trabalhadores, os quais são defendidos, em essência, por sindicatos, associações, federações e confederações laborais. Representantes laborais, por sua vez, lutam por melhores condições de trabalho, salários adequados e garantias de direitos.

A interação entre esses grupos no Brasil moderno é marcada por um jogo de poder e influência, no qual as decisões políticas podem ter implicações relevantes para o mercado de trabalho e, também, para a justiça social. A relação entre os políticos e esses representantes (laborais e patronais) é, portanto, crucial para compreender as mudanças socioeconômicas no país, refletindo tanto avanços quanto desafios persistentes em termos de equidade e representatividade.

OS LOBBIES NO CONGRESSO NACIONAL

Se perguntarmos a um cidadão comum o que a palavra "lobby" significa, a resposta provável será: "corrupção". No caso brasileiro, esse equívoco tem algumas origens que apresentaremos a partir dos próximos parágrafos – mas antecipo, como provocação: "onde há democracia, há lobby".[2]

Nos últimos anos, todos nos acostumamos a ver uma série de matérias jornalísticas usando a palavra "lobby" como sinônimo de corrupção.[3] O termo foi muito utilizado para descrever atividades corruptivas de pessoas que buscavam interferir no processo governamental e se beneficiar de tais decisões. Então, antes de dizer o que é lobby, é importante

---

2 Pier Luigi Petrillo, *Teorias e técnicas do lobbying*, 2022.
3 Ver Hyndara Freitas, "Pastor lobista exibiu barra de ouro em hotel do DF, diz jornal", *Metrópoles*, 26 mar. 2022; "Lobista teria oferecido propina a Luis Miranda por Covaxin, diz revista", PODER360, 29 jun. 2021; "Jair Renan, o prodígio do lobby", *O Antagonista*, 26 dez. 2021.

dizer o que não é. Lobby não é corrupção ativa tipificada no Código Penal (CP), art. 333; lobby não é corrupção passiva (CP, art. 317), e lobby também não é tráfico de influência (CP, art. 332).

O lobby é uma prática de articulação para influenciar decisões políticas. No Brasil, é conhecido desde o período imperial. Influenciar decisões políticas segundo a legalidade, o republicanismo, a ética, a moralidade e o profissionalismo: isso é lobby em sua forma conceitual.

A Constituição Federal de 1988 deixou ainda mais explícita sua existência no inciso XXXIV do artigo 5º A Carta Magna consagra o direito de petição, definido como o direito dado a qualquer pessoa que invocar a atenção dos poderes públicos sobre uma questão ou uma situação. Em 2018, o lobista foi reconhecido pelo Ministério do Trabalho e Emprego (MTE) e incluído na Classificação Brasileira de Ocupações (CBO) com o nome de "profissional de relações institucionais e governamentais".

Dito isso, também é importante ponderar que aquilo que for apresentado aqui como lobby estará considerando seus aspectos teóricos, técnicos, legais, éticos e morais, e não a última matéria jornalística (que usou o termo de maneira indevida). Então, o lobby existe e é importante para a interação entre representantes e representados em qualquer democracia, sobretudo em democracias representativas e participativas.

Isso porque quanto mais interação entre o público e o privado, melhores serão as políticas públicas. Afinal, quem conseguiria apresentar melhores soluções para eventuais problemas no posto de saúde de um município: uma enfermeira que atua no local ou um engravatado em Brasília? A resposta passará, possivelmente, por uma conversa da enfermeira com o engravatado, pois a enfermeira apresentará a sua experiência prática e o engravatado a sua cadeia de comando, rede de influência e o seu orçamento.

O engravatado é, tecnicamente, conhecido como "agente público ordenador de despesas", podendo se tratar de um político, gestor ou secretário. Por outro lado, a profissional em nossa anedota pode ser representada pelo Sindicato Nacional dos Enfermeiros. De modo resumido, é de uma conversa, ou conjunto de conversas e interações, que nascem as políticas públicas de saúde, de educação, de segurança pública, de saneamento e de mobilidade, por exemplo.

Após entendermos brevemente a evolução histórica do lobby no Brasil, é fundamental analisar como, hoje, essas práticas influenciam a legislação. Os lobbies utilizam uma variedade de métodos para moldar as políticas públicas, incluindo o diálogo direto com legisladores, a elaboração de emendas parlamentares e a mobilização de grupos de interesse mediante campanhas de sensibilização e passeatas. Essas estratégias são complementadas pelo uso intensivo de informações técnicas, legislativas e jurídicas, visando apresentar argumentos robustos que suportem suas posições junto aos tomadores de decisão.

As estratégias de lobby descritas anteriormente podem ser observadas em diversas legislações e decisões políticas. Alguns exemplos recentes ilustram a influência de lobbies no cenário político brasileiro. A atuação dos lobbies agrícolas durante as votações do Marco Temporal é um caso notável, em que pressões intensas levaram a mudanças significativas que favoreceram o setor agropecuário. Outra situação envolveu o lobby de servidores públicos nas discussões sobre a reforma administrativa (PEC 32/2020). Na ocasião, os servidores buscaram barrar as alterações propostas na PEC, culminando em um enterro simbólico da proposta na entrada do Anexo 2 da Câmara dos Deputados, marcado por uma estratégia de comunicação e mobilização altamente criativa, digna de aplausos.[4]

---

4 Para consulta: "Servidores vencem a luta contra a reforma administrativa em 2021", disponível no canal Apito TV, no YouTube, 16 dez. 2021.

UM CASO EMBLEMÁTICO – PISO NACIONAL DOS ENFERMEIROS

No Brasil, a regulamentação do piso salarial de enfermeiros, técnicos em enfermagem, auxiliares de enfermagem e parteiras é uma questão que transcende a mera política salarial. Trata-se de um exemplo taxativo sobre as dificuldades enfrentadas pelo lobby laboral.

Movimentos em defesa desses profissionais têm, desde o período pré-pandemia, trabalhado pelo estabelecimento de um piso mínimo remuneratório. Ao longo desse período, foram aprovados vários regulatórios legais e orçamentários,[5] mostrando um convencimento de agentes públicos dos Poderes Legislativo e Executivo. Porém, as batalhas também se estenderam e passaram a ser disputadas no Poder Judiciário.

Os representantes laborais veem no piso salarial uma forma de reconhecimento, valorização e justiça social. Por outro lado, a Confederação Nacional de Saúde (CNsaúde) expressa preocupações orçamentárias e diz que necessitará implementar demissões em massa e o fechamento de leitos devido ao aumento dos custos. Estados e municípios, mesmo com o apoio financeiro da União, ainda relatam dificuldades para cumprir o novo piso, dadas as restrições orçamentárias existentes.

Até aqui, o movimento em prol do piso salarial para a enfermagem revelou a complexidade das relações governamentais e do lobby laboral no Brasil. A necessidade de diálogo entre os diversos atores – governos, setor privado e sindicatos – destacou-se como fundamental para superar impasses no caminho. O processo evidenciou a importância da negociação e da construção de consensos para garantir avanços, sobretudo em áreas sensíveis e essenciais como a saúde.

---

[5] Lei 14.434/2022, que instituiu o piso; Lei 14.581/2023, que abriu crédito especial de 7,3 bilhões de reais no orçamento do Fundo Nacional de Saúde; Portaria GM/MS nº 1.135/2023, que estabeleceu os critérios e procedimentos para o repasse da assistência financeira complementar da União; Portaria GM/MS nº 1.446/2023, que dispôs sobre os valores a serem repassados.

Os aprendizados desse movimento são nítidos: a necessidade de uma abordagem holística, que considere todos os stakeholders e a importância de estratégias de lobby laboral bem-estruturadas. A campanha pelo piso salarial ensinou que alianças e a capacidade de apresentar argumentos robustos e baseados em evidências são cruciais para influenciar decisões e garantir que as políticas implementadas reflitam as necessidades dos representados – nesse exemplo, trabalhadores – e contribuam para a melhoria do sistema de saúde.

Esses exemplos demonstram como os lobbies atuam de maneira ativa para direcionar as decisões políticas e legislações conforme seus interesses específicos e necessidades.

A influência de grupos de lobby nas políticas públicas, como observado nos exemplos, destaca uma problemática fundamental: a contribuição dessas práticas para a concentração de poder e aprofundamento da desigualdade social. Enquanto o lobby patronal se mostra altamente organizado, financiado e profissionalizado, o lobby laboral ainda padece, com frequência, de partidarização política, amadorismo e redução constante de investimentos em relações institucionais e governamentais, em especial após a reforma trabalhista e o fim da obrigatoriedade do imposto sindical. Esse cenário reflete uma distorção democrática, em que a voz e o poder de influência são distribuídos de forma desproporcional, favorecendo a plutocracia e comprometendo a representatividade e a justiça social.

A evidente distorção democrática provocada pelas práticas de lobby, como descrito anteriormente, suscita uma urgente discussão sobre a necessidade de regulação e maior transparência nessas atividades. A legislação atual sobre o lobby no Brasil ainda é incipiente e carece de mecanismos eficazes, que garantam a clareza das influências exercidas por grupos de interesse nas esferas de poder. Propostas para aumentar a transparência incluem a obrigatoriedade do registro de lobistas, a divulgação de suas atividades e financiamentos, e a criação de um código de conduta rigoroso, com penalidades claras e duras para eventuais transgressões.

Essas medidas são essenciais para assegurar que o processo legislativo não seja monopolizado por interesses particulares em detrimento do interesse público. A implementação de uma regulação robusta poderia ajudar a restaurar a confiança na integridade das decisões políticas e fortalecer os fundamentos da democracia brasileira. Ao mesmo tempo, essa discussão sobre lobby abre caminho para explorar como outras instituições influentes, como a Confederação Nacional da Indústria (CNI), desempenham seus papéis no cenário político e econômico nacional – refletindo sobre como essas entidades podem tanto apoiar quanto desafiar os princípios de equidade e representatividade no Brasil.

CONFEDERAÇÃO NACIONAL DA INDÚSTRIA (CNI)

A CNI, fundada em 12 de agosto de 1938 e oficialmente reconhecida pelo Decreto Federal nº 12.321 de 30 de abril de 1943, segundo seu estatuto, tem como principal missão defender e representar a indústria brasileira, promovendo um ambiente propício aos negócios, à competitividade e ao desenvolvimento sustentável do país.

Institucionalmente, a CNI é estruturada para representar, coordenar e defender os interesses gerais da indústria, atuando de maneira direta na formulação de políticas de desenvolvimento industrial e propondo soluções para problemas econômicos e de relações trabalhistas que afetam o setor. Além disso, a entidade mantém serviços à indústria e promove a conciliação de disputas relacionadas às atividades industriais, organizando sua estrutura em torno de conselhos representativos, diretorias e comitês que permitem uma governança eficaz e participativa.

A discussão sobre a regulamentação e transparência nas práticas de lobby contextualiza a atuação de entidades como a CNI. Historicamente, a CNI tem se posicionado como um participante ativo na formulação de políticas industriais no Brasil. Por meio de suas iniciativas, ela tem influenciado decisões que impactam o ambiente empresarial e econômico nacional. Esse papel ressalta sua capacidade de moldar aspectos significativos do cenário nacional, enquanto levanta questões sobre a necessidade de equilibrar interesses empresariais com princípios de governança equitativa.

A atuação da CNI na formulação de políticas industriais demonstra sua capacidade de influenciar a legislação e as políticas públicas no Brasil. A instituição utiliza-se de sua posição estratégica – e da rede de relações que mantém com políticos e formuladores de políticas – para direcionar debates e moldar legislações que beneficiam o setor industrial. Esse processo inclui a participação ativa em comissões, a apresentação de estudos técnicos e a proposição de marcos regulatórios.

Essa influência é exercida em um contexto no qual a CNI representa um conjunto de indústrias, ampliando seu alcance e sua capacidade de impacto nas decisões políticas. O modo como a instituição configura sua agenda e prioriza certas políticas reflete diretamente nas dinâmicas econômicas e industriais do Brasil, evidenciando a importância de monitorar e regular tais influências para assegurar que contribuam positivamente para o desenvolvimento sustentável do país.

A influência da CNI nas políticas públicas e na legislação industrial é parte de um contexto mais amplo de conexões entre grandes indústrias e o poder político no Brasil. Essas relações, muitas vezes, ocorrem em um ambiente de proximidade e reciprocidade que pode comprometer a isonomia e a transparência nas decisões governamentais. A crítica reside no fato de que tais interações costumam favorecer grandes conglomerados industriais, deixando em desvantagem pequenas e médias empresas, que não possuem o mesmo nível de acesso ou influência.

Esse cenário reforça a concentração de poder econômico e político, podendo levar à criação de políticas que perpetuam desigualdades estruturais no mercado. A interação entre poder econômico e político, facilitada por organizações como a CNI, suscita questionamentos sobre a eficácia das políticas de desenvolvimento industrial em promover um crescimento equitativo e sustentável. Assim, a crítica a essa dinâmica se faz necessária para fomentar um debate sobre como equilibrar interesses econômicos e sociais na formulação de políticas públicas.

A CNI, no contexto político e econômico brasileiro, traz uma série de contribuições, mas também desperta controvérsias significativas. Por um lado, ela tem sido um agente de inovação e desenvolvimento industrial, propondo políticas que estimulam a competitividade e a tecnologia no setor. Essas iniciativas deveriam contribuir para o crescimento econômico e para a criação de empregos, desempenhando um papel fundamental na estruturação de uma indústria mais robusta e diversificada no Brasil.

Por outro lado, as críticas à sua atuação são amplas, sobretudo no que se refere à sua influência desproporcional nas decisões políticas. Essa influência muitas vezes é vista como um vetor de políticas que favorecem grandes corporações, em detrimento de pequenas e médias empresas – que podem não refletir os interesses mais amplos da sociedade. Portanto, enquanto a CNI é reconhecida por sua contribuição ao desenvolvimento industrial, as controvérsias sobre sua atuação refletem os desafios de equilibrar poder e equidade no cenário econômico do país.

As contribuições e controvérsias associadas à sua atuação no Brasil configuram um pano de fundo importante para discutir os futuros desafios e oportunidades para a indústria brasileira em um contexto de economia globalizada. A CNI, apesar das críticas relacionadas à sua influência e transparência, desempenha um papel-chave na preparação do setor industrial para enfrentar as dinâmicas competitivas globais.

A integração crescente dos mercados internacionais exige que a indústria brasileira inove, modernize-se e aumente sua eficiência para se manter competitiva. Nesse cenário, a CNI tem a oportunidade de liderar a transformação industrial nacional, promovendo a adoção de tecnologias avançadas e práticas sustentáveis que podem elevar o perfil internacional do país. No entanto, enfrenta também o desafio de garantir que essas transformações beneficiem todos os segmentos da indústria, incluindo as pequenas e médias empresas, fundamentais para a economia local e a empregabilidade.

Assim, o futuro da indústria brasileira dependerá da capacidade da CNI de equilibrar seus interesses com os do país, promovendo políticas que não apenas impulsionem a competitividade global, mas também fomentem a equidade e a inclusão no desenvolvimento industrial. A colaboração entre os setores público e privado, e a sociedade civil será essencial para superar esses desafios e aproveitar as oportunidades que a globalização oferece ao setor industrial brasileiro.

FEDERAÇÃO BRASILEIRA DE BANCOS (FEBRABAN)

A Febraban, fundada em 1967 como uma associação civil sem fins lucrativos, congrega instituições financeiras bancárias e associações representativas de tais instituições, tanto em âmbito nacional quanto regional. Conforme estabelecido em seu estatuto,[6] a Febraban tem como finalidade primordial o fortalecimento do Sistema Financeiro Nacional, buscando a promoção de um sistema saudável, ético e eficiente, e o desenvolvimento de relações construtivas com a sociedade e diferentes poderes e entidades.

Sua estrutura institucional inclui diversos órgãos como a Assembleia Geral, o Conselho Diretor e a Diretoria, com cada um desempenhando papéis específicos na governança da federação. Essa organização permite à Febraban não apenas defender os interesses das instituições financeiras associadas, mas também promover a interação com autoridades públicas sobre o ambiente regulatório e financeiro do país.

---

6 Estatuto social da Federação Brasileira de Bancos, 5 abr. 2023.

A Febraban ocupa uma posição central no sistema financeiro do Brasil, atuando como principal entidade representativa dos bancos no território nacional. Ela foi criada para fortalecer o setor bancário e incentivar seu crescimento sustentável. Sua missão é representar os bancos em discussões regulatórias, coordenar e influenciar uma ampla rede de influência que se estende desde a Esplanada dos Ministérios até o Banco Central e outras autarquias do sistema financeiro, como a Comissão de Valores Mobiliários (CVM), a Superintendência de Seguros Privados (Susep) e a Superintendência Nacional de Previdência Complementar (Previc).

Nesse cenário, a influência da Febraban nas decisões das políticas econômicas poderia ser canalizada para promover uma agenda que priorizasse o crescimento econômico aliado à justiça social. Isso incluiria a implementação de programas para estimular o crédito direcionado a projetos com impactos sociais positivos, como habitação acessível e investimentos em infraestrutura sustentável, entre outros.

Dessa forma, a Febraban não se limitaria a proteger os interesses dos bancos, mas também a atender às necessidades mais amplas da sociedade brasileira, buscando uma distribuição mais justa da riqueza gerada pelo setor financeiro, contribuindo de forma significativa para o desenvolvimento socioeconômico do país.

Considerando o papel da Febraban e sua capacidade de influência, é pertinente analisar como as práticas bancárias afetam a distribuição de riqueza e o acesso ao crédito de maneira mais crítica. As instituições financeiras têm um papel relevante na determinação de quem tem ou não acesso ao crédito, aumentando as diferenças financeiras, sobretudo quando os critérios para a concessão de crédito são rígidos ou as taxas de juros são proibitivas para os grupos menos favorecidos da população.

Além disso, a Federação poderia liderar iniciativas para a educação financeira que preparassem melhor os cidadãos para gerir suas finanças e entender os produtos bancários disponíveis, reduzindo assim a vulnerabilidade financeira. Isso não só fortaleceria o setor bancário em sua totalidade, mas também alinharia suas práticas para desenvolvimento sustentável e inclusão social – elementos vitais em qualquer sociedade que busca prosperidade coletiva.

A necessidade de práticas bancárias mais inclusivas e equitativas, conforme discutido, aponta para a importância de uma regulação mais robusta e adaptativa no setor bancário brasileiro. A Febraban, estando no centro das interações entre os bancos e o governo, tem um papel crucial nesse processo. Os desafios regulatórios que o setor enfrenta exigem uma abordagem que não apenas responda às dinâmicas de mercado atuais, mas que também antecipe tendências econômicas e tecnológicas.

Uma regulamentação eficaz deveria focar a garantia de que o acesso ao crédito seja ampliado, evitando a criação de bolhas de crédito que levem a crises financeiras. Além disso, é fundamental que se estabeleçam normas claras para a proteção de dados dos consumidores e para a segurança cibernética, considerando especialmente o crescimento da digitalização bancária.

Após explorar as complexidades e os desafios do setor bancário brasileiro, voltemos nossa atenção às Frentes Parlamentares no Congresso Nacional, explorando como essas coalizões influenciam a legislação e as políticas públicas no Brasil.

FRENTES PARLAMENTARES

As Frentes Parlamentares são associações de parlamentares de vários partidos para debater sobre determinado tema de interesse da sociedade. Elas podem ser compostas apenas por deputados ou ser mistas, formadas por deputados e senadores.[7]

---

7 Câmara dos Deputados, "Frentes e grupos parlamentares", *Portal da Câmara dos Deputados*, [s.d.].

Criadas segundo o Ato da Mesa nº 69 de 2005, que instituiu o registro de Frentes Parlamentares na Câmara dos Deputados, definindo-as como "associações suprapartidárias de pelo menos um terço de membros do Poder Legislativo Federal, destinadas a promover o aprimoramento da legislação federal sobre determinado setor da sociedade".[8] Esse registro é formalizado mediante a apresentação de uma ata de fundação e constituição, um estatuto da Frente e a indicação de um representante responsável.

Complementando, o Ato permite às Frentes Parlamentares o uso de espaço físico na Câmara para reuniões, desde que não interfiram no andamento dos trabalhos legislativos nem impliquem custos adicionais significativos. Segundo o documento, "as atividades das Frentes Parlamentares serão amplamente divulgadas pela TV Câmara, Rádio Câmara e na página da Câmara dos Deputados na Internet".[9] Essa medida visa incentivar a participação dessas Frentes no processo legislativo, promovendo transparência e engajamento público.

Com a criação e regulamentação das Frentes Parlamentares, diversas associações se estabeleceram para influenciar e aprimorar aspectos específicos da legislação brasileira. Essas Frentes variam em foco e abrangência, refletindo as prioridades e preocupações de diferentes segmentos da sociedade e dos próprios membros do Congresso. Algumas das Frentes mais influentes concentram-se em temas como educação, saúde, segurança pública e desenvolvimento econômico, cada uma com agendas definidas que buscam promover reformas e políticas específicas para responder às necessidades de seus respectivos setores.

O impacto dessas Frentes no processo legislativo é notável, pois as Frentes bem-organizadas conseguem mobilizar apoio para suas causas através da articulação entre parlamentares de diferentes partidos e da interação com o público – e, principalmente, com organizações da

---

8 Câmara dos Deputados, "Ato da Mesa nº 69, de 10/11/2005", *Portal da Câmara dos Deputados*, [s.d.].
9 *Ibidem*.

sociedade civil (sindicatos, federações, associações, ONGs, Oscips). Ao entender os objetivos de cada uma das principais Frentes Parlamentares, é possível analisar como elas moldam a legislação e contribuem para o debate e a formulação de políticas públicas no Brasil.

As Frentes Parlamentares desempenham um papel importante na modelagem de legislações e políticas públicas no Brasil, utilizando-se da estrutura política fornecida pelo Regimento Interno da Câmara dos Deputados para exercer influência significativa no processo legislativo. Essas Frentes, ao reunirem parlamentares com interesses comuns em tópicos específicos, conseguem articular e promover agendas legislativas que refletem seus objetivos e valores.

Além disso, as Frentes Parlamentares têm sido fundamentais na introdução de legislações que abordam questões emergentes – como as relacionadas ao meio ambiente e à tecnologia –, demonstrando como podem adaptar rapidamente o foco legislativo às demandas contemporâneas da sociedade. Essa capacidade de influenciar políticas públicas destaca a importância das Frentes como mecanismo de representação de interesses variados no complexo sistema político brasileiro.

Apesar da influência positiva que as Frentes Parlamentares podem exercer no processo legislativo e político, existem críticas significativas relacionadas à sua operação e efetividade quando utilizadas de maneira isolada e sem uma estratégia de relações institucionais e governamentais. Uma questão central é a proliferação dessas Frentes, com mais de 250 registradas hoje – o que, paradoxalmente, pode diluir sua eficácia. A realidade é que menos de 5% das Frentes continuam ativas após sua criação, evidenciando uma falta de continuidade e estratégia sustentável em suas atividades. Esse fenômeno sugere que muitas são criadas não com o intuito de promover mudanças legislativas profundas, mas como ferramentas de marketing institucional, político e setorial, destinadas a ganhar visibilidade no curto prazo em temas populares, porém sem um compromisso de se construir ou melhorar algo no médio e longo prazo.

Essa dinâmica resulta em uma fragmentação de esforços e recursos, comprometendo a capacidade das frentes de desempenhar um papel relevante e contínuo no processo de interação política. A crítica se acentua quando consideramos que a criação de frentes sem uma base estratégica sólida não apenas desvia o foco de questões urgentes e necessárias, mas também contribui para uma percepção de ineficiência e descompromisso no seio do Poder Legislativo. Esses desafios destacam a necessidade de reformas nos normativos de formação e operação das Frentes Parlamentares, visando garantir que elas cumpram seu papel como verdadeiros instrumentos de ação política e legislativa.

Nesta legislatura (57ª), as frentes mais atuantes até aqui são:

- Frente Parlamentar da Agropecuária (FPA). Coordenador: Deputado Pedro Lupion;
- Frente Parlamentar Mista da Educação. Coordenadora: Deputada Tabata Amaral;
- Frente Parlamentar da Segurança Pública. Coordenador: Deputado Alberto Fraga;
- Frente Parlamentar em Defesa da Vacina (FPDV). Coordenador: Deputado Dorinaldo Malafaia;
- Frente Parlamentar em Defesa do Comércio e Serviços (FCS). Coordenador: Deputado Domingos Sávio;
- Frente Parlamentar Mista da Economia Verde. Coordenador: Deputado Arnaldo Jardim;
- Frente Parlamentar Mista em Defesa do Comércio Internacional e do Investimento (Frencomex). Coordenador: Deputado Da Vitória;
- Frente Parlamentar Mista em Defesa do Turismo (Frentur). Coordenador: Deputado Felipe Carreras;
- Frente Parlamentar Mista do Empreendedorismo (FPE). Coordenador: Deputado Joaquim Passarinho;
- Frente Parlamentar Evangélica do Congresso Nacional. Coordenador: Deputado Eli Borges.

As Frentes Parlamentares mais influentes se distinguem por diversas características que amplificam sua eficácia e seu impacto no processo legislativo. Entre essas características, está o apoio robusto e o compromisso de um grupo diversificado de atores sociais em torno de um tema específico. Além disso, uma agenda propositiva e proativa garante que essas Frentes não se limitem a responder às circunstâncias, mas também assumam a liderança em impulsionar iniciativas e reformas significativas nas áreas em que atuam. Essa abordagem é, muitas vezes, guiada por uma coordenação que tem relação estreita e um compromisso genuíno com o tema central da Frente. Essa liderança informada e dedicada é fundamental para manter o foco e a relevância da frente ao longo do tempo.

Além disso, as Frentes Parlamentares mais influentes contam com uma equipe própria, incluindo profissionais de imprensa, comunicação, assessoria legislativa e jurídica. Essa estrutura especializada oferece suporte essencial aos parlamentares membros da Frente, permitindo que eles mantenham uma interação diária e eficaz com o setor relacionado, a imprensa e os círculos políticos e governamentais. A disponibilidade de recursos e competência técnica, além de elevar o nível das discussões e propostas elaboradas pela Frente, fortalece sua posição nas negociações e debates, garantindo que suas iniciativas tenham maior probabilidade de sucesso e adesão dentro e fora do Congresso Nacional.

A proliferação até aqui descontrolada de Frentes Parlamentares e a frequentemente questionada eficiência de suas lideranças sugerem uma necessidade urgente de reforma para melhorar a transparência e a eficácia desses importantes instrumentos de participação e organização política e social. A fragmentação em um número excessivo de Frentes, muitas das quais carecem de organização e articulação efetiva de seus líderes, dilui a potencialidade de impacto legislativo que poderiam ter. Isso resulta em uma dispersão de esforços que raramente alcança os objetivos propostos, evidenciando a falta de uma estratégia clara e de compromissos de longo prazo.

Além disso, a questão do compliance torna-se crítica, sobretudo com a prática cada vez mais comum de financiar as atividades das Frentes por meio de institutos sem fins lucrativos. Esses institutos são utilizados para levantar fundos que custeiam os profissionais à disposição dos trabalhos das Frentes, mas essa modalidade de financiamento levanta preocupações sobre a transparência e a prestação de contas. Há uma necessidade evidente de implementar normas mais rigorosas, que garantam a integridade financeira, operacional e política das Frentes Parlamentares – assegurando que suas atividades sejam conduzidas de maneira transparente e alinhada com os princípios éticos e legais.

A dicotomia entre o lobby patronal e o laboral no Brasil é marcante, e se reflete de modo profundo nas dinâmicas de poder e na eficácia da representação de interesses. Enquanto o lobby patronal se apresenta como altamente organizado, financiado e profissionalizado, o lobby laboral enfrenta desafios significativos. Conforme tratamos, essa realidade foi exacerbada após a reforma trabalhista e o fim da obrigatoriedade do imposto sindical, enfraquecendo ainda mais a capacidade de ação e influência dos grupos laborais.

Nesse contexto, a democracia participativa surge como um farol, lembrando a todos sobre a importância da atuação ativa e informada da sociedade em seus pleitos e prioridades. Para que as políticas públicas reflitam verdadeiramente as necessidades e aspirações dos cidadãos, é crucial que sindicatos, associações, confederações e demais grupos organizados atuem de maneira profissional, ética e legal. A transformação da representação laboral em uma força mais estratégica e menos vulnerável a influências político-partidárias é essencial para garantir que seus interesses sejam defendidos e promovidos de maneira adequada.

Portanto, o desafio que se impõe é construir um novo paradigma para o lobby laboral, em que o investimento em capacitação, profissionalização e ética se torne um imperativo. A longo prazo, isso não apenas fortalecerá a voz dos trabalhadores nas esferas de decisão, mas também contribuirá para uma sociedade mais equilibrada e justa, na qual todas as partes interessadas tenham a oportunidade de influenciar efetivamente a construção de políticas públicas. Assim, poderemos caminhar em direção a um futuro em que a democracia participativa seja não apenas um ideal, mas uma prática viva e transformadora.

PARTE III

A concentração do poder econômico

Capítulo 8
Debate público em economia: tribos ideológicas e o jornalismo econômico

A primeira camada para se compreender a reprodução e concentração do poder econômico é a mais periférica – no sentido de superficial – e que chega mais diretamente às pessoas no cotidiano: o discurso econômico.

Começamos pela comunicação das ideias, pois são o elo que conecta as dimensões política e midiática às estruturas mais profundas que preservam as hierarquias sociais e econômicas.

Se é verdade que a sociedade constrange e influencia as ações de cada pessoa, a recíproca também é verdadeira, ainda que mais indireta e menos visível. Por isso, a maneira como as pessoas interpretam sua realidade afeta a forma como decidem agir no mundo. Quando uma fatia majoritária da população passa a se comportar de modo similar, a realidade social – e até ambiental – tende a se transformar.

A difusão da sociedade urbano-industrial – a partir do século XVIII, na Inglaterra – culminou na emergência climática que vivemos. Até bem pouco tempo atrás, economistas acreditavam que a natureza daria conta de ofertar recursos de forma ilimitada, à medida que a química e a tecnologia fossem desbravando novos compostos e novas fontes de energia.

Esse tecno-otimismo ignorava os efeitos ambientais da ação humana, exaurindo a capacidade de carga do planeta em processar a montanha crescente de resíduos da atividade industrial sem afetar os reguladores naturais do planeta, como radiação solar, temperatura, nível dos oceanos e regimes de chuvas.

A percepção da insignificância ambiental da ação humana se tornou uma convenção, um sistema de crença e de valores que norteou o desenvolvimento produtivo, tecnológico e militar por mais de dois séculos. Os primeiros alertas quanto à inviabilidade do modelo de crescimento econômico ilimitado começaram a aparecer nos anos 1970 e foram, obviamente, ignorados como mero alarmismo de ambientalistas ressentidos. As evidências se chocaram com a convenção epistêmica da época: o estado do conhecimento científico não atribuía às evidências uma natureza conclusiva a ponto de justificar uma mudança de rota. Quando as evidências se tornaram convincentes à maioria da comunidade científica, o processo real de destruição do meio ambiente já havia atingido embalo e escala suficientes para se tornar irreversível.

O mesmo processo ocorre em outras áreas da política e da sociedade. Por isso, compreender os debates é fundamental para desvendar os interesses que disputam a atenção e o apoio das pessoas. A busca de maiorias numéricas visa formar hegemonias de pensamento que abafem ou silenciem ideias opositoras. Ideias são perigosos artefatos. Como vírus e bactérias, elas podem contagiar a mente das pessoas e mudar os agrupamentos que dão força material (discursiva, institucional e de repressão física) aos interesses em disputa.

No campo econômico, as disputas discursivas ocorrem em um terreno de linguagem cifrada e inacessível ao grande público. Às vezes, ideias simples ganham apetrechos tão densos que confundem tanto leigos quanto iniciados, como na extensa formalização matemática de teorias econômicas; em outras vezes, processos complexos e impermanentes são reduzidos a caricaturas simplórias que, ao ocultarem alternativas e ambiguidades, têm a força catequizante de uma religião de sacerdotes eloquentes, convictos e austeros.

Menos conhecido é o fato de que correntes de pensamento que se definem como neutras ou técnicas – ou seja, desprovidas de valores subjetivos – têm relação direta ou indireta com interesses ou forças econômicas. O que Marx e Engels chamaram de ideologia é a caracterização invertida da realidade, em que as ideias parecem determinar o mundo material de um lugar elevado e imune às vontades e desejos da humanidade, como a lei da gravidade ou da termodinâmica.

Dessa perspectiva, o fato de tais ideias beneficiarem algum grupo específico seria mero fruto da lógica e do raciocínio. Com efeito, a validação "científica" justifica, normaliza e até naturaliza a superioridade material e social de certos estratos da sociedade. As questões monetárias são terreno fértil onde a ideologia deita e rola.

Por exemplo, a política monetária que carrega o termo "política" – isto é, fruto da escolha entre variadas valorações, metas e ferramentas – ganhou ares de uma técnica hermética, decifrável apenas pelos escolásticos credenciados da seita. Não à toa, é costumeiro chamar alguns livros basilares de teoria monetária de "bíblia dos bancos centrais", como é o caso do livro *Interest and Prices* [Juros e preços], de Michael Woodford, publicado em 2003.[1]

Alocar a atuação dos bancos centrais ao terreno (puro) da técnica implica separá-lo da (impura) política, que é o espaço das paixões e irracionalidades. Logo, a racionalidade de um banqueiro central assume uma blindagem quase natural à crítica, por supostamente emanar de uma lógica superior e irrecorrível. O efeito é que a elevação da taxa de juros – que asfixia os investimentos e compromete o orçamento do Estado com serviço de juros da dívida pública – é visto não como uma escolha política, mas como uma decisão técnica, necessária, neutra e inquestionável, ao menos por quem já abandonou o paganismo teórico e aceitou receber a Boa-Nova Monetarista.

A intensidade do contra-ataque à crítica a uma determinada política parece ter relação direta com a importância do interesse oculto

---

1 Michael Woodford, *Interest and Prices*, 2003.

defendido. A ameaça de sanções à reputação profissional e à visibilidade dos críticos no debate público é uma das formas pelas quais a ideologia censura visões concorrentes.

Marx e Engels desenvolveram, portanto, um método para identificar e corrigir as inversões analíticas da ideologia. Ao revelar as estruturas de poder hegemônico que se camuflam de saber técnico, é possível informar e mobilizar movimentos de mudança social que busquem alinhar as políticas públicas aos interesses coletivos, em vez daqueles de grupos específicos.

Para Marx, Engels e toda a gama de pensadores que criaram o campo do saber econômico, os processos econômicos eram indissociáveis das decisões políticas e, portanto, deveriam sempre ser analisados à luz dos interesses de grupos beneficiados e daqueles preteridos. A economia política original, nos séculos XVIII e XIX, reconhecia a atuação das classes sociais na formatação das políticas econômicas. Ao fazê-lo, abdicava de perseguir um saber universal – como a física de Isaac Newton –, carregando suas análises com especificidades históricas e institucionais de cada país.

Este capítulo retrata os marcos do debate econômico no Brasil, identificando os argumentos usados pela ideologia – também chamada de ortodoxia – e as contestações heterodoxas a ela.

CONFLITO DE ESCOLAS DE PENSAMENTO E A HEGEMONIA NEOLIBERAL

No Brasil, o debate econômico público é marcado por uma diversidade de correntes de pensamento que refletem diferentes abordagens e visões sobre como a economia deve ser gerida e desenvolvida.

Uma caracterização detalhada das escolas de pensamento fugiria demais do eixo central deste livro. Para retratar de forma simplificada a dinâmica do debate econômico, podemos agrupar os lados em disputa da seguinte maneira: liberais e ortodoxos, de um lado; desenvolvimentistas (e/ou keynesianos) e heterodoxos, de outro.[2]

Os economistas ortodoxos, geralmente dotados de uma visão liberal de economia, defendem princípios como a livre concorrência, a não intervenção do Estado na economia e a importância da estabilidade macroeconômica, aqui entendida como equilíbrio fiscal e inflação baixa. Para esses economistas, o mercado é capaz de regular com eficácia a alocação de recursos na sociedade por meio do sistema de preços, de forma que a intervenção estatal deve se limitar a garantir a segurança jurídica e a estabilidade monetária. Hoje, essa corrente já aceita que políticas compensatórias – como Bolsa Família e seguro-desemprego, dentre outras – podem ser aplicadas em caso de resultados sociais indesejados, como pobreza, insegurança alimentar ou invalidez laboral.

As políticas sociais devem adotar o princípio da atenção a grupos prioritários, de forma a economizar recursos públicos. No caso de políticas de alívio da pobreza, defende-se identificar o grupo em que o benefício causa o maior impacto em termos de mudança (ou relação custo-efetividade); assim, as famílias em condições próximas à da extrema pobreza devem ter prioridade frente àquelas que se encontram em situação de pobreza. Mesmo no caso de políticas universais, como a educacional, deve-se ter em vista os níveis infantil, fundamental e médio em detrimento do universitário.

No Brasil, os defensores da ortodoxia econômica frequentemente advogam políticas de austeridade fiscal e controle da inflação por meio de metas de inflação e da independência do Banco Central.

---

[2] A heterodoxia não está necessariamente ligada a uma visão nacionalista ou que defenda a atuação do Estado no desenvolvimento da economia. Um exemplo é a escola austríaca de economia de Ludwig von Mises e Friedrich von Hayek. Apesar de ser heterodoxa na crítica à corrente central de economia, a economia neoclássica, pelo uso de ferramental matemático e estatístico para lidar com um fenômeno complexo e evolucionário, a escola austríaca se alia a uma visão liberal radical de economia, também conhecida como libertarianismo. Na mesma linha, há vertentes da escola keynesiana que não são necessariamente desenvolvimentistas ou nacionalistas, apesar de defenderem o pleno emprego e a distribuição de renda e de riqueza.

Eles acreditam que a redução do tamanho do Estado é fundamental para estimular o crescimento econômico e a eficiência do mercado, e que isso ocorreria mediante corte da carga tributária e dos gastos sociais – incluindo desvinculações de pisos constitucionais como os da saúde, educação e previdência social –, privatização de empresas estatais, desregulamentação dos mercados e abertura econômica. Em resumo, defendem o fomento de um ambiente de negócios que permita ao setor privado investir e gerar empregos nos setores mais rentáveis e produtivos da economia, em resposta aos sinais de preço vindos do mercado internacional.

Por outro lado, as correntes heterodoxas – que incluem os keynesianos e desenvolvimentistas – apresentam uma visão crítica em relação ao liberalismo econômico e defendem a intervenção do Estado como forma de corrigir falhas de mercado e de promover o desenvolvimento econômico e social.

Os economistas keynesianos baseiam-se nas teorias de John Maynard Keynes, que enfatizam a importância do papel do Estado na regulação da demanda agregada e na promoção do pleno emprego. No contexto brasileiro, os keynesianos costumam defender políticas expansionistas, como o aumento dos gastos públicos em momentos de crise e a adoção de políticas de estímulo à demanda.

Já os economistas desenvolvimentistas concentram suas análises na busca pelo desenvolvimento econômico sustentável e na redução das desigualdades sociais. Eles defendem a adoção de políticas de desenvolvimento produtivo – como o fomento à atividade industrial e à inovação –, investimentos em infraestrutura pública (física e social) e incentivos à inovação e à produção nacional como forma de impulsionar o crescimento econômico e a competitividade do país.

No contexto brasileiro, as correntes heterodoxas têm sido, com frequência, associadas a propostas de políticas públicas estruturantes e orientadoras da iniciativa privada, como a defesa de um papel ativo do Estado na promoção do desenvolvimento, a adoção de políticas de proteção da indústria nacional e a valorização do mercado interno como motor do crescimento econômico.

A visão heterodoxa rejeita as propostas de independência do Banco Central e de austeridade fiscal como princípios norteadores das políticas econômicas. Ao contrário, defende que as políticas econômicas (fiscais, monetárias, creditícias e cambiais) guardem harmonia entre si e busquem se adaptar aos diferentes cenários externos, de forma a aproveitar janelas de oportunidade de desenvolvimento para o país.

Um exemplo dessa abordagem desenvolvimentista vem dos Estados Unidos. O governo de Joe Biden assumiu, em 2021, com uma plataforma voltada para conquistar liderança tecnológica em setores estratégicos da nova economia verde, como semicondutores, veículos elétricos, painéis solares, baterias elétricas etc. Os trilionários gastos sociais e investimentos públicos do governo dos Estados Unidos estimularam a economia e demandaram de seu Federal Reserve (FED) [equivalente ao nosso Banco Central] alguma leniência – e certo atraso – com as pressões inflacionárias resultantes da elevação de preços de insumos importados (como petróleo, gás natural e alimentos) ou de gargalos logísticos que encareceram os produtos importados.

O efeito dessa combinação foi permitir a viabilização dos pesados investimentos (públicos e privados) em pesquisa e desenvolvimento nas novas áreas tecnológicas, de forma a fazer frente ao domínio chinês nesses mercados. Tal resultado teria sido impedido por uma elevação imediata – mais intensiva e extensiva – da taxa de juros por parte do FED.

Assim, o debate entre as correntes ortodoxas e heterodoxas no Brasil reflete não apenas diferenças teóricas, mas também divergências ideológicas e políticas sobre o papel do Estado na economia e sobre as estratégias mais adequadas para promover o desenvolvimento econômico e social do país.

Em um cenário de constantes desafios econômicos e sociais, é fundamental que o debate público sobre as políticas econômicas no Brasil seja enriquecido pela diversidade de ideias e perspectivas, buscando sempre o adequado alinhamento da iniciativa privada à promoção do bem-estar social. Infelizmente, essa não é a realidade observada na imprensa – onde há hegemonia da corrente liberal na formação da opinião pública.

Exploraremos, a seguir, a relação entre o poder econômico e o viés liberal da imprensa corporativa no Brasil – destacando a influência dos grupos financeiros nos veículos de imprensa e analisando o modo como esse viés pode reduzir a variedade de opiniões e afetar a formação de coalizões políticas ao longo do tempo. Para isso, vamos retomar algumas abordagens feitas na parte 1, com a diferença de que, a partir daqui, observaremos com mais atenção a análise do discurso econômico e seus problemas de avaliação.

PODER ECONÔMICO E A IMPRENSA ESPECIALIZADA EM ECONOMIA E NEGÓCIOS

A imprensa desempenha um papel crucial na formação da opinião pública e na construção do debate político em qualquer sociedade democrática. No Brasil, a relação entre o poder econômico e o viés liberal da imprensa corporativa é um tema de grande relevância, em especial quando se considera a influência dos grupos financeiros nos veículos de comunicação – e o impacto disso na diversidade de opiniões e na formação de coalizões políticas.

Como já vimos na parte 1, no Brasil, a mídia é concentrada nas mãos de poucos conglomerados empresariais. Grupos como Globo, Folha, Estadão e Abril dominam grande parte do mercado de comunicação, controlando jornais, revistas, emissoras de televisão e rádio, além de portais de notícias na internet. Essa concentração de mídia resulta em um poder significativo para moldar narrativas e influenciar a opinião pública.

A imprensa corporativa brasileira, em sua maioria, adota um viés liberal em suas abordagens econômicas e políticas – o que pode ser observado por meio dos editoriais dos jornais, os quais expressam a opinião da direção do veículo. Esse viés é caracterizado pela defesa de políticas de livre mercado, austeridade fiscal, privatizações e redução do papel do Estado na economia. A preferência por essas políticas reflete os interesses dos grupos financeiros e empresariais que possuem e financiam esses veículos de comunicação.

Os grupos financeiros têm uma influência considerável sobre a imprensa corporativa no Brasil, que se manifesta de várias formas, incluindo a propriedade direta de veículos de comunicação, a publicidade e o patrocínio de conteúdos. Bancos, grandes empresas e investidores utilizam, com frequência, sua posição econômica para garantir que suas perspectivas e interesses sejam representados na mídia.

A dependência dos veículos de comunicação em relação à publicidade, por exemplo, pode levar a uma cobertura mais favorável das empresas anunciantes e de suas agendas políticas. Além disso, a propriedade cruzada – casos em que conglomerados empresariais possuem tanto empresas de mídia quanto outras indústrias – pode resultar em conflitos de interesse que afetam a imparcialidade da cobertura jornalística.

A concentração da mídia e a influência dos grupos financeiros contribuem para uma redução na variedade de opiniões apresentadas ao público. Quando a maioria dos veículos de comunicação adota uma perspectiva liberal, outras visões econômicas e políticas, como as correntes heterodoxas (keynesianas e desenvolvimentistas), recebem menos espaço e visibilidade.

Essa homogeneidade de opiniões pode limitar o debate público e a capacidade dos cidadãos de acessar uma gama diversificada de informações e perspectivas. A falta de pluralidade na mídia pode levar a uma visão distorcida da realidade – com certas políticas e ideias sendo apresentadas como consensuais ou inevitáveis, enquanto alternativas são marginalizadas ou ignoradas.

O fomento a uma única corrente de pensamento gera um viés conservador na formação de coalizões políticas ao longo do tempo. A mídia tem o poder de moldar a agenda política, evidenciando certos temas e agendas e ignorando ou deslegitimando outros. Isso pode influenciar a percepção pública sobre quais políticas são prioritárias e/ou executáveis, e sobre quais lideranças são consideradas sérias, benignas e eleitoralmente viáveis.

Candidatos e partidos que defendem políticas econômicas heterodoxas, ou que propõem uma maior intervenção do Estado na economia, por exemplo, podem enfrentar uma cobertura desfavorável ou ser retratados como radicais ou irresponsáveis. Isso é capaz de dificultar a formação de coalizões políticas que desafiem o *status quo* e proponham alternativas às políticas liberais.

Além disso, a mídia pode influenciar a formação de coalizões políticas ao promover certos líderes e partidos que se alinham com seus interesses econômicos. A cobertura positiva e a visibilidade na mídia podem aumentar a popularidade e a legitimidade desses líderes, facilitando a construção de alianças políticas que sustentem suas agendas.

A relação entre poder econômico e o viés liberal da imprensa corporativa no Brasil é um fenômeno complexo, que tem implicações significativas para a democracia e o debate público. A concentração dos meios de comunicação e a influência dos grupos financeiros resultam em uma cobertura jornalística que tende a favorecer políticas liberais e a reduzir a diversidade de opiniões.

Conforme exposto, essa dinâmica não apenas limita o acesso do público a uma gama diversa de perspectivas, mas também influencia a formação de coalizões políticas, favorecendo aqueles que se alinham com os interesses econômicos dominantes. Para fortalecer a democracia e promover um debate público mais plural e inclusivo, é essencial buscar formas de diversificar a propriedade da mídia, garantir a independência editorial e promover a pluralidade de vozes e opiniões na esfera pública.

CORRUPÇÃO E INEFICIÊNCIA DO ESTADO E DO SETOR PRIVADO

Sabemos que a corrupção é um fenômeno que afeta tanto o setor público quanto o privado, causando danos significativos à economia e à sociedade. Contudo, observa-se na imprensa uma indignação seletiva, típica da visão liberal, com a corrupção estatal – tratada como traço generalizado do setor público. E a análise delicada e nuançada da corrupção privada, em geral atribuída à imoralidade de indivíduos (jamais do setor privado como um todo), é amenizada com eufemismos como "inconsistência contábil" ou "práticas financeiras irregulares".

Ideólogos liberais costumam destacar a corrupção estatal como um dos principais obstáculos ao desenvolvimento econômico e à eficiência do mercado. Exemplos de corrupção no setor público incluem subornos, desvio de fundos públicos, fraudes em licitações. A corrupção nesse setor é vista como um desvio de recursos que deveriam ser utilizados para o bem comum – como gastos em saúde e educação –, resultando em ineficiência, desperdício e perda de confiança nas instituições governamentais.

Apesar de razoável – do ponto de vista filosófico –, uma análise mais cuidadosa desconfia desse tipo de argumento. Afinal, aqueles que defendem que recursos desviados deveriam financiar investimentos em saúde e educação são os mesmos que bradam contra as vinculações dos pisos constitucionais da saúde e da educação como se esses fossem algozes da responsabilidade fiscal.

A centralidade do gasto em saúde e em educação serve, nesse caso, apenas como álibi da ineficiência estatal. Fosse, em vez disso, um princípio das finanças públicas, a crítica ao ensino público ou ao sistema universal de saúde teria de ir além de "gastamos demais e temos pouca qualidade de serviços", e a solução aventada não seria a privatização das escolas públicas – como ora se vê em estados brasileiros como São Paulo, Minas Gerais e Paraná, governados por partidos de viés liberal.

A indignação com a corrupção estatal é justificada, mas precisa ser acompanhada de uma preocupação equivalente com a corrupção no setor privado, que pode ser igualmente ou mais prejudicial.

Fraudes corporativas, manipulação de mercado e práticas contábeis enganosas podem ter consequências devastadoras para a economia e a sociedade. Dois exemplos notáveis são a crise financeira de 2008, nos Estados Unidos, e o escândalo contábil nas Lojas Americanas, no Brasil.

Em seu livro *Double Entry*[3] [Partidas dobradas], Jane Gleeson-White conta como o método veneziano de gestão comercial – codificado em 1494 pelo frade florentino Luca Pacioli – permitiu a liberação das forças produtivas do capitalismo, mas também alavancou as fraudes, mantendo-as escondidas nos balanços das empresas. A criação da sociedade limitada no século XIX viria, mais tarde, a dificultar a responsabilização por danos causados por tais manipulações.

Por esse motivo, é difícil dissociar o avanço do capitalismo da corrupção corporativa. Adam Smith já desconfiava, em 1776, da tendência das sociedades anônimas em separar propriedade e gestão. No celebrado livro *A riqueza das nações*, Smith destacava os custos de agência desse arranjo, concluindo que "negligência e profusão, portanto, devem sempre prevalecer, mais ou menos, na gestão dos negócios de tal empresa",[4] e que esses custos cresceriam em linha com a expansão do poder de mercado dessas empresas.

A governança corporativa se desenvolveu ao longo do tempo para mitigar tais custos, por meio de maior transparência e da definição de incentivos que alinhem os interesses de gestores e acionistas. Como qualquer instituição humana, a governança corporativa está sujeita às limitações de desenho e à manipulação oportunista.

Estudo recente sugeriu que, apesar de disseminadas, ficamos sabendo de apenas um terço das fraudes corporativas: cerca de 40% das

---

3 Jane Gleeson-White, *Double Entry*, 2013.
4 Adam Smith, *A riqueza das nações*, livro IV, capítulo 1, parte III, "Dos gastos públicos e instituições públicas", 2017.

empresas cometem violações contábeis, destruindo 1,6% de seu valor de mercado a cada ano (830 bilhões de dólares em 2021).[5] A base do estudo é de empresas com capital aberto nos Estados Unidos, onde há maior transparência e controle por parte do mercado e do governo. Imagine como deve ser aqui no Brasil, em que a Comissão de Valores Mobiliários teve seu orçamento reduzido, em 2022, ao menor patamar em 13 anos.[6]

Corporações não existem no vácuo político e social – suas ações afetam a esfera pública (chamamos de externalidades), e, portanto, precisam de regulação por parte dos governos, dado que o mecanismo privado de auditoria é não apenas falho como facilmente capturado por conluios lucrativos com as empresas sob análise. Como exemplo, há o famigerado escândalo da Enron, que sepultou sua empresa de auditoria Arthur Andersen – a qual fez vista grossa para o histórico de fraudes financeiras e contábeis.

Associada erroneamente a "dinheiro privado", a corrupção privada raramente catalisa a fúria do público e da imprensa como quando ela ocorre na esfera do Estado. Em seu livro *A economia das fraudes inocentes*,[7] J.K. Galbraith definiu a fraude inocente (legal ou ilícita) como aquela em que o dano causado não gera qualquer sentimento de culpa ou de responsabilidade.

A FRAUDE SISTÊMICA DO *SUBPRIME* (2008)

A crise financeira de 2008 foi um dos eventos econômicos mais significativos do século XXI, resultando em uma duradoura recessão global

---

[5] Alexander Dyck, Adair Morse e Luigi Zingales, "How Pervasive Is Corporate Fraud?", 2023.
[6] Guilherme Pimenta e Daniel Weterman, "Orçamento da CVM é o menor em 13 anos e órgão pode paralisar atividades de supervisão", *Estadão*, 20 jan. 2022.
[7] John Kennet Galbraith, *A economia das fraudes inocentes*, 2004.

e na perda de trilhões de dólares em riqueza. A crise foi precipitada por práticas financeiras irresponsáveis e fraudulentas no setor privado, particularmente no mercado de hipotecas *subprime*.

Bancos e instituições financeiras concederam empréstimos hipotecários de alto risco a mutuários que não tinham condições de pagá-los. Esses empréstimos foram então empacotados em títulos complexos e vendidos a investidores em todo o mundo. A falta de transparência e a manipulação dos critérios de análise de risco de crédito contribuíram para a bolha imobiliária e seu subsequente colapso.

Quando a bolha estourou, muitas dessas hipotecas se tornaram inadimplentes, levando à falência de grandes instituições financeiras e à necessidade de resgates governamentais maciços. A crise expôs a corrupção e a ganância no setor financeiro, mas a resposta dos economistas liberais foi, em geral, focada na necessidade de reformas regulatórias, em vez de em uma condenação moral equivalente àquela dirigida à corrupção estatal.

A FRAUDE FINANCEIRA DAS LOJAS AMERICANAS (2023)

No Brasil, o escândalo contábil nas Lojas Americanas, em 2023, revelou práticas fraudulentas que inflaram os resultados financeiros da empresa por anos. A descoberta de um rombo contábil de bilhões de reais abalou a confiança dos investidores e resultou em uma queda drástica no valor das ações da empresa.

As Lojas Americanas, uma das maiores redes de varejo do Brasil, foi acusada de manipular seus balanços financeiros para esconder dívidas e apresentar uma imagem financeira mais saudável do que a realidade. Esse tipo de fraude contábil não apenas prejudica os acionistas, mas também distorce a concorrência no mercado e pode levar a perdas significativas de empregos e renda ao longo de uma vasta cadeia de fornecedores dependentes de gigantes do varejo – o que se aplica ao caso citado.

Apesar da gravidade do escândalo, a reação da imprensa e dos economistas de viés liberal foi relativamente moderada em comparação com a indignação frequentemente dirigida à corrupção estatal, como no caso da operação Lava Jato.

O escândalo das Lojas Americanas não resultou de mera "inconsistência contábil", mas da maior fraude financeira já registrada em uma economia com capital aberto no Brasil.[8] As somas são impressionantes. O esqueleto financeiro exumado já soma dezenas de bilhões de reais. É mais um episódio de manipulação da técnica das partidas dobradas (vulgo contabilidade).

No caso das Americanas, havia fortes indícios de omissão motivada por parte das auditorias PWC e KPMG e dos bancos envolvidos. O esquema furtou milhões de seus acionistas e credores e foi agraciado, ainda, com a isenção de imposto de renda sobre dividendos, enquanto se desfazia de sua participação acionária da empresa insolvente. O efeito vai além: a desarticulação da cadeia de fornecedores produziu desemprego, congelou o mercado de crédito privado e reduziu a arrecadação tributária.

Quando vícios privados se tornam custos socializados de forma reincidente, a sociedade não deveria proteger os contraventores. A fortuna amealhada de forma ilícita não pode ser vista como competência e, por certo, não deveria influenciar os rumos da educação e da energia elétrica do nosso país, como gostaria Jorge Paulo Lehmann. O acúmulo desmedido de riqueza é uma ameaça aos mercados e à nossa democracia.

OS EFEITOS DA INDIGNAÇÃO SELETIVA CONTRA A CORRUPÇÃO

A indignação seletiva com a corrupção estatal e privada tem várias implicações relevantes. A primeira é a desigualdade na aplicação

---

[8] Daniele Madureira, "Americanas assume fraude em resultados", *Folha de S.Paulo*, 13 jun. 2023.

das punições. A corrupção privada muitas vezes resulta em punições (quando ocorrem) menos severas do que a corrupção estatal. Com frequência, executivos de empresas envolvidas em fraudes financeiras evitam a prisão e recebem multas que são pequenas em comparação aos danos causados. Nenhum dos banqueiros envolvidos na crise de 2008 sofreu qualquer privação de liberdade. Os acionistas majoritários das Lojas Americanas sequer foram convocados a depor na Comissão Parlamentar de Inquérito aberta sobre o caso. Isso cria uma percepção de impunidade e desigualdade na aplicação da justiça.

Um segundo efeito é a desconfiança nas instituições de mercado e nas empresas. Quando fraudes corporativas são tratadas com indiferença ou recebem punições leves, a confiança dos investidores e consumidores é abalada, prejudicando o funcionamento eficiente dos mercados.

Além disso, a abordagem seletiva à corrupção pode criar incentivos perversos para comportamentos antiéticos no setor privado. Se os executivos acreditam que conseguirão escapar impunes de práticas fraudulentas, eles podem estar mais inclinados a adotar tais práticas, aumentando o risco de crises financeiras e escândalos corporativos.

Por fim, a corrupção privada pode exacerbar a desigualdade econômica, pois os custos das fraudes corporativas costumam ser repassados aos consumidores, trabalhadores e pequenos investidores. A falta de indignação com a corrupção privada pode perpetuar um sistema econômico que favorece os interesses dos mais poderosos em detrimento dos mais vulneráveis.

MONETARISMO E A MISÉRIA DA ORTODOXIA ECONÔMICA

O monetarismo e o neoliberalismo globalista são duas correntes de pensamento econômico que têm desempenhado papéis significativos na formação das políticas econômicas globais nas últimas décadas. Embora distintos em suas origens e focos, ambos compartilham uma visão comum sobre a importância do livre fluxo de capitais e do comércio para o crescimento econômico e a prosperidade global.

Vejamos a relação entre essas duas escolas de pensamento, e como elas se complementam na promoção de um sistema econômico global interconectado.

O monetarismo é uma teoria econômica que enfatiza o papel da oferta de moeda na determinação do nível de preços. A vertente monetarista que ganhou maior proeminência é aquela liderada por Milton Friedman e outros economistas da Escola de Chicago.

O monetarismo defende que a inflação é sempre, e em todo lugar, um fenômeno monetário resultante de um crescimento excessivo da oferta de moeda. Portanto, a política monetária deve focar no controle rigoroso da oferta de dinheiro para manter a estabilidade de preços.

A partir dos anos 1970, o monetarismo foi encorpado com a hipótese do economista Robert Lucas – também da Escola de Chicago –, de que os agentes econômicos formam expectativas racionais sobre o futuro com base em toda a informação disponível. Com efeito, políticas monetárias previsíveis e transparentes não apenas evitariam surpresas inflacionárias como permitiriam desinflações sem custo social elevado.

Em outras palavras, se teoricamente os agentes econômicos confiarem na determinação do Banco Central em combater a inflação, esta pode ser reduzida sem que a atividade econômica precise desacelerar demais. Para que isso ocorra – argumentavam os artigos teóricos e técnicos dos anos 1980 –, o banqueiro central deveria ter "viés conservador", isto é, um foco exclusivo no controle estrito da inflação.[9] Esse ponto é fundamental para compreendermos a histeria típica do mercado financeiro brasileiro com a escolha do presidente do Banco Central. Um quadro que seja visto como político serve para atiçar as

---

9 Ver, por exemplo, Kenneth Rogoff, "The Optimal Degree of Commitment to an Intermediate Monetary Target", 1985.

expectativas "racionais" dos agentes financeiros, os quais passam a "antever" uma inflação mais elevada no futuro e, portanto, a cobrar uma taxa de juros mais elevada dos títulos de dívida pública.

Outro princípio monetarista é a neutralidade da moeda: no longo prazo, mudanças na oferta de moeda afetam apenas os preços nominais, sendo incapazes de estimular a produção ou garantir o pleno emprego. Essa visão monetária empobrecida entende a moeda exclusivamente pela sua função de meio de pagamento. Logo, sua conclusão é óbvia: simplesmente jogar mais dinheiro em circulação não vai fazer com que prédios, pontes e inovações tecnológicas brotem do chão.

Ao deslocar para o pano de fundo as funções de reserva de valor e de unidade contábil, a visão monetarista ignora a complexidade de uma economia monetária de produção. Nesse arranjo, a moeda é o idioma que organiza a vasta rede de contratos que expressam as decisões de investimento, de compra e venda de bens e equipamentos, e de aplicação de recursos financeiros ao longo do tempo.

Do ponto de vista keynesiano, a moeda não é um mero meio de circulação usado para efetuar trocas, mas uma tríade institucional que organiza e processa toda uma gama de promessas de pagamentos com variados prazos de duração. A moeda é, de forma simultânea, a linguagem que denomina a unidade de valor dos contratos (unidade contábil), o ativo financeiro que preserva o valor de compra entre dois momentos do tempo (reserva de valor) e, finalmente, o instrumento que quita dívidas entre devedor e credor (meio de troca).

Portanto, a miséria da visão monetarista está na raiz de sua formulação conceitual e em seu excepcionalismo histórico: ao não discriminar, dentre as formas de se utilizar a moeda, qual pode ser voltada para financiar os investimentos produtivos, para especular com ativos financeiros ou apenas para entesourar em face da incerteza.

Ao restringir o conceito de moeda, a visão monetarista simplifica e, nesse caso, falseia a realidade monetária e fiscal dos países.

O GLOBALISMO NEOLIBERAL

Fosse apenas um devaneio teórico, o monetarismo não teria maiores consequências. No entanto, essa corrente de pensamento econômico se aliou a um projeto político de alcance internacional, a saber, o neoliberalismo globalista. Surgido nas décadas de 1970 e 1980, o neoliberalismo globalista ganhou força com líderes como Ronald Reagan, nos Estados Unidos, e Margaret Thatcher, no Reino Unido. Essa agenda promove a liberalização dos mercados, a desregulamentação e a redução do papel do Estado na economia.

Quinn Slobodian conta a história da ordem neoliberal no livro *Globalistas*.[10] O neoliberalismo globalista defende a remoção de barreiras comerciais, como tarifas e quotas, para promover o livre fluxo de bens e serviços entre países. Acredita-se que o livre comércio aumenta a eficiência econômica, a competição e a inovação. A liberalização dos mercados financeiros e a remoção de controles de capital são vistas como essenciais para viabilizar o livre fluxo de capitais entre países, os quais buscam retornos mais altos em oportunidades de aplicação por curtos ou longos períodos. Fundamental, nesse sentido, é a livre flutuação cambial para baixo e a política de moderação de depreciações cambiais.[11]

Além disso, a redução da regulamentação governamental é promovida para, supostamente, aumentar a eficiência do mercado e reduzir

---

10 Quinn Slobodian, *Globalistas*, 2018.
11 Considere um investidor estrangeiro em busca de maximizar seus retornos em dólares. Ele prefere dólar caro na entrada no país e dólar barato na saída. Ao ingressar no Brasil, ele prefere converter seus mil dólares a uma taxa de 6 reais por dólar, o que significa 6 mil reais. Imaginemos que ele ganha um retorno de 10% em um ano de aplicação em um título de dívida pública, de modo que sua aplicação soma 6.600 reais. Se na hora de retirar o dinheiro do país o dólar estiver custando 5 reais, seu investimento gerará 1.320 dólares. Ignorando a incidência de impostos, para facilitar a conta, como ele aplicou mil dólares, seu retorno foi de 32% (= 320 dólares/mil dólares) em um ano. Por isso, a tendência do mercado financeiro é desejar um câmbio apreciado, por aumentar o retorno em dólares dos ativos locais.

os custos de conformidade para as empresas. Acredita-se que mercados menos regulamentados são mais dinâmicos e inovadores. Essa agenda costuma ignorar os efeitos danosos do mercado sobre as coletividades, sobre o meio ambiente e sobre a distribuição de renda e de riqueza.

Por fim, peça-chave nessa plataforma é a transferência de ativos e serviços do setor público para o setor privado, vista como uma maneira de aumentar a eficiência e a qualidade dos serviços, além de reduzir o déficit público.

Embora o monetarismo e o neoliberalismo globalista tenham focos diferentes – o primeiro na política monetária e o segundo na liberalização econômica –, eles compartilham uma visão comum sobre a importância do livre fluxo de capitais e do comércio. Essa interseção pode ser observada em várias áreas.

O monetarismo enfatiza a importância da estabilidade monetária para o crescimento econômico sustentável. Uma política monetária previsível e estável, centrada nas metas de inflação, é essencial para criar um ambiente favorável ao investimento e ao comércio. O livre fluxo de capitais, promovido pelo neoliberalismo globalista, complementa essa visão ao permitir que o capital se mova com liberdade em busca de oportunidades de investimento, aumentando a eficiência na alocação de recursos.

A liberalização dos mercados financeiros – característica central do neoliberalismo globalista – facilita o livre fluxo de capitais e permite que os investidores diversifiquem seus portfólios globalmente. Isso pode levar a uma maior estabilidade financeira, desde que as políticas monetárias sejam bem geridas e previsíveis.

O neoliberalismo globalista promove o livre comércio como um motor de crescimento econômico. A remoção de barreiras comerciais permite que os países se especializem na produção de bens e serviços nos quais têm vantagens comparativas, aumentando a eficiência e a produtividade global. O monetarismo, ao focar na estabilidade de preços, cria um ambiente econômico previsível, essencial para o comércio internacional. A inflação controlada e a estabilidade cambial são fundamentais para reduzir os riscos associados ao comércio internacional e para promover a confiança entre os parceiros comerciais.

A desregulamentação, promovida pelo neoliberalismo globalista, busca aumentar a eficiência dos mercados ao reduzir a interferência governamental. Mercados menos regulamentados são vistos como mais dinâmicos e inovadores, capazes de responder rapidamente às mudanças nas condições econômicas. O monetarismo complementa essa visão ao argumentar que a intervenção governamental excessiva na economia, incluindo políticas fiscais expansionistas, pode levar a desequilíbrios econômicos e inflação.

Ao focar na política monetária como a principal ferramenta de estabilização, o monetarismo apoia a ideia de mercados mais livres e menos regulamentados. A ênfase na política monetária como a principal ferramenta de estabilização fragiliza a sociedade em situações de recessão profunda e persistente, em que políticas fiscais expansionistas podem estimular a demanda agregada e restaurar o dinamismo econômico. Esse foi o caso do momento pós-crise financeira de 2008, em que os países ocidentais ricos viram seus governos forçados a lançarem políticas de expansão de gasto público, mas foram rapidamente constrangidos a desativá-las em favor de políticas de austeridade.

Esse processo recaiu de forma impressionante sobre a periferia da Europa, onde a crise da Grécia revelou toda a crueldade dessa convenção da austeridade fiscal. O Produto Interno Bruto (PIB) grego foi de um crescimento de 6%, em 2006, a uma contração de 8%, em 2011. As medidas de recuperação impostas pela União Europeia iam desde corte de despesas até reformas estruturais que buscavam reduzir a evasão tributária e reformar os critérios de acesso à previdência. Além disso, viu-se a austeridade em sua forma pura – por meio de arrocho salarial sobre o funcionalismo público, pente-fino nas pensões públicas mais altas, demissão maciça de quadros do funcionalismo público, introdução de um novo imposto sobre propriedades, ampliação da base de tributação do imposto de renda e redução dos subsídios sobre óleo para aquecimento.

Após chegar ao fundo do poço em 2011, o governo grego se comprometeu a reduzir as despesas em 2% do PIB cortando despesas em áreas como: pessoal e salários, defesa nacional, transferências sociais e pensões, hospitais e remédios, bem como por meio de revisão de benefícios tributários para agricultores.[12]

De forma objetiva, a crise mundial deflagrada pelas apostas irresponsáveis das instituições financeiras levou o governo grego a aumentar sua dívida em 6% do PIB para oferecer suporte ao setor financeiro. Em troca, precisou cortar gastos sociais fundamentais para os cidadãos, em particular os aposentados.

A tragédia grega ganhou versão cinematográfica em *Jogo do poder*, filme de Costa-Gavras que vale a pena ser conferido, exatamente por ter sido soterrado nos serviços de streaming.

AUSTERIDADE CORPORATIVA E A CIRANDA FINANCEIRA GLOBAL

As sinergias entre o monetarismo e o neoliberalismo globalista produziram catástrofes que foram, em grande medida, amenizadas e normalizadas pela cobertura midiática dos eventos. Por exemplo, a liberalização dos mercados financeiros e o livre fluxo de capitais culminaram na crise asiática de 1997 e na crise financeira global de 2008.

A desregulamentação excessiva resultou em práticas corporativas irresponsáveis. Fiquemos apenas em alguns exemplos: o caso da Boeing, as tragédias provocadas pela Vale em Minas Gerais, nas cidades de Mariana, em 2015, e em Brumadinho, em 2019, e o esvaziamento do solo abaixo de uma grande área da cidade de Maceió, em Alagoas, pela mineração de sal gema por parte da Braskem.

---

[12] Ver Manoel Pires, *Política fiscal e ciclos econômicos*, 2017.

Essas práticas corporativas estão ligadas a um princípio teórico do início dos anos 1970, também defendido e pregado por Milton Friedman, de que a responsabilidade social das empresas é com a maximização da riqueza de seus acionistas. Sob a direção do capitalismo gerencial, a governança corporativa – nome dado às *boas práticas* de gestão das corporações – privilegiou os executivos de forma desproporcional, com altos salários e nababescas bonificações e privilégios, enquanto orientava a gestão a buscar a minimização dos seus custos, incluindo protocolos de segurança, qualidade dos insumos usados na produção, melhoria das condições de trabalho, saúde laboral e, em especial, com qualificação e remuneração de funcionários.

O modelo de governança corporativa focado no extrativismo de curto prazo desarticulou as economias de mercado. A atenção nos resultados trimestrais encurtou o horizonte de planejamento das empresas. A propensão ao risco dos executivos cresceu na base da confiança cega na imaginária rede de proteção da mão invisível do mercado. O choque de realidade veio com a crise de 2008, quando a mão que ajudou era bem visível... a do Estado.

Os estudos de William Lazonick[13] deixam claro que o modelo de primazia do acionista produziu concentração de riqueza, desvirtuação da gestão corporativa, aumento da insegurança operacional – como o pavoroso caso da Boeing –, atrofia do ímpeto inovativo e esmagamento da classe média, a qual perdeu os bons empregos de colarinho azul para a insaciável cultura de corte de custos.

O resultado dessas práticas foi o expressivo aumento da desigualdade econômica, na medida em que os salários não acompanharam o salto na produtividade do trabalho a partir dos anos 1970. Em outras palavras: o neoliberalismo, em união estável com o monetarismo, demoliu, na

---

13 Professor da University of Massachusetts Lowell. Como consulta, ver vídeos no YouTube do New Economic Thinking, "The Myth of Maximizing Shareholder Value", 2014; "How Government Helps, and Wall Street Hurts, the Innovative Enterprise", 2011; e "The Rise and Fall of the American Middle Class", 2017.

prática, um resultado teórico consagrado pela abordagem neoclássica: a vinculação entre a produtividade do trabalho e o salário real.

A ideia é simples: o salário apenas deve elevar o seu poder de compra – ou seja, crescer acima da inflação – se houver correspondente elevação da produtividade da força de trabalho. Havendo mais bens e serviços produzidos com a mesma jornada de trabalho, uma elevação dos salários não gerará demanda excessiva sobre bens e serviços; logo, não causará pressão inflacionária e ajudará o banqueiro central conservador a manter taxas de juros mais baixas.

A insuficiência dos salários para garantir um razoável padrão de vida nos Estados Unidos ao longo das décadas foi suplementada pelo crédito bancário. O endividamento familiar explodiu e elevou gradativamente o comprometimento da renda das famílias com o serviço de juros e a amortização das dívidas.

Ao controlar o avanço dos salários e anestesiar as famílias com crédito abundante, o neoliberalismo monetarista criou um notável circuito de valorização do sistema financeiro, o qual elevou sua participação na economia e seu poder na alocação de recursos, com inédito poder de veto sobre decisões de governo e planos de desenvolvimento produtivo.

O circuito funciona assim: os salários contidos pela governança corporativa moderam parte das pressões inflacionárias e garantem juros mais baixos. O crédito se expande e remunera o sistema bancário. Com lucros maiores sendo distribuídos na forma de dividendos, executivos e acionistas acumulam mais riqueza e a direcionam para o mercado de capitais, onde ações e instrumentos derivativos se beneficiam de baixas taxas de juros, alimentando bolhas que inflam o preço das ações.

No embalo da ciranda de especulação financeira, acelera-se a acumulação de patrimônio no topo da distribuição. Esse circuito ganhou apoio da política fiscal, por meio da irrestrita desoneração tributária dos ganhos de capital – principal fonte de renda dos mais ricos –, que atravessaram as décadas e não respeitaram fronteiras: data de meados da década de 1990 a isenção da distribuição de lucros e dividendos do pagamento de imposto de renda sobre pessoa física no Brasil.

Organizado o arranjo nacional de valorização da riqueza financeira, o globalismo neoliberal ofereceu uma saída aos proprietários de riqueza, caso seus governos adotassem comportamento excessivamente republicano e decidissem tributar a renda de capital e o patrimônio acumulado. A fuga de capitais para paraísos fiscais ou praças financeiras com melhores condições tributárias abandonou os ares de clandestinidade, típicos de uma era em que os ricos ainda tinham certa vergonha na cara. O globalismo neoliberal removeu todos os pudores e ofereceu um conforto moral.

Revelada a farsa da utilidade social dos ricos ao gerar empregos que pingariam algum valor para a base da distribuição de renda, não lhes restaria outra opção senão ameaçar governos que promovessem agendas de progressividade tributária com a fuga de sua riqueza do país.

No caso do Brasil, esse blefe não sobrevive à análise dos fatos. Segundo dados administrativos da Receita Federal, cerca de metade da riqueza do Brasil é imóvel (prédios, residências etc.). A outra metade está em títulos financeiros e de dívida, cuja mobilidade também é inibida por questões tributárias, cambiais e, convenhamos, pelo nível exorbitante da nossa taxa de juros, a qual exerce notável poder de atração dos capitais preguiçosos que não desejam enfrentar os incômodos da produção real e da inovação repleta de incerteza.

Como ameaças não ganham mentes e corações, a última fronteira de defesa do neoliberalismo globalista é a narrativa combinada do direito humano à portabilidade do capital e da meritocracia.

Retomemos os contornos da ordem neoliberal segundo Quinn Slobodian. Os globalistas neoliberais buscaram garantir a liberdade de movimento do capital em escala global como um direito humano fundamental. Essa ideia de portabilidade do capital permitiu que o dinheiro fluísse livremente através das fronteiras, promovendo a liberalização dos mercados financeiros e a desregulamentação econômica.

Essa máxima neoliberal da mobilidade do capital se relaciona com a ideia de meritocracia ao defender que os indivíduos e empresas bem-sucedidos nos mercados globais são recompensados com base em seu mérito e em sua habilidade para competir em um ambiente de livre concorrência e sem os impedimentos de regulação e tributação governamentais. A meritocracia, nesse contexto, é vista como um princípio fundamental para justificar a desigualdade de resultados econômicos, sob o argumento de que aqueles que alcançam sucesso financeiro o fazem devido ao seu talento e esforço individual.

Assim, a defesa neoliberal do direito à portabilidade do capital influenciou a concepção de meritocracia dentro do contexto da economia globalizada, moldando as políticas econômicas e as relações de poder no cenário internacional.

A NOVA E FLUIDA RAZÃO DO MUNDO

Nessa nossa busca por compreender a relação entre poder e desigualdade, é importante destacar a resiliência da ordem neoliberal. Sua flexibilidade política advém de uma certa fluidez programática, cuja coesão se reconfigura a partir da resposta das estruturas sociais aos seus princípios e diretrizes. Nesse sentido, o neoliberalismo parece ter sido bem-sucedido em impregnar-se como uma sintaxe política, um conjunto de regras abstratas que comanda a subjetividade das pessoas de forma inconsciente.

No livro *A nova razão do mundo*,[14] Pierre Dardot e Christian Laval argumentam que o neoliberalismo não é apenas uma teoria econômica, mas sim uma racionalidade que permeia todas as esferas da vida social e que transformou a política, a economia e até mesmo a forma como entendemos a nós mesmos como indivíduos.

---

14 Pierre Dardot e Christian Laval, *A nova razão do mundo*, 2016.

O neoliberalismo deve ser, portanto, compreendido como uma lógica que molda as relações sociais, promovendo a competição, a individualização e a desregulamentação. Como consequência, o enfraquecimento das instituições democráticas e a erosão dos marcos da solidariedade social acabaram favorecendo a concentração de poder e riqueza nas mãos de poucos.

No livro *Never Let a Serious Crisis Go to Waste* [Nunca desperdice uma crise grave],[15] Philip Mirowski oferece uma resposta à crise financeira global de 2008, e demonstra como o neoliberalismo não apenas sobreviveu, mas também se fortaleceu em sua esteira. Mirowski argumenta que, apesar de a crise ter exposto falhas fundamentais na lógica neoliberal, os proponentes dessa ideologia conseguiram desviar a culpa e até mesmo usar a crise para promover ainda mais suas agendas. O neoliberalismo se infiltrou em várias esferas da sociedade – incluindo o espaço acadêmico, a política e a mídia –, criando um cenário em que suas premissas raramente são questionadas. A falta de uma resposta coordenada e eficaz por parte dos críticos do neoliberalismo alimenta a resiliência deste último.

O motivo reside, segundo Mirowski, no arranjo neoliberal de produção de conhecimento (ou comunidade epistêmica) chamado de "coletivo de pensamento neoliberal", em que uma teoria econômica integra um complexo dinâmico de ideias, práticas e instituições que moldaram de maneira profunda a política econômica e social nas últimas décadas. Apesar de ter um conjunto normativo e ideológico básico,[16] o coletivo

---

15 Philip Mirowski, *Never Let a Serious Crisis Go to Waste*, 2013.
16 As características do "coletivo de pensamento neoliberal", para Philip Mirowski, podem ser resumidas em um conjunto de postulados, cuja ênfase se desloca conforme as resistências políticas e intelectuais se apresentaram a ele. São eles: ideologia da autonomia do mercado, desregulamentação e liberalização dos mercados, do comércio internacional e dos fluxos de capital, privatização e redução do Estado, ênfase na competição e individualismo, influência nas políticas públicas (reformas estruturais, austeridade fiscal e medidas pró-mercado).

permite variar a ênfase em postulados de acordo com diferentes conjunturas e estágios do conflito político.

Mirowski oferece uma crítica penetrante sobre como o campo do saber econômico moderno foi moldado por influências tecnológicas e ideológicas, em particular sob a égide do neoliberalismo. Ele destaca a importância de reconhecer e questionar as premissas subjacentes à economia neoliberal e à sua visão de ciência e tecnologia como ferramentas neutras e universalmente benéficas.

Em várias de suas obras, incluindo *Machine Dreams*[17] e *Science-Mart*,[18] Mirowski explora como o neoliberalismo moldou a economia da informação, argumentando que essa influência tem empobrecido a produção de conhecimento.

A economia da informação neoliberal, com sua ênfase na propriedade intelectual e nos mercados como mecanismos supremos de distribuição de conhecimento, na verdade, distorce e empobrece a produção de conhecimento. A mercantilização irrestrita do conhecimento, sujeito às forças de mercado e protegido por direitos de propriedade intelectual rigorosos, é prejudicial tanto para a ciência quanto para a sociedade em geral.

Ao tratar o conhecimento como uma mercadoria, ignora-se o fato de que o conhecimento científico, em especial, é um bem público que depende da abertura, da colaboração e do compartilhamento para florescer. A mercantilização incentiva o sigilo e a competição em vez da cooperação, prejudicando o progresso científico.

A inovação tende a ser dificultada e até bloqueada pelo fortalecimento irrestrito dos direitos de propriedade intelectual, muitas vezes estendendo-os de maneiras que restringem o acesso ao conhecimento. A formação de poderosos monopólios globais de conhecimento limita a disseminação de novas ideias e tecnologias.

---

17 *Idem, Machine Dreams*, 2022.
18 *Idem, Science-Mart*, 2011.

Além disso, a mercantilização da pesquisa – a qual faz a curiosidade científica e o bem público perderem espaço para o potencial de lucro – pode desviar o estudo de áreas importantes (mas não lucrativas) e comprometer a integridade científica. Nesse sentido, o financiamento privado da pesquisa tende a priorizar projetos com aplicabilidade comercial imediata em detrimento da pesquisa básica ou de longo prazo, limitando de forma drástica o escopo e a direção da investigação científica.

Uma outra dimensão dessa capilaridade do neoliberalismo reside numa lógica especulativa, no sentido de correr risco, que passa a ser apresentada como um estilo de vida do "eu soberano". Segundo esse entendimento, seria um novo estado normal de coisas o fato de mercados financeiros encorajarem apostas irresponsáveis no futuro que não refletem qualquer valor subjacente real.

Martijn Konings, no livro *Capital and Time* [Capital e tempo],[19] propõe uma visão da economia como um processo pelo qual padrões de ordem emergem da interação entre investimentos especulativos. Para o autor, é um erro presumir que o Estado ocupe uma posição neutra e externa, a partir da qual poderia intervir para restringir comportamentos especulativos. O Estado sempre esteve profundamente envolvido na dinâmica especulativa da vida econômica.

Como exemplo dessa lógica, analisemos como o neoliberalismo respondeu com eficácia aos problemas econômicos que surgiram durante a década de 1970. Durante esse período, a economia global enfrentou desafios significativos, como a crise do petróleo, a estagnação econômica e a inflação crescente. Em vez de recorrer a soluções tradicionais – como políticas keynesianas de sustentação da demanda e do emprego –, o neoliberalismo adotou uma abordagem mais orientada para o mercado, enfatizando a liberdade individual, a competição e a desregulamentação.

---

19 Martijn Konings, *Capital and Time*, 2021.

Os defensores do neoliberalismo argumentaram que a intervenção estatal na economia estava prejudicando a eficiência e a inovação, e que a desregulamentação poderia estimular o crescimento econômico. Isso levou a políticas que visavam reduzir as barreiras à entrada de novos concorrentes em setores como transporte, energia e telecomunicações.

Outro exemplo foi a adoção de políticas monetárias restritivas para combater a inflação. Os economistas neoliberais, influenciados por figuras como Milton Friedman, defendiam uma abordagem monetarista, que priorizava o controle da oferta de moeda como meio de controlar a inflação. Isso resultou em políticas de aperto monetário e aumento das taxas de juros para conter a inflação, mesmo que implicasse custos econômicos de curto prazo, como desemprego.

Além disso, o neoliberalismo também promoveu a privatização de empresas estatais e a redução do papel do Estado na economia. A ideia era que a competição e a eficiência do setor privado poderiam melhorar a alocação de recursos e estimular o crescimento econômico. Isso culminou em programas de privatização em vários países, transferindo empresas estatais para o setor privado.

A fragmentação da ordem fordista-keynesiana, baseada numa estável rede de direitos e seguros sociais, promoveu a fluidez e a flexibilidade da vida pós-moderna, como detalhou David Harvey em *Condição pós-moderna*.[20]

Ainda segundo Konings, é nesse contexto que emerge a lógica especulativa neoliberal, entrelaçando o tempo e o capital. A reconfiguração da relação entre o presente e o futuro transforma a percepção do tempo, enfatizando a especulação e a antecipação do futuro. O capital, sob o neoliberalismo, é constantemente projetado para o futuro, criando uma dinâmica na qual o valor é reavaliado e reconfigurado de forma contínua.

Com efeito, a lógica especulativa envolve uma aceitação e até uma celebração do risco. Konings argumenta que a especulação financeira

---

20 David Harvey, *Condição pós-moderna*, 1992.

se torna uma prática central, em que o valor é gerado não apenas pela produção, mas pela capacidade de prever e manipular futuros possíveis. Com efeito, a financeirização se estenderia – com pouca resistência – além dos mercados financeiros, influenciando todos os aspectos da vida social. A lógica especulativa permeia decisões pessoais, políticas públicas e práticas empresariais, moldando a forma como as pessoas pensam sobre segurança, investimento e valor.

Tal lógica especulativa cria instabilidade e desigualdade, na medida em que a ênfase na especulação e no risco beneficia uma pequena elite financeira enquanto precariza a vida da maioria das pessoas. Segue-se, portanto, uma reconfiguração das relações de poder, deslocando a autoridade das instituições democráticas para os mercados financeiros. A lógica especulativa do capital redefine quem tem o poder de moldar o futuro e como esse poder é exercido.

Essa "nova razão do mundo" deriva sua força da intuição de que não existe nenhuma posição social que transcenda ou que possa ignorar a lógica secular do risco, e da sua insistência em alegar que os indivíduos, em vez de rejeitar, devem envolver-se ativamente nessa lógica. Portanto, a crítica à especulação falha, como abordagem geral, por ser incapaz de reconhecer como o capitalismo americano passou a abraçar a especulação, tornando-se, assim, capaz de gerar novos tipos de ordem social e governança global.

A seguir, exploraremos como essa ordem neoliberal afeta os países da periferia, em particular o Brasil.

Capítulo 9
Fazendão com cassino

Em meio à contagem diária de mortes em massa durante a pandemia de covid-19, o país parou para assistir à filmagem de uma reunião ministerial do governo Bolsonaro ocorrida de 22 de abril de 2020. A liberação do vídeo foi ordenada pelo Supremo Tribunal Federal (STF), em investigação sobre uma suposta interferência de Bolsonaro na Polícia Federal para proteger um de seus filhos. O vídeo ofende nossas sensibilidades democráticas e é amargo para qualquer gosto cívico.

Naquela reunião, o então ministro do Meio Ambiente, Ricardo Salles, instou o presidente Jair Bolsonaro a aproveitar a "distração" da crise da covid-19 para pressionar a desregulamentação do setor: "Precisamos fazer um esforço enquanto estamos neste momento calmo em termos de cobertura da imprensa, porque eles estão apenas falando sobre a covid, pressionando e mudando todas as regras e simplificando as normas."[1]

Um artigo da Reuters[2] lembrava que, em 2019, o desmatamento atingira a mais alta taxa em 11 anos – tendo aumentado 55% nos primeiros quatro meses do ano, em comparação a 2018.

---
[1] "Imprensa internacional critica declarações de Salles sobre aproveitar pandemia para flexibilizar leis ambientais", *O Globo*, 25 mai. 2020.
[2] Jake Spring, "Brazil Minister Calls For Environmental Deregulation While Public Distracted by Covid", *Reuters*, 22 maio 2020.

Aquele episódio sombrio e pitoresco do governo Bolsonaro revela o modelo de desenvolvimento da Amazônia por meio da expansão de atividades extrativistas – como garimpo de ouro e diamante, extração de madeira e criação de gado em áreas protegidas. O modelo *casa-grande com cassino* no grande fazendão amazônico é uma amostra do que é o liberalismo com propensões extrativistas. Nesse modelo, onde passa o boi da desregulação, passará a boiada do extrativismo predatório.

Uma tentativa de reverter esse quadro se iniciou com o início do governo Lula 3, tendo a neoindustrialização como orientação geral de um projeto de desenvolvimento. A histeria que se seguiu à apresentação do pacote inicial de medidas pelo Ministério do Desenvolvimento, Indústria, Comércio e Serviços (MDIC) e pelo Banco Nacional de Desenvolvimento Econômico e Social (BNDES), em janeiro de 2024, ilustra com precisão o atraso intelectual de economistas liberais brasileiros e da imprensa corporativa que, na sanha de perpetuar o atual *modelo extrativo-agrofinanceiro*, prendem-se a ideias obsoletas, como a teoria das vantagens comparativas. Como veremos, essas ideias atuam como linha de defesa de grupos de interesse que não desejam a mudança da economia brasileira. Afinal, mudar a estrutura econômica implica afetar a lucratividade de seus negócios.

Reindustrializar o país demanda que se concentre lucros nas atividades de transformação de matérias-primas no lugar de vendê-las diretamente ao exterior. Isso exige investir mais na economia doméstica, gerar mais empregos, gastar mais com maquinário, inovação e logística. Essa mudança eleva o risco e a escala dos negócios. Por óbvio, quem já está acostumado com uma taxa de lucro fazendo pouco esforço produtivo não vai aceitar essa mudança com facilidade.

Aqui entra a dimensão do poder econômico traduzido em poder midiático e político. Esses grupos ligados ao agronegócio, ao extrativismo mineral e aos mercados financeiros montaram grandes estruturas de bloqueio contra a transformação da economia. Ao controlar veículos de imprensa e financiar a eleição de deputados e senadores, bem como de mandatários do Poder Executivo em todos os níveis, tais grupos buscam persuadir a sociedade de que seu lucro atua em favor dela. É daí que nascem campanhas publicitárias massificadas como "O agro é tech, o agro é pop, o agro é tudo"; e inverdades como "O agro brasileiro alimenta o mundo". Essa camada comunicacional protege – muitas vezes ocultando ou não dando a devida ênfase a – ações legislativas que garantem benefícios fiscais e creditícios, bem como subsídios diretos à produção desses setores. O resultado é a concentração ainda maior do poder econômico e suas consequências sobre a política e o debate público.

Este capítulo mostra como o modelo *fazendão com cassino* é uma armadilha do subdesenvolvimento que agrava as desigualdades sociais, regionais e pessoais de renda e de riqueza. Comecemos por caracterizá-lo.

O MODELO SERRA PELADA DE DESENVOLVIMENTO

A história da Serra Pelada, localizada no estado do Pará, Brasil, é marcada por descoberta de ouro, exploração desenfreada, falta de regulação governamental e impactos profundos sobre a economia local e o bem-estar da população. A descoberta da mina de ouro, em 1979, desencadeou uma corrida do ouro que atraiu milhares de garimpeiros em busca de riqueza rápida, transformando a região em um cenário de caos e violência.

A falta de regulamentação eficaz e a presença de garimpeiros ilegais levaram a uma série de problemas, incluindo conflitos armados, desmatamento, degradação ambiental e condições de trabalho desumanas. A ausência de infraestrutura básica e serviços públicos adequados gerou uma sobrecarga nos recursos locais, levando à escassez de oferta de serviços e bens essenciais para a população residente e imigrante.

Embora tenha havido um aumento temporário na atividade econômica e na geração de empregos, a dependência excessiva do ouro como principal fonte de renda provocou uma instabilidade econômica significativa. A falta de diversificação econômica e investimento em setores sustentáveis resultou em um ciclo de expansão e contração, com a economia local sofrendo com a volatilidade dos preços do ouro e a redução da atividade de garimpo.

Além disso, os impactos sociais do garimpo em Serra Pelada foram devastadores para a população local e imigrante. Condições de trabalho precárias, falta de acesso a serviços de saúde e educação adequados, avanço de doenças e aumento da violência contribuíram para um declínio no bem-estar e na qualidade de vida das comunidades afetadas. A migração em massa de pessoas em busca de oportunidades de enriquecimento rápido culminou em um aumento da pobreza, desigualdade e marginalização social.

A regulação governamental tardia e inadequada do garimpo em Serra Pelada refletiu a falta de planejamento e controle das atividades de mineração no Brasil. A ausência de políticas eficazes de gestão ambiental e social permitiu a exploração descontrolada dos recursos naturais e a violação dos direitos humanos dos trabalhadores envolvidos na atividade de garimpo.

Durante o ciclo de exploração da Serra Pelada, houve inúmeros exemplos de enriquecimento pessoal rápido entre os garimpeiros que conseguiram extrair grandes quantidades de ouro. Muitos desses garimpeiros alcançaram riqueza substancial em um curto período, adquirindo bens de luxo, investindo em propriedades e desfrutando de um estilo de vida extravagante. Como era de se esperar, esse enriquecimento rápido muitas vezes foi acompanhado por conflitos sociais e tensões dentro da comunidade de garimpeiros.

Os conflitos sociais em Serra Pelada eram frequentes devido à competição pelo acesso às áreas de mineração mais lucrativas, às disputas por território e recursos, e às diferenças de poder e influência entre os garimpeiros. A falta de regulamentação e controle efetivo do garimpo levou a confrontos violentos, brigas por direitos de exploração e disputas por ouro entre esses trabalhadores, resultando em um ambiente de instabilidade e insegurança.

O documentário *Serra Pelada*, de 2013, dirigido por Victor Lopes, revela histórias pessoais de enriquecimento e de empobrecimento. Dois exemplos são bem ilustrativos desse modelo de (sub)desenvolvimento. Um deles é a atração irresistível da atividade extrativa sobre profissionais de outras áreas: os dentistas se tornaram escassos nas cidades da região, na medida em que foram tentar a sorte no garimpo. O extrativismo leva, portanto, à perda de diversificação das atividades econômicas no seu entorno. Assim, o enriquecimento pessoal não se traduz em prosperidade coletiva, porque não há em que gastar a fortuna amealhada.

O outro exemplo mostra o exato perfil de gasto dos bem-aventurados no garimpo. Muitos adquiriam carros de luxo e bens vindos de outras regiões do Brasil. É sintomática a história de José Mariano dos Santos, o Índio, garimpeiro maranhense que extraiu mais de 1.283 quilos de pepita de ouro em 1980, faturando 140 milhões de reais (em valores atuais).[3] Certa feita, tentou comprar uma passagem para conhecer o Rio de Janeiro e foi discriminado por uma atendente de uma empresa aérea por conta de suas roupas simples e puídas. Com o orgulho ferido, decidiu fretar um Boeing de carreira com 156 lugares por 40 milhões de cruzeiros (cerca de 450 mil reais nos dias de hoje). Viajou sozinho com a tripulação e se hospedou por um mês na suíte presidencial do Copacabana Palace, cuja diária custava, em 2013, mais de 7 mil reais. Índio gastou toda sua fortuna em apenas três anos e não se arrependeu de nada. À época da última reportagem sobre sua história, em 2013, Índio ainda residia na mesma área em que enriquecera e teve treze

---

[3] "Conheça o homem que garimpou mais de uma tonelada de ouro em Serra Pelada", *Portal R7*, 19 nov. 2013.

esposas, morando de favor na casa de uma amiga, Raimunda da Silva, que enriqueceu como merendeira dos garimpeiros.[4]

Traço adicional desse modelo extrativista é uma certa estagnação qualitativa, após um surto inicial de florescimento econômico. A diversificação dos negócios e das atividades atinge um limite e, a partir de então, as coisas não mudam muito ao longo do tempo – em essência, porque a falta de oportunidades de gasto local faz o dinheiro "vazar" para outras regiões, as quais se beneficiam indiretamente do garimpo.

O livro *Ouro bruto*,[5] de 2020, do fotógrafo André Dusek, ilustra esse traço do extrativismo predatório. Ele visitou três vezes o maior garimpo da América Latina, ao sul do Pará, em meados dos anos 1980, em 1996 e em 2019. Em reportagem ao *Correio Braziliense*, a conclusão dele foi de que, em 40 anos, "não tinha mudado tanto", exceto a paisagem: "era um morro, que acabou virando um buraco e um lago".[6]

Para aqueles que não tiveram sucesso na febre do ouro em Serra Pelada, o resultado foi o empobrecimento e a marginalização social. Muitos garimpeiros enfrentaram condições de trabalho precárias, salários baixos e falta de acesso a serviços básicos, levando a um ciclo de pobreza e sofrimento. Aqueles que não conseguiram extrair ouro suficiente para garantir sua subsistência viram-se em situações de extrema insegurança econômica. São inúmeras histórias de empresários que se tornaram peões do garimpo, sob condições precárias de trabalho e degradação social aguda.

---

4 Um dos aspectos que marcam o extrativismo é o patriarcalismo, o qual transforma a mulher em mero objeto de consumo, como se via na proliferação de prostíbulos em Serra Pelada. Abordar esse tema importantíssimo transcende o foco deste trabalho. Para quem tiver interesse na relação entre neoextrativismo e patriarcalismo, indicamos Maristella Svampa, no capítulo 4 de seu já clássico livro *As fronteiras do neoextrativismo na América Latina*, 2019.
5 André Dusek, *Ouro bruto*, 2021.
6 Nahima Maciel, "Livro de André Dusek conta história de Serra Pelada em imagens", *Correio Braziliense*, 11 dez. 2020.

Além disso, a exploração desenfreada dos recursos naturais em Serra Pelada contribuiu para a piora da qualidade de vida e um aumento na desigualdade de renda na população local. Enquanto alguns garimpeiros acumulavam fortunas, a maioria das pessoas que lá viviam enfrentavam condições de vida precárias, falta de infraestrutura básica e acesso limitado a serviços de saúde e educação. A disparidade de renda entre os poucos que se beneficiaram da atividade de garimpo e a maioria que lutava para sobreviver aprofundou as divisões sociais e econômicas na região.

Eis o mais flagrante traço da desigualdade material: sentados sobre uma literal mina de ouro, as pessoas não enriqueciam facilmente e chegavam a passar fome, enquanto viam os rios serem contaminados com mercúrio do garimpo.

Desde os anos 1980, a empresa estatal Vale do Rio Doce tentou se apropriar do terreno para exploração corporativa, gerando revolta por parte dos garimpeiros em sucessivas rodadas de disputa judicial e batalhas campais. Com a proibição do garimpo na região em 1990, pelo governo Collor, muitos garimpeiros se uniram ao Movimento dos Trabalhadores Sem Terra (MST) em Eldorado do Carajás, onde ocorreria uma das mais brutais chacinas da história do movimento, em 1996.

A história da Serra Pelada é um exemplo vívido dos impactos negativos da exploração desenfreada dos recursos naturais e da falta de regulação eficaz sobre a economia local e o bem-estar da população. Esse é o modelo a que estão sujeitos os países ricos em recursos naturais que não conseguem desenvolver suas forças produtivas para aproveitar essa abundância em favor do desenvolvimento das atividades mais sofisticadas, que disseminam oportunidades de trabalho e de negócios para outros setores da economia, como a indústria, o comércio e os serviços.

O reacionarismo de parte das forças políticas que deram suporte à eleição de Jair Bolsonaro se mostra na agenda de promoção do garimpo na Floresta Amazônica. Então presidente, Jair Bolsonaro defendia que o "interesse na Amazônia não é no índio nem na porra da árvore, é no minério".[7] Ricardo Kotscho, autor do livro *Serra Pelada*,[8] de 1984, viu ali reencarnado o major Sebastião Rodrigues de Moura, nomeado pelo general João Figueiredo "para ser interventor plenipotenciário no maior garimpo a céu aberto do mundo".[9] Esse é o modelo "casa grande com cassino" no grande fazendão amazônico que Bolsonaro queria nos legar.

O principal desafio da América Latina é, portanto, superar essa irresistível atração pela abundância de riqueza natural – bem como outras formas de extrativismo, como o rentismo financeiro – que ciclicamente fortalecem coalizões políticas que promovem regressões produtivas e tecnológicas. A próxima seção mostra algumas dimensões e implicações dessa "atração fatal" pelas commodities.

ABUNDÂNCIA DE RECURSOS NATURAIS: BENÇÃO OU MALDIÇÃO?

A abundância de recursos naturais é um fenômeno que, à primeira vista, pode parecer uma bênção para os países que os possuem em grande quantidade. No entanto, a benção pode se tornar uma maldição. No caso brasileiro, a vasta riqueza natural impõe uma irresistível atração pelas atividades primárias, que dominam a nossa pauta de exportação. Essa tentação (*low-hanging fruit*) não gera incentivo para agregar valor aos bens primários – o que acelera a desindustrialização e afeta todos os setores.

---

[7] Gustavo Uribe, "'Interesse na Amazônia não é no índio nem na porra da árvore', diz Bolsonaro", *Folha de S.Paulo*, 1º out. 2019.
[8] Ricardo Kotscho, *Serra Pelada*, 1984.
[9] *Idem*, "Capitão reencarna Major Curió, interventor da ditadura na Serra Pelada", *Brasil 247*, 2 out. 2019.

Pesquisas recentes mostram que a chamada "maldição dos recursos naturais" pode ter efeitos negativos importantes sobre o desenvolvimento econômico e as instituições políticas e econômicas de um país.

A doença holandesa é um fenômeno econômico que ocorre quando a exploração de recursos naturais, como petróleo, gás ou minerais, leva a uma valorização excessiva da moeda local. Isso ocorre devido ao aumento das exportações desses recursos, que geram uma entrada massiva de divisas estrangeiras, elevando a taxa de câmbio e tornando os produtos não relacionados aos recursos naturais menos competitivos no mercado internacional. Como resultado, setores como a indústria manufatureira e agrícola podem sofrer um declínio em sua competitividade, levando a uma desindustrialização e dependência excessiva dos recursos naturais.

Além disso, a abundância desses recursos pode levar à deterioração das instituições políticas e econômicas de um país. A chamada "maldição dos recursos naturais" está associada à corrupção, falta de transparência, instabilidade política e fragilidade institucional. A riqueza gerada pela exploração dos recursos naturais pode alimentar práticas corruptas entre políticos, empresários e burocratas, minando a governança e enfraquecendo as instituições democráticas. A falta de diversificação da economia, devido à dependência de tais recursos, também pode tornar o país vulnerável a choques externos e à instabilidade econômica.

A literatura internacional vem demonstrando várias facetas desses processos de degradação econômica disfarçada de benção. Em artigo publicado em 2020, Addisu Lashitew e Eric Werker mostram que a dependência dos recursos naturais beneficia os setores intensivos em capital em detrimento dos investimentos em capital humano, bem como estimula o patrimonialismo e a corrupção.[10]

---

10 Addisu Lashitew e Eric Werker, "Are Natural Resources A Curse, A Blessing, Or A Double-Edged Sword?", 2020.

Há dois artigos que utilizam dados no nível das empresas para ilustrar a desindustrialização provocada pela valorização cambial na esteira de episódios de boom de commodities, que provocam forte ingressos de divisas. Rodrigo Heresi explora o caso chileno, em que a doença holandesa tirou dinamismo do país com a governança macroeconômica da América Latina mais alinhada à ortodoxia, com política fiscal anticíclica e fundo soberano.[11] O boom de commodities nos anos 2000 levou a uma apreciação cambial, que elevou a taxa de retorno exigida ao capital. Com efeito, o sistema de preços da economia deslocou recursos das empresas exportadoras chilenas com uso intensivo de capital para empresas menos sofisticadas e que exportavam menos. Foi desse modo que o maior produtor mundial de cobre perdeu entre 13% e 32% da produtividade observada entre 2004 e 2012.

Branstetter e Laverde-Cubillos, em artigo de 2024, analisam o caso colombiano.[12] Entre 2003 e 2010, o câmbio real efetivo colombiano se valorizou, deslocando recursos para setores intensivos em recursos naturais e de serviços. Contudo, a subsequente depreciação cambial, ao final do boom, não reverteu os efeitos sobre a composição do PIB, persistindo os efeitos deletérios sobre os manufaturados comercializáveis. O efeito de uma década de falta de competitividade industrial levou à redução de gastos em pesquisa e desenvolvimento, deixando cicatrizes no sistema produtivo.

VANTAGENS COERCITIVAS E CAPTURA DO ESTADO NO BRASIL

A teoria das vantagens comparativas é uma das mais bem-sucedidas abstrações na assim chamada ciência econômica. Elaborada pelo economista

---

11 Rodrigo Heresi, "Reallocation and Productivity in Resource-Rich Economies", 2023.
12 Lee G. Branstetter e N. Ricardo Laverde-Cubillos, "The Dark Side of the Boom", 2024.

britânico David Ricardo, ela visava a fortalecer a indústria manufatureira, cujo desenvolvimento era inibido por uma política de proteção à agricultura. Ricardo defendia a abolição das tarifas protecionistas à agricultura para que as importações derrubassem o preço dos grãos. A subsequente queda dos salários e da renda dos proprietários de terra abriria espaço para os lucros impulsionarem a indústria.

De forma curiosa, o tom industrializante da aplicação da teoria ao império global da época se inverteu ao cruzar a linha do Equador. Na periferia, a teoria recomendava a especialização na exportação de matérias-primas. O Brasil conta, desde então, com um séquito leal de defensores das vantagens comparativas. Deslumbrados com o poder tecnológico dos países do Norte, estes se tornaram sócios minoritários abastados do nosso subdesenvolvimento.

Sob o manto protetor dessa "boa teoria econômica", o agronegócio consolidou seu poder econômico – o que lhe permite financiar meios de comunicação para legitimar seu protagonismo e ocultar seus privilégios. Os tais slogans como "O agro é tech, o agro é pop" lançam um verniz mítico sobre um setor que é, na verdade, subsidiado e protegido pelo Estado há décadas.

A agropecuária representa 7,9% do PIB e míseros 3% dos empregos formais da economia, mas paga menos de 1,5% da arrecadação total de tributos. É o único setor que abocanha uma fatia dos benefícios tributários (13,5%) maior do que sua contribuição ao PIB. Por comparação, a indústria representa 12,9% do PIB e 15% dos empregos formais, sendo responsável por 31% dos tributos arrecadados e 12,5% dos benefícios tributários.

Além disso, o agro não seria tech sem os pesados investimentos feitos pelo Estado em pesquisa agropecuária. A Empresa Brasileira de Pesquisa Agropecuária (Embrapa) custou 3,5 bilhões de reais aos cofres públicos em 2023. Cerca de 2.500 pesquisadores oferecem inovações que melhoram a produtividade do setor. Em contraste, a Associação

Brasileira de Pesquisa e Inovação Industrial (Embrapii) recebe 1,1 bilhão de reais, enquanto o Centro Nacional de Tecnologia Eletrônica Avançada (CEITEC), "estatal do chip" que tira o sono dos liberais, custa 53 milhões de reais ao orçamento federal.

É uma raridade um empresário do agronegócio reclamar da Selic estratosférica. Sabe por quê? O agro conta com o Plano Safra, que oferece crédito com taxas de juros variando de 7% ao ano até 12,5% ao ano. A Selic pode ir para Marte que o agro não dará um pio. Dificilmente o agro seria pop se pagasse as taxas de juros que a indústria paga, cujo piso médio está em 20% ao ano.

No período de 2023 a 2024, serão 435 bilhões de reais em crédito subsidiado (apenas 73 bilhões serão destinados à agricultura familiar). Em 2015, o crédito direcionado representava 90% do Plano Safra, caindo para cerca de 50% desde então. O motivo é a captação de crédito via Letras de Crédito do Agronegócio (LCA) e nos Certificados de Recebíveis do Agronegócio (CRA), ambos com isenção do imposto de renda sobre os rendimentos financeiros.

Na reforma tributária, que tomou conta recentemente do debate público, o agro conseguiu um desconto de 60% na alíquota dos novos tributos – o Imposto sobre Bens e Serviços (IBS) e a Contribuição sobre Bens e Serviços (CBS) –, mas pressionou os congressistas a elevarem o desconto para 80%. Essa "meia-entrada agrishow" deverá ser paga sobretudo pela indústria, mas também pelo comércio e pelos serviços. O agro não é pop. O agro é lobby!

Alega-se que o agro traz divisas para o Brasil, o que justificaria os subsídios bilionários destinados ao setor. Se tiver a mesma oportunidade, a indústria também poderá fazer isso, com efeitos mais robustos em termos de geração de empregos e inovação tecnológica.

Formou-se uma coalizão política fortíssima em torno do agronegócio, dificultando o desmonte de todo o aparato estatal de estímulo ao setor, mas, sobretudo, o avanço da reforma agrária no Brasil.

No livro *How Asia Works*[13] [Como a Ásia funciona], Joe Studwell analisa como a ausência de recursos naturais abundantes e a existência de reformas agrárias foram condições importantes para que os tigres asiáticos (Coreia do Sul, em particular) se empenhassem na industrialização orientada para as exportações.

O Brasil nunca fez uma reforma agrária comparável à de qualquer país do Leste Asiático. Com efeito, a elevada concentração de terras e de capital nas mãos de uma pequena elite agrária inibe, ainda hoje, a construção de cadeias produtivas mais longas, maior geração de bons empregos e de exportação mais densa em tecnologia e qualidade. Uma estrutura produtiva mais sofisticada é mais cara e requer maior escala de vendas para remunerar o valor adicionado. Em face desse risco maior, ofertar o bem menos processado gera retorno satisfatório para os poucos agentes que comandam esse mercado.

Portanto, em condições de livre comércio, como aquelas apregoadas pela teoria das vantagens comparativas, os investimentos ficam subdimensionados, pois o valor necessário das exportações – para satisfazer a rentabilidade desejada por poucos grandes produtores – é muito menor do que aquele necessário para rentabilizar a tecnologia e a pesquisa de ponta.

Ao concorrermos por preço (foco em reduzir custos), a defasagem tecnológica realça a atratividade das rendas extrativas (em minérios, agropecuária, imobiliária e finanças), as quais produzem maior concentração de riqueza – e, portanto, de poder político – no país.

O VÍCIO DA ECONOMIA BRASILEIRA EM RENDAS EXTRATIVAS

Sob a pressão da maldição dos recursos naturais, as vantagens comparativas estáticas podem estimular a captura do Estado (*rent-seeking*),

---

13 Joe Studwell, *How Asia Works*, 2013.

por meio de subsídios e privilégios a setores que já são ajudados pelas forças do mercado. A mineradora Vale, sozinha, recebeu 20 bilhões de reais em incentivos fiscais em 2021.[14] Dados da Receita Federal mostram que a agropecuária responderá, em 2024, pela segunda maior desoneração tributária (59 bilhões de reais).[15] As isenções tributárias às letras de crédito agrícola e imobiliário somam outros 19 bilhões. Eliminar esses privilégios é um desafio político hercúleo.

Além disso, a relevância do setor extrativo-mineral deixa nossa política fiscal mais vulnerável. A Carta de Conjuntura[16] do Instituto de Pesquisa Econômica Aplicada (Ipea), no final de setembro de 2023, mostrou que as receitas tributárias dependem do vaivém dos preços internacionais de commodities. O celebrado superávit fiscal de 2022 resultou das receitas extraordinárias desse setor.

Uma visão tipicamente financista iguala o conceito de qualidade institucional à autonomia de monopólios estatais (privatizados ou não) – como da Petrobras, da Vale e da Eletrobras com relação ao governo –, mas não questiona os efeitos duradouros e profundos de o mercado distorcer os objetivos das empresas de natureza pública, devido à sua escala e especificidade estratégica.

Essas empresas são valiosos ativos do desenvolvimento, e deveriam ser protegidas do "efeito voracidade" das elites econômicas e políticas sobre o "lucro fácil" da exploração rudimentar dos recursos naturais – como vimos acima, no artigo de Lashitew e Wercker, o qual mostra que o rentismo se entranha nas instituições para capturar essas rendas de recursos não renováveis. Esse é o caso clássico em que o mercado distorce a alocação de recursos na economia e gera um resultado danoso ao bem-estar coletivo.

---

14 Tiago Mali, Mariana Haubert, "Caixa-preta da Receita Federal mostra R$ 20 bi de isenções à Vale", *Poder360*, 20 mai. 2023.
15 Jéssica Sant'Ana, "Renúncia tributária passa de R$ 520 bi no Orçamento de 2024", *Valor Econômico*, 2 out. 2023.
16 Julia de Medeiros Braga, Mônica Mora y Araujo e Claudio Roberto Amitrano, "Visão Geral da Conjuntura", Ipea, 29 set. 2023.

A defesa da financeirização das três principais gestoras de recursos naturais do país restringe sua utilidade à capacidade de produzir e distribuir lucros de forma rápida, ao sabor dos ciclos globais de commodities. A Petrobras, em 2022, e a Vale, em 2021, estavam entre as maiores pagadoras de dividendos do planeta.

A mão invisível do mercado também não impediu que a Vale produzisse as tragédias[17] de Mariana e de Brumadinho, dentre outras violações de regras ambientais;[18] não garantiu a nossa autossuficiência em diesel ou gasolina após o desmonte da cadeia produtiva da Petrobras; tampouco consegue evitar os apagões recorrentes Brasil afora, fruto da crescente privatização do setor elétrico.

Reportagem da *Folha de S.Paulo* mostrou que os elevados dividendos da Petrobras "refletem mudança na política de remuneração aos acionistas em 2019, impulsionada pela escalada dos preços do petróleo após o período mais crítico da pandemia."[19] Entre 2019 e 2022, a empresa despejou mais de 330 bilhões de reais[20] na forma de dividendos aos acionistas, com forte venda de ativos[21] como refinarias, fábricas de fertilizantes e distribuidoras.

Em dólares, o volume de dividendos pago pela Petrobras, em 2022, cresceu 138% em relação a 2021 – a maior alta mundial de dividendos. No mundo todo, houve recorde no pagamento de dividendos, com 1,56 trilhões de dólares (8,1 trilhões de reais), um crescimento de 8,4% puxado pelos lucros extraordinários dos setores financeiro e de óleo e gás. O que ocorreu foi uma verdadeira sangria de recursos!

---

17 Leonardo Cristian Rocha, "As tragédias de Mariana e Brumadinho: É prejuízo? Para quem?", 2021.
18 Leonardo Fernandes, Lu Sudré e Rute Pina, "Histórico de violações da Vale vai muito além de Mariana e Brumadinho", *Brasil de Fato*, 29 jan. 2019.
19 Nicola Pamplona, "Petrobras foi a segunda maior pagadora de dividendos do mundo em 2022, diz gestora", *Folha de S.Paulo*, 1º mar. 2023.
20 Bernardo Gonzaga, "Petrobras vai distribuir maiores dividendos de sua história", *Poder360*, 3 mar. 2023.
21 Lais Carregosa, "Petrobras admite possível revisão da política de dividendos", *Poder360*, 30 mar. 2023.

A operação Lava Jato revelou ampla rede de corrupção nos planos de expansão da Petrobras após a descoberta do Pré-Sal. Contudo, o trauma gerado pelos excessos da operação programou as empresas estatais gestoras de recursos naturais para serem potentes máquinas de extração de lucros. Montou-se uma elaborada blindagem institucional dessas empresas com relação a políticas de desenvolvimento; como exemplos, temos um procurador questionando a influência do acionista majoritário (o Estado brasileiro) nos rumos da empresa, e as inúmeras ameaças recentes de que "interferir" nessas empresas estratégicas poderia arranhar a imagem do governo perante o mercado.

O que se viu nos últimos anos, ao contrário, foi que isolar a gestão corporativa das influências do governo produziu o desmonte da capacidade das empresas – resultando em atraso do enfrentamento à crise climática. No caso do setor de petróleo, há uma rápida mudança de paradigma devido à transição energética.

Em 2020, uma "carta aberta dos CEOs"[22] da Oil and Gas Climate Initiative [Iniciativa Climática de Petróleo e Gás - OGCI] estabeleceu seu compromisso com o alívio dos efeitos da pandemia e com a transição energética. Os desafios atuais do setor são: acelerar os esforços de redução de emissões e o desenvolvimento de soluções de baixo carbono; promover oportunidades para ampliar a captura, o uso e armazenamento de carbono comercialmente viável, ambientalmente responsável e seguro para descarbonizar vários setores industriais; e apoiar os governos na concepção de políticas que possam acelerar as transições energéticas.

Estudo da consultoria McKinsey,[23] em 2021, delineou três arquétipos das empresas de óleo e gás no mundo em face dessas mudanças:

---

22 Oil and Gas Climate Initiative, "Open Letter from the CEOs of the Oil and Gas Climate Initiative", *PR Newswire*, 26 maio 2020.
23 McKinsey & Company, "The Big Choices For Oil and Gas In Navigating the Energy Transition", 2021.

a especialista em recursos naturais, a empresa de energia integrada e a empresa de energia limpa pura. Esse último tipo é, em geral, representado por pequenas e médias empresas que se aventuram na energia eólica e solar.

A vantagem para algumas empresas líderes começa a se materializar quando mais de 40% do total das carteiras são de baixo carbono. A Petrobras busca migrar da "especialista em recursos naturais" (exploração e produção) para uma carteira integrada de fontes de energia. Afinal, o estudo da McKinsey prevê um futuro sombrio de falências generalizadas de empresas apegadas ao arquétipo de especialista em recursos. Para migrar do modelo especializado para uma carteira integrada de fontes de energia,[24] a Petrobras deve apertar o passo. Afinal, a vantagem para empresas líderes começa a materializar-se quando mais de 40% do total das carteiras são de baixo carbono; hoje, as principais grandes empresas de petróleo e gás costumam alocar menos de 25% dos seus investimentos em novas energias – atualmente, a Petrobras aloca cerca de 5% dos seus investimentos.[25]

Devido ao baixo custo de produção do Pré-Sal, a Petrobras está bem-posicionada para se tornar líder na transição energética. Para isso, os lucros extraordinários precisam ser direcionados à diversificação da sua produção e não para os bolsos dos acionistas. Há muitas empresas do setor em posição semelhante à da Petrobras. Isso não se deve apenas às suas escalas globais, à apetência pelo risco dos seus investidores, aos seus grandes balanços e posições de caixa, e às suas relações de longa data com clientes e partes interessadas no setor da energia. A posição favorável também deve-se às suas capacidades únicas relacionadas com projetos de eólicas offshore e hidrogênio verde, além de produção e transporte de combustíveis sustentáveis.

---

24 "Petrobras planeja gastar US$ 100 bi para persistir após 'fim do petróleo'", *Folha de S.Paulo*, 8 fev. 2024.
25 Nathália Pereira Dias, "A movimentação da Petrobras contrária à transição energética", *Diplomatique Brasil*, 15 mar. 2023.

Superar esse vício estrutural em rendas extrativas exige avançar na reforma agrária e estimular a indústria – único setor capaz de autonomizar a inovação. Mas a esse processo se interpõe um problema de escala: a pouca ambição nos prende a uma economia conformada com a estagnação e o atraso.

O CICLO IDEOLÓGICO DO NEOLIBERALISMO E A DOENÇA INDUSTRIAL BRASILEIRA

O Brasil foi a economia que mais cresceu no mundo entre 1950 e 1980. Nessa era desenvolvimentista, a atuação do Estado direcionou e estimulou os investimentos em sofisticação e diversificação produtiva, enquanto reformava os sistemas tributário, monetário, creditício e as relações do trabalho.

Marcado por variadas colorações ideológicas, forças progressistas (como Getulio Vargas, Juscelino Kubitschek e Jango) e conservadoras (como a ditadura militar) adotaram o planejamento como ferramenta para superar o subdesenvolvimento – uma deformação do sistema econômico que prendia o Brasil à armadilha de uma economia dual (coexistência de setores produtivos e atrasados), à subordinação comercial e à dependência tecnológica com relação aos países industrializados.

A abissal desigualdade de renda e de riqueza nunca foi superada pela estratégia de substituir importações e financiar, em dólar, vastos projetos de infraestrutura que não se transformaram em um volume de exportações capaz de pagar os empréstimos estrangeiros. A fragilidade externa se converteu em crise cambial quando o segundo choque do petróleo nos visitou, em 1979.

O experimento desenvolvimentista terminou com a crise da dívida externa a partir de 1982. A exclusão da América Latina do mercado internacional de crédito colocou a região numa rota de estagnação, hiperinflação e crises cambiais. Desde então, o Brasil luta para reeditar, sem sucesso, a experiência dos anos desenvolvimentistas se apoiando na abertura comercial e financeira (anos 1990), em políticas sociais combinadas com densos pacotes de estímulos setoriais (anos 2000 até 2014) e, finalmente, em políticas neoliberalizantes de desmonte do Estado em especialização regressiva e ambientalmente predatória (governos Temer e Bolsonaro).

A visão neoliberal acredita – sem provas – que o agronegócio e a extração de petróleo e de minério de ferro nos levarão ao desenvolvimento pela graça do livre comércio e dos fluxos de capital estrangeiro; bastando apenas fazermos a nossa "lição de casa" (ajuste fiscal, inflação na meta e reformas liberalizantes). Todavia, essa recomendação é desautorizada pelo histórico de estagnação econômica tanto dos anos 1990 quanto do período Temer–Bolsonaro, em que tal orientação marcou a política econômica.

Nossa pauta de exportações é atualmente dominada por commodities agrícolas e minerais (70%). As contas públicas também dependem das commodities: o superávit de 2022 só foi possível devido à arrecadação recorde do setor extrativo, de 2,41% do PIB[26] – e, segundo esses cálculos, feitos pelo colega Bráulio Borges, a bonança mineral-extrativa renderá perto de 2% do PIB em receitas anuais à União até 2033. O que fazer quando a estrela do Pré-Sal se apagar?

A visão desenvolvimentista defende a reindustrialização da economia brasileira como caminho alternativo para o desenvolvimento – indústria é uma forma específica de produzir que autonomiza e dinamiza a inovação tecnológica, gerando melhores empregos e elevando a competitividade internacional da nossa economia. Esse conceito atualizado inclui serviços como automação bancária, soft-

---

26 Bráulio Borges, "Projeções atualizadas para as receitas fiscais geradas pelo setor extrativo em 2024-2033", 2024.

wares e aplicativos digitais, robótica, inteligência artificial, big data, internet das coisas etc.

Na raiz do nosso subdesenvolvimento está o fato de nunca termos elaborado um sistema nacional de inovação. Iniciativas bem-sucedidas como a Empresa Brasileira de Aeronáutica (Embraer), a Embrapa, a Eletrobras, a Petrobras e o BNDES, dentre outras, nunca formaram um sistema integrado e articulado – que permitisse ao país aprender produtivamente e manter sua posição no concerto das nações. Esse *miolo ausente* da inovação está associado ao que o saudoso prof. David Kupfer chamava de "doença industrial brasileira", isto é, um arranjo de política econômica anti-indústria que faz do rentismo uma resposta racional.

Compreender essa complexa dinâmica do desenvolvimento é tarefa árdua e repleta de desafios de implementação. Políticas setoriais de sofisticação produtiva tendem a morrer na praia se o regime macroeconômico não for sintonizado na frequência de um crescimento pró-indústria. Essa regulagem depende de a taxa de juros real ser relativamente baixa; a taxa de câmbio real, competitiva; a taxa de lucro, satisfatória para as empresas industriais investirem; a taxa de salários crescer com o aumento da produtividade, e a taxa de inflação se manter em um nível baixo.

As políticas industriais ganham força ao redor do mundo. Estados Unidos, Europa e China desfilam empenho financeiro e fiscal no desenvolvimento de tecnologias críticas da nova economia verde. O conservadorismo provinciano no Brasil, porém, ameaça desperdiçar esse bônus geopolítico. Mesmo quando economistas liberais concedem que o Brasil deva aspirar à reindustrialização, defendem políticas industriais menos ambiciosas, dentro dos limites impostos pelo tripé macroeconômico (metas de inflação, superávit fiscal e câmbio flutuante).

Contudo, mesmo que superemos o bloqueio ideológico da narrativa liberal na imprensa e no Congresso Nacional, persistirá uma enorme pedra no meio do caminho rumo ao desenvolvimento: a marcante dependência da nossa economia, da bolsa de valores e das exportações com relação à exploração direta e pouco sofisticada dos nossos abundantes recursos naturais. Conforme exposto anteriormente, esse modelo *fazendão com cassino* tem implicações profundas sobre a economia e sobre o mercado de trabalho.

Capítulo 10

Economia Dual: Faria Lima versus Feira de Acari

Em 1954, o economista Arthur Lewis publicou um artigo que lhe renderia, 25 anos depois, o prêmio em memória de Alfred Nobel para economistas.[1] Primeiro economista negro a receber essa honraria, Lewis se dedicou a compreender o que havia de diferente nas economias atrasadas. Adotando um modelo neoclássico padrão, ele fez um pequeno ajuste nas condições iniciais do modelo – pequeno ajuste que abriu o campo de estudos do desenvolvimento dentro da ortodoxia econômica.

Lewis dividiu a economia em dois setores, um de subsistência e outro industrial, e criou uma dinâmica entre eles. Nessa economia dual, o setor rural – tecnologicamente atrasado – teria produtividade nula na margem e serviria como bolsão de trabalhadores para o setor industrial. À medida que a indústria ampliava sua produção nas cidades, os trabalhadores seriam atraídos pelo salário mais elevado e migrariam do campo para elas. Como a mão de obra é abundante em estágios iniciais do desenvolvimento, os salários na indústria seriam ainda baixos e gerariam grandes lucros aos empresários. Conforme o estoque de mão de obra fosse se esgotando, os capitalistas teriam de elevar os salários para manter os trabalhadores. Lewis criou uma representação mecânica e fluida da transição de uma economia rural para um regime de acumulação urbano-industrial.

Posteriores desenvolvimentos do modelo questionaram o otimismo histórico de Lewis. Surgiram possibilidades intermediárias, como a

---

[1] William Arthur Lewis, "Economic Development with Unlimited Supplies of Labour", 1954.

transição interrompida, em que persiste a convivência de setores atrasados com setores avançados. Celso Furtado, Osvaldo Sunkel, Aníbal Pinto, Juan Noyola Vásquez e outros economistas da Comissão Econômica da ONU para a América Latina (Cepal) adaptaram esse modelo para retratar o subdesenvolvimento como uma deformação estrutural da economia – ou, como diria Furtado, uma construção interrompida de uma sociedade urbano-industrial desenvolvida. Nesse modelo, os frutos do esforço coletivo de produção seriam distribuídos de maneira razoavelmente equânime entre os estratos de renda da sociedade; bem, tão equânime quanto o capitalismo permite.

O que se via na periferia do sistema mundial era, ao contrário, uma espantosa concentração de renda e de riqueza no topo da sociedade, resultado de um modelo econômico dependente da exploração predatória de recursos naturais. Nesse modelo, o país vende produtos de baixo valor agregado que enfrentam muita concorrência de outros países; assim, a competição no mercado internacional se dá por preço e não por qualidade.

Sujeitas aos ciclos de preços internacionais, essas economias se viam sempre na necessidade de cortar custos quando os preços das mercadorias caíam no mercado internacional – sacrificando empregos, salários, investimentos em inovação e melhorias no processo produtivo. Superar essa barreira exigiria a atuação do Estado para manter o esforço de investimento em capacidade produtiva através dos ciclos de preços internacionais. O que a Cepal buscava, em última instância, era a superação da dualidade do modelo de Lewis, uma homogeneização das condições materiais internas aos países da região.

Setenta anos depois, a modernização do sistema produtivo na cidade e no campo veio apenas com a tecnologia, mas não avançou do ponto de vista social. Esse atraso na distribuição da renda e da riqueza manteve a economia latino-americana na dualidade estrutural, na qual os vendedores da Feira de Acari e os capitães das finanças da Faria Lima vivem a experiência de dois países diferentes, embora ocupem a mesma demarcação territorial.

Este capítulo analisa a dualidade no mercado de trabalho e na propriedade da riqueza nacional – que produz uma "gramática da desigualdade" (no dizer de um dos autores em *Esfarrapados*),[2] que modela, normaliza e aprisiona a própria representação da sociedade como uma segregação estável de espaços de vivência social, com regras e mecanismos de reprodução que devem ser observados e obedecidos.

O MERCADO DE TRABALHO NA PERIFERIA
OU "O QUE VOCÊ VAI SER QUANDO CRESCER?"

Um dos principais problemas em uma economia dual é transferir a maior parte possível de pessoas das atividades simples, de baixa produtividade e que pagam mal para atividades mais sofisticadas. A cooperação de várias habilidades em uma organização de interesses se chama *empresa*, a qual pode ter uma governança hierárquica (com acionistas e executivos de um lado, e funcionários e fornecedores de outro) ou horizontal (como as cooperativas).

O valor econômico de uma pessoa no mercado de trabalho depende de quanto ela consegue oferecer à empresa em troca de um salário. Em geral, a troca não é igualitária. A rigor, o que a empresa ganha do trabalhador (produtividade) excede o valor que esse recebe na forma de salário. Caso contrário, não faria sentido para a empresa gastar dinheiro com um funcionário que lhe faria perder dinheiro ao final do processo. Assim, um trabalhador produtivo, qualificado, que identifica falhas nos processos de gestão e de produção e oferece sugestões para corrigi-las tem alto valor para a empresa.

Dada a concorrência entre trabalhadores, as empresas exigem, muitas vezes, competências e credenciais escolares (como nível superior completo) que servem para diferenciar candidatos a uma vaga, mesmo que aquela habilidade não seja diretamente utilizada no dia a dia. É o exemplo da fluência em idiomas ou do domínio de softwares de computação. Mesmo que não as utilizem com frequência, esse domínio sinaliza aos

---

2 Cesar Calejon, *Esfarrapados*, 2023.

empregadores as capacidades de aprendizagem, bem como a prioridade dada à qualificação antes de ingressar no mercado de trabalho.

Acontece que, em uma economia dual, em que empresas pequenas e pouco sofisticadas coexistem com grandes corporações dotadas de muita tecnologia e conhecimento, a geração de vagas para pessoas que se dedicaram com avidez aos estudos raramente é suficiente para empregar todas as pessoas que ingressam, a cada ano, no mercado de trabalho. A oferta de gente qualificada fica maior do que a demanda pelo trabalho dessas pessoas. Esse racionamento de bons empregos reduz o "valor de mercado" da qualificação profissional e educacional.

Assim, pessoas qualificadas acabam caindo de categoria e, na tirania da dependência de um emprego, devem se sujeitar a trabalhar em atividades que requerem menor qualificação e, claro, menor remuneração. Abundam casos de pessoas com curso universitário desempenhando funções que exigem conhecimento em nível de ensino médio, como mostra o gráfico do Ipea, abaixo.

Gráfico 1.1
Cadastro Geral de Empregados e Desempregados (Caged)
Saldo de empregos formais em doze meses – por grau de instrução
(Em mil unidades)

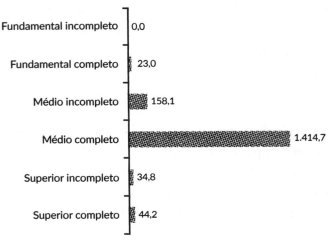

Gráfico 1.2
Cadastro Geral de Empregados e Desempregados (Caged)
Saldo de empregos formais em doze meses – por faixa etária
(Em mil unidades)

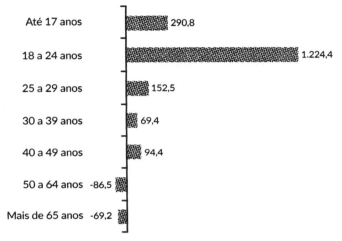

Fonte: Maria Andreia Parente Lameiras e Marcos Hecksher, "Indicadores mensais do mercado de trabalho – março de 2024", Carta de conjuntura, nº 63, Nota de conjuntura 8, Ipea, 2024.

Em economia, chamamos de "prêmio salarial da escolaridade"[3] o diferencial de salário que uma pessoa qualificada consegue obter no mercado de trabalho em comparação com a média das atividades de baixa qualificação. Uma economia dual, com pouca vocação para disseminar empregos de qualidade, tende a reduzir o prêmio salarial da escolaridade. Em outras palavras: todos os "investimentos" pessoais (de tempo e de recursos) realizados durante a etapa da qualificação não são remunerados pelo salário que se consegue obter no mercado de trabalho – seja porque a pessoa não consegue trabalhar a quantidade de horas que está disposta a trabalhar, seja porque as oportunidades disponíveis não conseguem aproveitar todas as competências oferecidas por ela.

---
[3] Cristiano da Costa Silva, José Ronaldo de C. Souza Júnior e Tarsylla da S. de G. Oliveira, "Índice de qualificação do trabalho agregado e desagregado por setores", Ipea, 2022.

Hoje, estudos e relatórios sobre mercado de trabalho vêm mostrando que a redução do prêmio salarial da escolaridade já é sistemática.

Esse fenômeno é o coletivo de "potencial desperdiçado", uma falha da nossa economia em usar todo o investimento que fazemos na educação de nossas crianças para elevar a produtividade da economia e melhorar o bem-estar coletivo. As causas desse fenômeno são variadas e dão espaço para controvérsias acadêmicas difíceis de serem apaziguadas. De forma resumida, uma visão mais liberal atribui o fenômeno ao ambiente de negócios hostil ao empresariado, com carga tributária elevada e muitas barreiras burocráticas à operação das empresas. O custo de operação elevado deixa pouco dinheiro para inovação e pesquisa, impedindo o aproveitamento da qualificação dos trabalhadores em atividades mais sofisticadas – reduzindo a produtividade do trabalho e, portanto, o salário que torna viável empregar mais pessoas.

De outro lado, a visão desenvolvimentista reconhece tais empecilhos, mas atribui as causas desse processo à perda de massa industrial na nossa produção. À medida que a desindustrialização avança, setores inteiros são substituídos por importações de bens e serviços produzidos em outros países. Fosse a inovação o centro dinâmico dessa economia, a perda de um setor seria suplantada pela criação de novos setores, os quais absorveriam a mão de obra desempregada pela concorrência externa. Numa economia dual, todavia, esses empregos não são criados. Em vez de fugir para cima, a economia despeja seus trabalhadores numa vala comum de atividades de baixa qualificação, sobretudo no setor de serviços.

Nos grandes centros urbanos, é comum encontrarmos vendedores ambulantes de idade mais avançada, que chegaram a trabalhar em fábricas nos anos 1980 – quando a escalada da hiperinflação iniciou o processo de degradação do nosso tecido social. Torneiros mecânicos, operadores de empilhadeira, datilógrafos, estoquistas, etiquetadores de preço e uma variada gama de atividades foram sendo substituídas por máquinas ou por poderosos sistemas de gestão que tornaram obsoleto o uso de mão de obra. Conforme a economia se "modernizou" nos anos 1990 – com a acelerada abertura econômica a partir de 1988, no governo Sarney, levada adiante nos governos Collor e Fernando Henrique Cardoso –, os empregos de qualidade escassearam e deram lugar a empregos domésticos, entregadores de encomendas (depois, por plataformas) e a uma vasta quantidade de empregos informais ou bicos.

A segurança econômica foi sendo substituída com rapidez pela incerteza de rendimentos, na medida em que a "flexibilização" das leis trabalhistas também flexibilizava os orçamentos familiares. A desindustrialização acelerou a perda de poder de barganha dos sindicatos, uma vez que as vagas de emprego eram pulverizadas em empresas menores e sem grande escala, no varejo e nos serviços de alimentação.

O advento da regulação da condição de Microempreendedor Individual (MEI), encampado pelo governo do Partido dos Trabalhadores, em 2006,[4] buscou regularizar atividades desempenhadas por pessoas desempregadas – e que constituíam bicos – por meio da criação de pessoas jurídicas com menor tributação. As empresas perceberam essa brecha e, em vez de empregar pessoas e enfrentar todos os encargos trabalhistas que quase dobram o custo do trabalhador, começaram a contratar MEIS – que eram, na verdade, seus empregados que agora se tornavam fornecedores das empresas.

Em essência, as *pejotinhas* – um dos apelidos que surgiram para os MEIS como pessoas jurídicas de pequeníssimo porte – passaram a redefinir as relações trabalhistas, agora disfarçadas de relação entre empresas. O resultado foi a desoneração informal das empresas, as quais deslocaram os encargos trabalhistas para a responsabilidade individual dos MEIS de contribuírem com a previdência pública, enquanto as *pejotinhas* perdiam direitos trabalhistas (como férias, 13º salário e abono salarial) e boa parte da proteção social.

---

4 A Lei Complementar nº 123, de 14 de dezembro de 2006, instituiu o Estatuto Nacional da Microempresa e da Empresa de Pequeno Porte.

Por óbvio, esse processo acometeu uma grande parte das pessoas em idade economicamente ativa. Em 2024, cerca de 39% da força de trabalho estavam na informalidade. Eram cerca de 40 milhões de trabalhadores de baixa produtividade que atuam em condições precárias, esperando sua sorte na loteria do mercado. E aqui temos mais uma dimensão da lógica especulativa do neoliberalismo, que abordamos no capítulo anterior. O deslocamento das relações trabalhistas da segurança dos direitos garantidos para a exposição ao risco do desemprego, ou a migração – em função do desespero – para a posição de empreendedor. O motivo é pouco relevante para o sistema. O que importa é converter o trabalhador em empreendedor de si mesmo.

TELETRABALHO E "MICROEMPRESÁRIOS DE APLICATIVO"

Uma questão a ser explorada pela sociologia do trabalho é em que medida essa pulverização da organização do trabalho teve implicações sobre a consciência de classe dos trabalhadores. Afinal, ao se enxergar como microempreendedora, a pessoa perde os laços de solidariedade de classe que marcaram a emergência do sindicalismo no século XX.

A dissolução da organização sindical se acoplou ao avanço das tecnologias poupadoras de trabalho, agravando a insegurança econômica no século XXI.[5] Mundo afora, a fatia dos salários na renda nacional vem caindo de forma sistemática. A precarização e a informalidade ganham vulto, impulsionando a desigualdade de renda do trabalho. Assim, a fatia dos lucros aumenta – e, com ela, a concentração de riqueza, que se converte em poder de bloquear mudanças institucionais em favor dos trabalhadores. Há também um cenário propenso à atrofia da

---

[5] Levantamento do IBGE mostrou que, em 2023, 8,4% dos 100,7 milhões de pessoas ocupadas eram associadas a sindicatos – quase a metade da cobertura sindical registrada em 2012, quando 16,1% dos trabalhadores eram sindicalizados. Ver Mayra Castro, "Parcela de trabalhadores sindicalizados cai à metade em 11 anos, mostra IBGE", *O Globo*, 21 jun. 2024.

inovação, conforme o poder de mercado das corporações cresce. Em face dos lucros estáveis e da tendência a secar os cofres por meio da distribuição acelerada de dividendos aos acionistas, a aversão ao risco domina o comportamento do comando executivo – provocando queda de orçamento dedicado a pesquisa e desenvolvimento.

Um dos sintomas dessa economia dual se manifestou durante o isolamento social nos primeiros momentos da pandemia da covid-19, em 2020: a desigualdade de espaço que afetava a capacidade de se isolar para evitar o contágio da doença.

Como demonstrado na tabela 1, 34% dos domicílios no Brasil sofriam com a falta de saneamento básico ou estrutura apropriada, chegando a 61% e 51% no Norte e Nordeste, respectivamente. Dos domicílios vulneráveis, em mais de 50% havia idosos ou portadores de algum fator de risco, e contam com uma alta concentração de moradores.[6]

A pandemia da covid-19 descortinou outras camadas das desigualdades no mercado de trabalho. O acesso ao home office (modalidade que entrou em alta no período pandêmico) é um exemplo ilustrativo disso: poder migrar do trabalho presencial para o remoto requer um conjunto de condições materiais inacessível para a maior parte da população.

Estudo do Fundo Monetário Internacional (FMI),[7] em 2020, revelou uma espécie de apartheid tecnológico, com diferenças significativas entre os países com relação ao trabalho remoto – ainda que nas mesmas ocupações. Por exemplo, é muito mais fácil trabalhar remotamente na Noruega e em Cingapura do que na Turquia, no Chile, México, Equador e Peru, porque mais da metade das famílias na maioria dos países emergentes e em desenvolvimento sequer possui um computador em casa. Em síntese: os ricos têm mais mobilidade laboral e podem trabalhar em modo remoto; os pobres precisam se deslocar para o local de trabalho.

---

[6] Ver o estudo de Letícia Nunes, Rudi Rocha e Gabriel Ulyssea, "Vulnerabilidades da População Brasileira à COVID-19: Desafios para a Flexibilização do Distanciamento Social", 2020.

[7] Mariya Brussevich, Era Dabla-Norris e Salma Khalid, "Teleworking is Not Working for the Poor, the Young, and the Women", *Blog do Fundo Monetário Internacional*, 7 jul. 2020.

Tabela 1
Caracterização de domicílios vulneráveis e seus moradores

	Norte	Nordeste	Centro-Oeste	Sudeste	Sul	Brasil
Caracterização dos domicílios						
% Estrutura vulnerável	14,67	16,34	10,98	7,99	9,07	11,24
% Sem esgoto	48,54	34,39	39,80	8,40	23,17	23,02
% Sem água encanada	17,82	16,43	2,34	1,71	0,98	7,08
% Sem recolhimento de lixo	22,45	22,18	8,29	4,72	7,90	11,76
% Domicílios vulneráveis	60,77	50,59	45,92	16,83	32,77	34,31
Domicílios vulneráveis						
% Moradores por cômodo > 1	69,31	48,84	41,98	53,32	36,82	50,26
% Moradores por cômodo > 2	40,33	16,79	17,10	22,60	15,37	21,30
% Moradores por banheiro > 4	64,18	59,94	40,56	50,16	42,08	54,17
% Fatores de risco	45,12	50,48	53,62	54,51	60,73	52,44
% Trabalhadores por conta própria	24,37	22,01	14,71	18,46	23,16	20,99

Fonte: Letícia Nunes, Rudi Rocha e Gabriel Ulyssea, "Vulnerabilidades da População Brasileira à covid-19", 2020. Nota: Dados da Pesquisa Nacional de Saúde (PNS), 2013. A amostra de domicílios foi usada para identificar aqueles que apresentaram alguma das seguintes vulnerabilidades: (1) estrutura das paredes de alvenaria sem revestimento, taipa não revestida, madeira aproveitada ou palha; (2) sem rede geral de esgoto ou fossa séptica; (3) sem água encanada; ou (4) sem coleta de lixo. "Fatores de risco" inclui portadores de doenças crônicas, obesidade, tabagismo e idosos. A categoria de "trabalhadores por conta própria" na PNS é mais agregada que na Pesquisa Nacional por Amostra de Domicílios Contínua (PNAD Contínua), não sendo possível dissociar os que possuem ou não CNPJ

Gráfico 2
Os mais ricos são mais adaptáveis ao teletrabalho
Índice de teletrabalho por PIB per capita

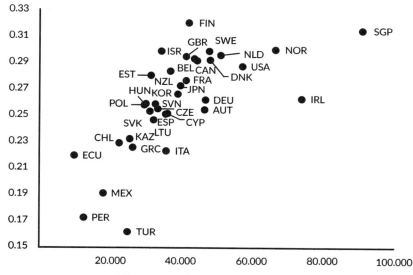

PIB per capita (valores em dólar de 2011)

Fonte: Programme for the International Assessment of Adult Competencies (PIAAC), Organização para a Cooperação e Desenvolvimento Econômico (OCDE), em Mariya Brussevich, Era Dabla-Norris e Salma Khalid, "Teleworking is Not Working for the Poor, the Young, and the Women", *Blog do Fundo Monetário Internacional*, 7 jul. 2020. Nota: O índice de teletrabalho vai de 0 (ninguém pode trabalhar remotamente) até 1 (todos podem trabalhar remotamente). Os pontos representam o nível médio dos países segundo seu índice de capacidade de teletrabalho. Legenda: TUR Turquia; PER Peru; MEX México; ECU Equador; CHL Chile; KAZ Cazaquistão; GRC Grécia; ITA Itália; SVK Eslováquia; LTU Lituânia; ESP Espanha; POL Polônia; HUN Hungria; KOR Coreia do Sul; SVN Eslovênia; CZE República Tcheca; AUT Áustria; DEU Alemanha; JPN Japão; NZL Nova Zelândia; FRA França; EST Estônia; BEL Bélgica; CAN Canadá; ISR Israel; GBR Grã-Bretanha; DNK Dinamarca; FIN Finlândia; SWE Suécia; NLD Países Baixos; USA Estados Unidos; NOR Noruega; SGP Cingapura; IRL Irlanda.

O estudo ainda descobriu que trabalhadores jovens e aqueles sem educação universitária têm uma probabilidade significativamente menor de trabalhar de maneira remota. Esse risco mais elevado é relacionado com os perfis de idade dos trabalhadores dos setores mais afetados por políticas de distanciamento social. Ou seja, como consequência, a crise agravou a desigualdade intergeracional de forma preocupante, e o resultado é que quanto mais jovem e menos escolarizado, mais exposto.

Gráfico 3
Crises de saúde pública podem ampliar inequidades intergeracionais

Jovens sem ensino universitário são os mais expostos na pandemia da covid-19.
Índices de teletrabalho por grupo de idade e nível de educação.

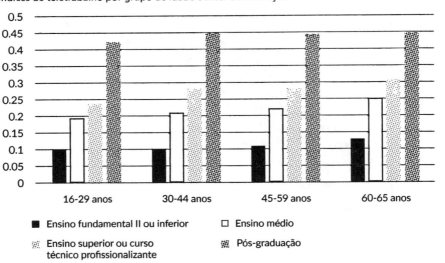

Fonte: Programme for the International Assessment of Adult Competencies (PIAAC), Organização para a Cooperação e Desenvolvimento Econômico (OCDE), em Mariya Brussevich, Era Dabla-Norris e Salma Khalid, *op. cit.*, 7 jul. 2020.

O estudo mostrou outra clivagem tecnológica referente à sofisticação do trabalho de acordo com a remuneração. O efeito desemprego da pandemia se combinou com o efeito colocação no mercado de trabalho: os trabalhadores na base da distribuição de renda já estavam desproporcionalmente concentrados nos setores mais afetados pelo distanciamento social (dentre os quais os de serviços de alimentação e hospedagem, que estão entre os menos adaptáveis ao teletrabalho). Além disso, os trabalhadores de baixa renda também têm maior probabilidade de viver precariamente e com poucos amortecedores financeiros à volatilidade da renda do trabalho, como poupança e acesso a crédito. Em suma: a segregação do mercado de trabalho tem muitas camadas de desigualdade, que expõem os trabalhadores menos qualificados à insegurança econômica – e sanitária, em caso de calamidades.

No Brasil, o teletrabalho segue como tendência pós-pandemia: em 2023, eram 8,3% dos brasileiros contra 5,8%, em 2019. Entre as mulheres, a parcela é ainda maior, de 13,4% contra 5,2% dos homens. A disparidade de gênero também é grande no trabalho em veículo próprio, em que atuam 7,3% dos homes e só 0,7% das mulheres.[8] No ramo de informação, comunicação e atividades financeiras, imobiliárias, profissionais e administrativas, por exemplo, o teletrabalho alcançava mais de um quarto dos ocupados (25,8%). Entre os que realizaram teletrabalho, a renda média mensal foi estimada em 6.479 reais no quarto trimestre de 2022, ou 2,7 vezes maior do que a média recebida pelo grupo que não havia aderido a essa modalidade (2.398 reais).[9]

O estudo mostra que, ao final de 2022, o Brasil tinha quase 1,5 milhão de trabalhadores por meio de aplicativos de serviços,[10] incluindo-se motoristas, entregadores de comida e outros profissionais. Desses, cerca de 700 mil motoristas (47,2% do total) atuavam por meio de aplicativos de transporte particular de passageiros (exceto táxi).[11] Os trabalhadores de apps de entrega de comida e outros produtos somavam 589 mil (39,5%); de táxi, 207 mil (13,9%); serviços gerais ou profissionais, 197 mil (13,2%).[12]

---

8 Mayra Castro, "Trabalhar de casa segue como tendência pós pandemia: 8,3% dos brasileiros atuam assim, mostra IBGE", *O Globo*, 21 jun. 2024.
9 Leonardo Vieceli, "Teletrabalho é maior entre brancos, mulheres e profissionais com ensino superior", *Folha de S.Paulo*, 25 out. 2023.
10 Lucas Marchesini, "Governo ignora empresas e trabalhadores de apps em proposta para regular setor", *Folha de S.Paulo*, 22 out. 2023.
11 Vinícius Barboza, "Uber pagará R$ 1.000 a motoristas nível 'diamante'; saiba quem pode receber", *Folha de S.Paulo*, 5 out. 2023.
12 Fernanda Brigatti, "Entregadores pedem R$ 35 por hora online, e apps oferecem R$ 12 por hora trabalhada", *Folha de S.Paulo*, 4 set. 2023.

Apesar das promessas de uma "economia do compartilhamento", o que as grandes corporações parecem oferecer aos trabalhadores é uma relação bastante abusiva. Sempre se pode defender as empresas, dizendo que os trabalhadores são livres para procurar outro emprego. A realidade é, contudo, menos florida no Brasil. Profissionais se dedicam por anos a fio a se qualificar, investem pesados recursos financeiros em educação, e chegam a um mercado de trabalho incapaz de remunerá-los de acordo com seu grau de escolaridade. A armadilha do subdesenvolvimento é, sobretudo, uma prisão da sub-remuneração.

NÃO DEU *MATCH*

Há, por outro lado, um aspecto estrutural do nosso mercado de trabalho: o descasamento entre os cursos universitários, ofertados pelo sistema público e privado de ensino superior, e as demandas das empresas.

Segundo o Instituto Brasileiro de Geografia e Estatística (IBGE), atualmente, cerca de 20% da população brasileira têm formação universitária. Apesar de ter dobrado desde o início da década passada (quando era 7,9%), a proporção ainda fica abaixo da de países desenvolvidos. Apenas em 2022, 9,4 milhões de estudantes chegaram ao ensino superior, segundo o censo mais recente do Instituto Nacional de Estudos e Pesquisas Educacionais Anísio Teixeira (Inep).

Contudo, em três anos, o contingente de profissionais com diploma universitário que ocupam vagas fora da própria área aumentou em 20% e, na maior parte dos casos, são oportunidades que sequer exigem nível superior. Poucos cursos concentram 27% da oferta de profissionais, a saber: pedagogia, administração de empresas, direito e enfermagem. Nesses, que são os cursos mais populares do país, apenas 10% das pessoas recém-formadas conseguem uma vaga formal de emprego em seu nível equivalente de capacitação.

Em 2024, uma reportagem de O *Globo* mostrou que a taxa de sucesso em encontrar vaga na área de formação é baixa entre os cursos mais procurados, variando entre 3,4% e 15,5%. Os dados do Inep revelam ainda uma especialização preocupante da demanda por cursos universitários: 27 em cada 100 calouros escolheram uma dessas quatro formações mais populares dentro de um universo de 43.085 opções de carreira.[13] Essa concentração dificulta para as empresas encontrarem profissionais das áreas ligadas a ciências, tecnologia, engenharias e matemática. Nesses setores, há escassez de mão de obra onde há vagas, gerando um déficit de 500 mil profissionais até 2025.

O mesmo processo se repete no setor de construção civil, em que 30% das empresas acusam a escassez da mão de obra qualificada como fator limitativo importante da atividade, como mostra o gráfico a seguir. Reportagem do *Valor Econômico*,[14] em 2024, mostrou que o setor atualmente emprega, de modo formal, 2,8 milhões de trabalhadores, e tenta restaurar o nível de 2010, quando tinha 3,2 milhões de pessoas empregadas. À primeira vista, pode parecer algo menor, mas essa restrição de oferta de trabalhadores é fundamental em dois pontos. Primeiro, porque pode desacelerar o ritmo do Novo Plano de Aceleração do Crescimento (PAC) do governo Lula, conforme as prefeituras e governos estaduais retomam obras paradas em ano eleitoral. O segundo efeito é a elevação dos custos no setor que, além de encarecer as obras públicas e privadas – sacrificando mais recursos para a mesma obra –, pode, em situação de economia mais aquecida, pressionar os preços dos imóveis e dos aluguéis, o que tem potencial de afetar a inflação no futuro.

---

13 Juliana Causin, "Falta '*match*'", *O Globo*, 2 jun. 2024.
14 Rafael Vazquez, "Veja como a falta de mão de obra qualificada virou desafio para construção civil", *Valor Econômico*, 4 abr. 2024.

**Gráfico 4
Fatores limitativos e percentual de assinalações**

	Custo de matéria-prima	Custo de mão de obra	Demanda insuficiente	Competicação no próprio setor	Escassez de mão de obra qualificada
jun/23	17	15	28	26	23
dez/23	14	16	27	28	28
jun/24	15	19	23	25	30

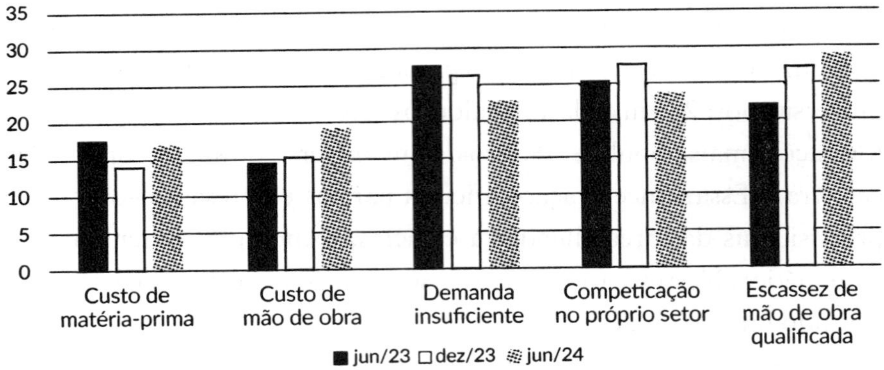

Fonte: "Sondagem da construção", 2024. Instituto Brasileiro de Economia – Fundação Getulio Vargas (FGV Ibre). Nota: "Percentual de assinalações" equivale ao percentual de respostas que os empresários do setor apresentaram sobre os principais gargalos do setor de construção civil.

Pesquisas recentes do IBGE revelam que o aumento da massa salarial entre 2013 e 2022 concentrou-se nas atividades de menor qualificação. Estudo do Instituto Brasileiro de Economia da Fundação Getulio Vargas (FGV Ibre) aponta encolhimento de 16,7% da renda de trabalhadores brasileiros com 12 a 15 anos de estudo nesse período; a queda foi de 2,9% entre aqueles com 5 a 8 anos de instrução.

Esses números deixam clara a falta de uma estratégia nacional de qualificação de mão de obra que atenda às necessidades de desenvolvimento da economia, o que pode limitar o crescimento do país no longo prazo e inibir a elevação mais robusta e persistente da renda do trabalho, com menor desigualdade. Mas tudo começa na primeira infância.

O "Relatório de capital humano brasileiro", publicado em 2022 pelo Banco Mundial – coordenado pelo economista Ildo Lautharte –, estima que investimentos em saúde e educação na formação das crianças brasileiras poderiam impulsionar o PIB em até 158%.[15]

---

15 Banco Mundial, "Relatório de capital humano brasileiro", 2022.

O relatório calcula o "talento desperdiçado" de nossas crianças por meio do Índice de Capital Humano (ICH), o qual estima a produtividade esperada de uma criança nascida hoje quando ela atingir 18 anos de idade, tomando como base as condições vigentes de educação e saúde.

O objetivo do estudo é compreender como as condições materiais de vida afetam a formação de habilidades e competências e, portanto, a produtividade dessas crianças no futuro. Na média, o ICH mostra que uma criança brasileira nascida em 2019 atinge apenas 60% de todo o seu potencial.

A situação fica dramática quando observamos as disparidades regionais e dentro dos estados. Por exemplo, crianças nascidas em municípios do Norte e Nordeste desenvolvem apenas metade de todo o seu potencial talento, e ficam 10 pontos percentuais (0,1 ponto do ICH) abaixo do desenvolvimento de uma criança típica do Sudeste. Se tomarmos o caso do Rio Grande do Sul (Região Sul do país), uma pequena distância de 250 quilômetros gera um abismo de 0,3 ponto entre o ICH dos municípios de Santa Tereza (0,767) e de Engenho Velho (0,472). São dois Brasis convivendo. Grande parte do ICH é explicado pela educação.

Do ponto de vista das diferenças de gênero, o estudo mostra que, aos 18 anos de idade, as mulheres têm mais anos de estudo do que os homens. Em média, o ICH das mulheres é superior ao dos homens (0,60 vs. 0,53) – em 2017, a produtividade esperada delas também superou com grande vantagem a dos homens aos 18 anos. As mulheres estão pelo menos uma década à frente dos homens. O resultado é o similar em praticamente todos os municípios do Brasil.

Considerando as diferenças raciais, a produtividade esperada de uma criança negra nascida em 2019 era de 56% de todo o seu potencial; isso equivale, em média, a 7 pontos percentuais a menos que uma criança branca (63%). O ICH da população indígena ficou ainda mais longe (52%), com 11% de déficit com relação às crianças brancas.

Se analisarmos os ritmos de progresso, notamos uma corrida muito injusta: o desenvolvimento das crianças brancas avançou 14,6% entre 2007 e 2019, enquanto o das crianças negras cresceu 10,2% e o das indígenas, apenas 0,97%. Com isso, no período, a diferença das crianças brancas para as negras dobrou, e triplicou com relação às indígenas.

A avaliação se estende para o mercado de trabalho, por meio do Índice de Capital Humano Utilizado (ICHU) – que avalia as taxas de emprego formal e informal para aferir quanto da escolaridade é aproveitada pelo mercado de trabalho. Em média, aproveitamos apenas 38% do nosso potencial em 2019. Partindo dos 60% de aproveitamento esperado das crianças ao nascerem, o Brasil perde 22% da produtividade quando os trabalhadores chegam ao mercado de trabalho.

Esse mercado reverte a vantagem feminina e agrava as desvantagens de negros e indígenas. A vantagem de 7 pontos percentuais das mulheres no potencial esperado se transforma em uma vantagem de 8 pontos para os homens no aproveitamento do potencial pelo mercado. As mulheres negras são duplamente penalizadas: devido ao gênero e à raça – não por acaso atingem 15,7 pontos percentuais abaixo dos homens brancos no ICHU.

A conclusão do estudo do Banco Mundial é sombria: se a trajetória do ICH se mantiver como a observada entre 2007 e 2019, o Brasil precisará de 60 anos para atingir os patamares de qualificação dos trabalhadores dos países desenvolvidos em 2019.

O desafio se torna ainda maior se considerarmos que não basta oferecer educação de qualidade do ensino básico ao superior. Essa é uma condição incontornável. Todavia, sem um projeto de desenvolvimento tecnológico da economia doméstica, continuaremos subaproveitando o potencial de nossa força de trabalho.

A REFORMA TRABALHISTA DE 2017 E A PRECARIZAÇÃO DO EMPREGO

Dois estudos do Departamento Intersindical de Estatísticas e Estudos Socioeconômicos (Dieese) mostram como a precarização do trabalho se alia à subutilização da qualificação dos trabalhadores no Brasil.[16]

A reforma trabalhista entrou em vigor em novembro de 2017 (Lei nº 13.467/2017), no governo Michel Temer. Com o objetivo de facilitar a empregabilidade e reduzir os custos de rotatividade da mão de obra para as empresas, foi criado o contrato de trabalho intermitente. Essa modalidade ficou também conhecida como *contrato de zero hora*, em que: "O trabalhador fica à disposição para trabalhar, aguardando, sem remuneração, pelo chamado do empregador. Enquanto não for convocado, não recebe. E, quando requisitado para executar algum serviço, a renda é proporcional às horas efetivamente trabalhadas."

O parecer do Projeto de Lei nº 6.787/2016, que deu origem à reforma, projetava que os contratos intermitentes gerariam, em potencial, 14 milhões de empregos formais em até dez anos, além da formalização dos empregos informais já existentes. Em 2017, o então ministro do Trabalho, Ronaldo Nogueira, chegou a afirmar, na Comissão de Fiscalização Financeira e Controle da Câmara dos Deputados, que os novos contratos (trabalho intermitente e jornada parcial) tinham o potencial de criar 2 milhões de empregos até o final de 2019.[17]

Quatro anos depois, os resultados foram como o esperado: muito aquém das previsões fantásticas que motivaram a aprovação da reforma. Um em cada cinco vínculos intermitentes firmados em 2021 não geraram trabalho ou renda, enquanto 46% dos vínculos intermitentes ativos em dezembro de 2021 não registraram nenhuma atividade naquele mês. Em dezembro do mesmo ano, 44% dos vínculos intermitentes que

---

16 Dieese, "Aumenta ocupação de pessoas com ensino superior, mas em trabalhos não típicos para essa escolaridade", 2023; Dieese, "Trabalho intermitente cresce, mas renda média é inferior ao salário mínimo", 2023.
17 Janary Júnior, "Ministro diz que novos contratos de trabalho vão gerar 2 milhões de empregos", *Agência Câmara de Notícias*, 10 out. 2017.

registraram trabalho ofereceram renda média mensal de 888 reais, ou 81% do valor do salário mínimo naquele ano. O número de contratos intermitentes ao final de 2021 era de 244 mil, e representou mero 0,5% do estoque de empregos formais. Faltaram apenas alguns milhões de vagas precárias para bater a meta do governo Temer.

Entre 2019 e 2022, segundo informações do Dieese sobre a correspondência entre o grau de escolaridade e o nível de qualificação exigido pelos empregos, o número de ocupados com ensino superior completo cresceu 15%; porém, o crescimento foi maior em ocupações com baixo grau de qualificação. O relatório mostra que o percentual de pessoas com nível superior trabalhando como balconista ou vendedor de loja aumentou 22%, e como profissional de nível médio de enfermagem subiu 45%. São 171 mil motoristas, 169 mil especialistas em beleza e mais de 1 milhão de comerciantes, balconistas e vendedores com diploma universitário.

Dentre as pessoas de baixa renda com nível superior, 61% estavam em ocupações com menor nível de escolaridade. Já entre os mais ricos, 71% estavam em posições compatíveis com seu grau de qualificação.

Para entender esses números, vamos analisar de forma rápida os resultados da avaliação do Inep,[18] feita em 2022, sobre a qualidade de 26 cursos de bacharelado e tecnológicos – principalmente de gestão e ciências sociais e humanas, como direito, psicologia e relações internacionais. Primeiro, os cursos presenciais apresentam melhores resultados: nos 7,2 mil cursos presenciais avaliados, as notas foram mais altas do que nos cerca de 1,7 mil cursos a distância.

No que diz respeito à qualidade das instituições de ensino superior, nota-se uma grande distância entre os resultados das universidades públicas federais e das instituições privadas: 85% das universidades públicas federais tiraram notas 4 ou 5; em 2018, foram 68%. Das instituições particulares com fins lucrativos, apenas 21% obtiveram as notas mais altas.

Essa qualidade duvidosa do ensino superior privado corresponde, entretanto, a mensalidades que variam significativamente a depender

---

18 "Conceito Preliminar de Curso (cpc)", Inep, 16 set. 2020.

do regime das aulas: cursos presenciais custam mais do que o triplo dos aplicados a distância.[19]

Segundo o Inep, os cursos na modalidade de educação a distância (EAD) crescem exponencialmente, sobretudo na área de licenciatura. O número de professores formados em EAD mais do que dobrou no espaço de uma década, pulando de 28,2% (2012) para 60,2% (2022). No mesmo período, a proliferação desses cursos implicou, como esperado, forte queda na qualidade dessas graduações.

O motivo reside na política de preços agressiva, que sacrifica a qualidade de ensino. Mensalidades acessíveis são um grande chamariz do modelo EAD. Para tentar reaver parte do mercado perdido, as instituições reduziram os preços dos cursos presenciais entre 2023 e 2024, aceitando queda real de 16,7% nos valores cobrados, enquanto as mensalidades em EAD caíram apenas 4,5%. Trata-se de uma corrida ao fundo do poço da qualidade do ensino e, sobretudo, das condições de trabalho e qualificação dos docentes.

A lógica neoliberal da concorrência na educação produz a boa e velha austeridade, o enxugamento dos investimentos em pesquisa e infraestrutura e da folha de pagamento dos trabalhadores do setor, com jornadas de trabalho extensas e remuneração muito baixa.

Esse é o sistema de educação em que a base da pirâmide de renda está inserida: formação precária e cara, combinada com jornada de trabalho extenuante e mal remunerada. É sob essas condições que os pobres precisam se qualificar para poder lutar pelos melhores empregos. Infelizmente, esses não são gerados de forma massificada e ficam restritos ao topo da pirâmide – em particular, aos filhos da elite econômica. Como diria Bruno Gouveia, compositor da música "Zé-ninguém": "Aqui embaixo as leis são diferentes." Voltemo-nos agora para o *camarote* VIP do mercado de trabalho.

---

19 "Quanto custa fazer faculdade particular? Mensalidade média de cursos presenciais é de R$ 1.132; na EAD, R$ 348", *g1*, 25 mar. 2024.

Capítulo 11
A vida no camarote VIP da sociedade

Uma forma de visualizarmos o abismo social que separa a base do topo da pirâmide é observar a estrutura organizacional de remunerações dentro das grandes corporações, em particular aquelas com capital aberto em bolsa de valores.

A batalha pela transparência vem de longa data. Em 2018, após dez anos de disputas judiciais, a Comissão de Valores Mobiliários (CVM) passou a exigir a divulgação dos salários dos executivos. Até esse ano, uma liminar da Justiça garantia às empresas o sigilo de informações referentes às remunerações máxima, média e mínima de seus executivos e conselheiros. Segundo reportagem do *Valor Econômico*, após uma disputa judicial que durou oito anos, encampada pela CVM – em favor de maior transparência –, as principais empresas do país (como Vale, Bradesco, Companhia Siderúrgica Nacional [CSN], Braskem, Itaú, GPA[1] e Oi) passaram a ser obrigadas a divulgar tais informações. Essa história ilustra como o poder econômico busca ocultar seus mecanismos, de modo a proteger privilégios do conhecimento público.[2]

Em vigor a partir de janeiro de 2023, a resolução 59 da CVM passou a exigir, em seu formulário de referência, que empresas de capital aberto

---

1 Companhia Brasileira de Distribuição, antigo Grupo Pão de Açúcar.
2 Juliana Schincariol, Fernando Torres, Ivan Ryngelblum e Marcelle Gutierrez, "CVM vence resistência e remuneração de executivos é divulgada", *Valor Econômico*, 27 jun. 2018.

informem a razão entre a maior remuneração individual e a mediana de remuneração individual dos empregados.[3]

Esse indicador permite avaliar a inclinação extrativista das empresas em favor da classe gerencial: um diferencial muito elevado implica menor gasto com seus funcionários e maior distribuição da receita da empresa para os executivos. Segundo o relatório de 2023 da CVM, um executivo (presidente ou CEO) pode ganhar até quase 5 mil vezes mais que a média dos funcionários de uma empresa.[4]

Tabela 2
Diferença salarial no Ibovespa

Razão entre o maior salário e a mediana da remuneração dos funcionários nas 25 maiores empresas do índice

JBS	1100	B3	126
Localiza	651	Gerdau	89
Vale	574	Bradesco	87
Rede D'Or	384	Cosan	74
Resumo	370	Itaúsa	71
Ambev	359	Equatorial	35
RaiaDrogasil	333	Cemig	17
Suzano	322	Banco do Brasil	9,4
Eneva	224	PetroRio	6,7
Telefonia Brasil (Vivo)	194	Petrobras	5,7
Weg	178	BB Seguridade	5
Itaú Unibanco	158	Eletrobras	4

Fonte: "Formulário de Referência (FRE)", Comissão de Valores Imobiliários (CVM), 2023.
Nota: O BTG Pactual não divulgou a informação.

Levantamento feito pelo site *Reset* considerou as 25 maiores empresas do Índice da Bolsa de Valores de São Paulo (Ibovespa). Nesse recorte, a maior diferença salarial está no frigorífico JBS, em que o

---
3 Resolução CVM 59, *Gov.br*, 22 dez. 2021.
4 "CEOs chegam a ganhar quase 5 mil vezes mais que a média dos funcionários, diz site", *Estadão*, 12 jun. 2023.

CEO ganhou, em 2022, 1,1 mil vezes o valor médio recebido pelos funcionários da empresa. Em documento entregue à CVM, a JBS justificou a disparidade alegando que: "A remuneração dos executivos leva em consideração desafios, desempenho e resultados atrelados a uma companhia de porte global", e que "a maioria dos mais de 140 mil colaboradores da companhia [...] ocupam cargos operacionais e, portanto, com uma remuneração mais próxima ao piso salarial da categoria, definida por meio de acordo e/ou convenção coletiva e alinhada às demais remunerações de empresas do setor."[5]

A justificativa da JBS é didática em mostrar que há dois mundos dentro da empresa. Os executivos são remunerados pelo desempenho e resultados da companhia, enquanto os trabalhadores recebem, em sua maioria, o piso salarial definido pela média no setor. Vamos traduzir o que isso significa.

Imagine que o preço internacional da carne bovina suba por razões ligadas ao mercado externo. Sem qualquer ação por parte da empresa no sentido de aprimorar seus processos produtivos ou de investir em inovação tecnológica, as receitas da empresa crescem. Supondo o caso mais comum, em que não há qualquer esforço de produção adicional, essa elevação de preço se traduz como melhoria do resultado operacional da empresa. A diretoria executiva não fez nada para que esse resultado ocorresse, uma vez que foi fruto de movimentos internacionais de preço da proteína animal. No entanto, pela regra de governança da empresa, os 140 mil trabalhadores continuarão recebendo o mesmo salário e todo esse "ganho de produtividade", medido em maior receita operacional, subirá para os executivos da empresa. É assim que a gramática da desigualdade é operada nas regras de governança corporativa, normalizando o extrativismo corporativo em desfavor dos funcionários – os quais poderiam ter suas condições

---

5 Vanessa Adachi, "Abismo salarial: CEO ganha mais de mil vezes a média dos funcionários nas maiores empresas da bolsa", *Reset*, 12 jun. 2023.

de trabalho aprimoradas, bem como receber mais investimentos em qualificação, benefícios e bonificações salariais.

O fato de o estudo mostrar que três outros frigoríficos listados no Ibovespa também exibem grandes hiatos salariais sugere se tratar de um traço estrutural do setor: Minerva registrou uma média de ganhos dos executivos 477 vezes maior do que a dos funcionários; Marfrig e BRF, também em favor dos executivos, registraram médias 467 e 313 vezes maiores dos executivos, respectivamente.

Avançando sobre outras empresas do relatório, o segundo e terceiro lugares ficam com a Localiza e a Vale: na primeira, a disparidade salarial chega a 651 vezes e, na segunda, a 574 vezes.

Em 2017, a Vale pagou 58,4 milhões de reais a seu presidente, Fabio Schvartsman – um salto de 445% comparado com o ano anterior.[6] Dois anos depois, a tragédia de Brumadinho deixaria 270 mortos; Schvartsman embolsou 175 milhões de reais em seus três anos como presidente, segundo dados abertos da empresa. O salário sultanesco é normalmente justificado pela imensa responsabilidade que a liderança de uma grande empresa envolve. Apesar desse alto grau de responsabilidade, os desembargadores da Segunda Turma do Tribunal Regional Federal da 6ª Região (TRF-6) não viram provas do envolvimento do presidente da Vale no rompimento da barragem e, portanto, suspenderam a ação criminal contra Schvartsman por homicídio qualificado e crimes ambientais[7] – visitas a triplex e pedalinhos em sítios parecem ser evidências mais fortes de responsabilidade quando o réu é um ex-presidente da República de esquerda!

Como no caso da JBS, a mineradora Vale justificou a disparidade de ganhos alegando que: "Esse multiplicador é influenciado pelos resultados da empresa, uma vez que 70% da remuneração do presi-

---

6 CVM, "Formulário de Referência (FRE)", 2019.
7 Thaís Pimentel, "Brumadinho: MP recorre ao STF da decisão que fez com que ex-presidente da Vale e outros 15 deixassem de ser réus", *g1*, 14 jan. 2022; "Justiça suspende processo contra ex-presidente da Vale", *EBC*, 13 mar. 2024.

dente é variável e está relacionada às metas de curto e longo prazo da companhia."[8]

Se ampliarmos a amostra, para incorporar empresas com menor valor de mercado, a situação não melhora. A maior diferença salarial, entre as pesquisadas no relatório do *Reset*, foi a loja de calçados Arezzo, em que o executivo da empresa chega a ganhar 4.874 vezes a média salarial dos funcionários, enquanto a rede de supermercados Carrefour tem um diferencial de 1.734 vezes.

Diferentemente das outras empresas, as estatais revelam pequena diferença entre a remuneração do CEO e a do corpo de funcionários. A menor diferença da lista é da Eletrobras, de 4 vezes. BB Seguridade tem índice de 5 vezes; Petrobras, 5,7; Banco do Brasil, 9,4.

CASO NATURA OU "QUEM QUER GANHAR 70 MILHÕES DE REAIS POR ANO?"

Outro caso de diferença salarial escandalosa foi o da gigante brasileira Natura.[9] Causou espanto e indignação a informação de que o ex-presidente executivo da Natura, Roberto Marques, recebera, em 2020, 66 milhões de reais entre salários, benefícios, bônus e ações. Em 2021, quando a empresa passava por dificuldades e via derreter seu valor de mercado, Marques recebeu 73 milhões de reais. Mas é no ano seguinte que o exagero se torna abuso.

Em 2022, mesmo tendo seu desligamento anunciado em meados do ano, Marques recebeu um total de 150 milhões de reais, incluído nesse valor seu acordo de rescisão. Em sua gestão, o preço da ação da Natura caiu 80% do pico de 60,29 reais, em 23 de julho de 2021, para 11,61 reais, ao final de dezembro de 2022, quando Marques deixou a

---

[8] "CEOs chegam a ganhar quase 5 mil vezes mais que a média dos funcionários, diz site", *Estadão*, 12 jun. 2023.
[9] Vanessa Adachi, "O caso da Natura e o abismo salarial entre cúpula e base nas empresas", *Reset*, 29 mar. 2023.

empresa, com seu pacote milionário. Como grande parte dessa compensação por tão "exímios resultados" foi recebida em ações da Natura, futuras subidas no preço dessas ações podem engordar ainda mais o valor recebido pelo executivo.[10]

O caso da Natura é ilustrativo em vários aspectos da desigualdade econômica. O primeiro deles é que os rendimentos do topo da pirâmide parecem ter piso, mas não teto. Note que a expressão "rendimentos variáveis" deveria submeter o executivo a reduções substantivas de remuneração em caso de entrega de resultados ruins, como a queda de 80% do valor das ações da empresa. No entanto, seus ganhos quase dobraram de valor quando o executivo foi demitido. Nessas condições, é válido se perguntar onde se encontra o risco que o executivo correu, risco esse que supostamente justificaria seus retornos polpudos.

É possível levantar a hipótese de que os ricos criaram um generoso sistema de previdência privada para essa oligarquia executiva – uma robusta rede de "proteção social" de natureza corporativa – baseado no extrativismo financeiro das empresas. Há fundamento nesta intuição. A dissertação de mestrado[11] de Mariana Sampaio, de 2009, mostrou que empresas com más práticas de governança tendem a pagar maiores remunerações a seus executivos, mas isso não se traduz em maior rentabilidade futura.

A segunda dimensão do caso Natura tem a ver com o discurso de responsabilidade social da empresa. A mesma reportagem de Vanessa Adachi para o portal *Reset*[12] revela o contraste entre o discurso politicamente correto e a prática de governança interna – afinal, ela foi

---

10 Desde sua saída, a Natura já avançou cerca de 35%, para 15,41 reais por ação (registrados em junho de 2024). Dados extraídos do Google Finance.
11 Mariana Sampaio, "Governança corporativa e remuneração de executivos no Brasil", 2009.
12 Vanessa Adachi, "O caso da Natura e o abismo salarial entre cúpula e base nas empresas", *Reset*, 29 mar. 2023.

uma das primeiras empresas no Brasil a "implementar uma política de *'living income'* ou 'renda digna' [...] para as consultoras que vendem seus produtos e são cruciais para o modelo de negócios".

Esse conceito, também conhecido como *living wage*, estabelece a renda necessária para que uma pessoa possa arcar com os custos de uma vida digna (incluindo moradia, saúde, educação, alimentação, cultura etc.). Em 2021, ano em que o executivo embolsou 73 milhões de reais, o *living wage* da Natura definia uma renda digna no Brasil no valor de 16,13 reais por hora, ou pouco mais de duas vezes o salário mínimo no país, que estava em 1.100 reais naquele ano. Segundo levantamento da Natura, as consultoras sêniores conseguiam superar esse piso, mas as iniciantes, não. Fica a pergunta: quem aqui está vivendo no risco, o executivo ou as consultoras?

Essa diferença salarial abissal entre a base e o topo da pirâmide corporativa é um dos mecanismos centrais da reprodução ampliada da desigualdade social que transcende o escopo das empresas e contamina a sociedade. E não é um fenômeno endêmico ao Brasil. Estudo de Josh Bivens e Jori Kandra,[13] de 2022, mostrou que, desde 1978, os supersalários dos executivos cresceram cerca de 1.500%, enquanto a renda da base foi achatada.

Reduzir as desigualdades sociais exige, sobretudo, que a riqueza gerada pelas empresas assegure um padrão de vida digno para quem está no andar de baixo da pirâmide. Isso requer uma mudança da lógica do acionista (*shareholder*) para a lógica do capitalismo de "interesses amplos" (*stakeholder*), em que o valor gerado pela empresa é compartilhado entre acionistas funcionários e fornecedores, além da comunidade direta e indiretamente afetada pelo negócio.

Acontece que esse movimento é ainda muito tímido em termos da ação coletiva das empresas, e pouquíssimo representativo em termos da renda efetiva destinada a reduzir o vão que separa o topo e a base

---

13 Josh Bivens, Jori Kandra, "CEO Pay Has Skyrocketed 1,460% Since 1978", 2022.

da pirâmide corporativa. Não é à toa que, na falta de uma solução estrutural à sofisticação do mercado de trabalho para uma maior justiça distributiva no ambiente corporativo, a atratividade por outra espécie de loteria tenha ganhado mentes e corações dos mais pobres.

EMULANDO O TOPO: OS ESFARRAPADOS VIRARAM TRADERS[14]

Mudanças estruturais têm elevados custos fixos. Sem algum empurrão, vamos adiando o compromisso. Em geral, são os choques sistêmicos que nos forçam a arcar com os custos da mudança.

Nesse sentido, a pandemia foi uma crise sistêmica que transformou muitas dimensões da vida social. Migramos do contato pessoal para as redes sociais. Em 2020, o preço das ações do aplicativo Zoom decolou, enquanto os das empresas aéreas mergulharam em queda livre. Presos em casa, investimos tempo, energia e dinheiro em nossa vida virtual. O mundo do trabalho, o mercado imobiliário e as redes sociais foram os mais afetados.

Esse rearranjo do tabuleiro econômico expressou desigualdades profundas mundo afora e aqui dentro também. A fome cresceu enquanto aumentou o número de bilionários e o valor da riqueza por eles acumulada. As deficiências das infraestruturas física e social se revelaram na falta de saneamento adequado para proteger as famílias mais pobres da disseminação da covid-19.

No Brasil, em que o 1% mais rico detém metade da riqueza do país, a agenda neoliberal, turbinada pelo golpe de 2016, produziu a estagnação econômica e a precarização das condições de trabalho, triturando os sonhos da "ralé brasileira" – no dizer de Jessé Souza[15] – que havia ascendido economicamente durante os governos do PT.

---

14 Trechos desta seção foram publicados no artigo de André Roncaglia, "Os esfarrapados viraram traders", *Folha de S.Paulo*, 8 out. 2023.
15 Jessé Souza, *A ralé brasileira*, 2022.

A interrupção do ciclo de desenvolvimento e o desmonte das políticas públicas frustraram os planos de toda a base da distribuição, tornando-a presa fácil do populismo de extrema direita que Bolsonaro encarnou. Emergiu desse processo uma figura sociológica desafiadora: o pobre de direita.[16] Esse é um objeto transversal de estudo das ciências sociais, que transcende a economia.

Nesse sentido, o livro *Esfarrapados*,[17] de Cesar Calejon, explora o conceito de "elitismo histórico-cultural" para estudarmos a gramática da desigualdade brasileira. Trata-se de um regime em que categorias de distinção – material, racial, de gênero etc. – estruturam hierarquias sociais rígidas. Nesse arranjo, as pessoas de baixa renda são instadas a adotar como seus os interesses e as aspirações dos mais ricos. Os esfarrapados se identificam espiritualmente com a elite – o que os leva a aceitar como viáveis as propostas de enriquecimento fácil, em geral disponíveis apenas a quem nasceu em berço esplêndido.

Com efeito, a pandemia combinou os recentes avanços tecnológicos nos serviços bancários com a aspiração econômica dos pobres, o que levou à proliferação de gurus das finanças – que eu rotulei de *econocoaches* – vendendo cursos sobre "viver de renda" por meio de estratégias ousadas em bolsa de valores e em criptoativos.

Ao longo dos anos 2010, o lançamento de aplicativos de investimento acirrou a concorrência entre bancos e corretoras. A queda no custo das operações incluiu brasileiros no mercado financeiro. Segundo relatório de junho de 2023 da B3 (antiga Bovespa), em 2017, eram 500 mil investidores pessoa física; em 2023 havia 5,3 milhões de CPFs. O crescimento de CPFs na B3 entre 2020 e 2023 foi mais rápido nas regiões Norte (188%) e Nordeste (135%). No recorte etário, os jovens (de 0 a 24 anos) representavam 10% em 2018; em 2024, são 22% dos CPFs da B3.[18]

---

16 Ver Jessé Souza, *O pobre de direita*, 2024.
17 Cesar Calejon, *Esfarrapados*, 2023.
18 "Número de investidores na B3 cresce 34% em renda fixa e 23% em renda variável em 12 meses", *B3*, 5 jun. 2013.

Nas categorias de renda variável, o saldo mediano caiu de 20 mil reais por investidor, em 2017, para 1,1 mil reais, em 2023. O fenômeno se repete em Fundos Imobiliários (de 29 mil reais para 3 mil reais), em Fundos de Índice[19] (de 18 reais mil para 1,6 mil reais) e no Tesouro Direto (de 15 mil reais para 3 mil reais). Dos 86 mil novos CPFS na B3 em junho de 2023, cerca de metade (55%) fez aplicações até 200 reais; 27% deles, até 40 reais.[20]

A análise dos dados sugere, portanto, que os "esfarrapados" foram para a bolsa de valores. E aqui mora um risco enorme ao já capenga orçamento familiar de quem luta de sol a sol para gerar uma renda: tratar a bolsa como um jogo de loteria. Nesse sentido, o livro *Trader ou investidor*, de Bruno Giovannetti e Fernando Chague, é importante antídoto ao charlatanismo dos econocoaches.[21]

Os autores mostram de forma leve e cativante como orientar as finanças para a aposentadoria (investidor), em vez da adrenalina com enriquecimento fácil que motiva o trader – que compra e vende ações com rapidez buscando retornos igualmente rápidos. Renomados pesquisadores em finanças, eles revelam como os agentes de mercado lucram com a oferta de produtos financeiros que mascaram o risco e exageram os retornos – como os Certificados de Operações Estruturadas (COEs) –, e mostram os vieses comportamentais (comprar ações de empresas em crise, por exemplo) que geram perdas sistemáticas aos *traders*.

O acesso à bolsa de valores é uma boa notícia, desde que não se torne uma loteria viciada contra os pobres. De uma perspectiva sistêmica, podemos juntar as peças do quebra-cabeça agora: o desmonte dos direitos trabalhistas e da proteção social se combina à desindustrialização para jogar a massa de trabalhadores de baixa renda em empregos informais e formais precarizados – em sua maioria no setor de

---

19 Também conhecidos como *exchange-traded funds* (ETFS).
20 B3, "Pessoas físicas – Uma análise dos investidores na B3" [informação interna], mar. 2023.
21 Bruno Giovanneti e Fernando Chague, *Trader ou investidor*, 2023.

serviços, que são mal remunerados e instáveis. A falta de perspectiva de ascensão profissional leva à busca por fontes adicionais de renda. O mercado financeiro, as bets e as criptomoedas despontam como um atalho para a sorte grande.

Cursos e mentorias on-line se tornam um lucrativo mercado, com o chamariz luminoso da excepcionalidade da história pessoal de superação e espertezа ("esta pode ser a sua chance!"). Proliferam canais na internet de jovens brancos e nascidos em condições de "classe média" (alta, muito alta) vendendo prosperidade como um estilo de vida, como uma mentalidade (ou mindset). Histórias como a do "Rei da Bolsa" exaltam uma vida de liberdade financeira, sem chefe, sem obrigações – a não ser com o patrimônio próprio –, e geram, em pessoas de baixa renda, o apetite pelo risco sem qualquer rede de proteção para os resultados malsucedidos.

Um famoso ditado no século XIX, em referência à descoberta do metal valioso na Califórnia, dizia que, em meio à febre do ouro, os vendedores de enxadas e picaretas ficam ricos. Afinal, todos os garimpeiros precisavam das ferramentas, encontrando ouro ou não. Os econocoaches da nossa era fazem um trabalho similar, apresentando as ferramentas sem entrar no risco com seus clientes. Para vender a ilusão de mobilidade social rápida, os coaches encenam e ostentam uma vida em família com lares espaçosos e rotina de exercícios e de dieta, como um pacote que permite às pessoas pobres vislumbrarem o status sem qualquer chance de obtê-lo. Essa produção deliberada de ansiedade mantém os clientes em perpétuo modo de conquista, sempre prontos a entrar na próxima turma de "como obter o seu primeiro milhão sem abrir mão do cafezinho".

Alguém poderá dizer: "Mas muitos melhoram de vida, e alguns até conseguem atingir o seu milhão." Sim, como no modelo Serra Pelada, alguns conseguem. Essa exígua possibilidade atiça a ganância e a ambição – sentimentos morais tão antigos quanto a humanidade. O que mudou com o capitalismo, em contraste com os outros modos de regulação da sociedade – como o feudalismo, por exemplo –, é a invisibilidade das barreiras que impedem a conquista dessa fortuna pessoal, enquanto se estimula a busca desenfreada por riqueza como uma virtude baseada no mérito. A próxima seção se aprofunda na gramática da desigualdade intergeracional, revelando algumas dessas barreiras invisíveis.

O CÓDIGO-FONTE DA DESIGUALDADE: HOMOPLUTIA E HOMOGAMIA

A precarização das condições de trabalho é um *privilégio* do andar de baixo da sociedade. No topo, a loteria de mercado entrega resultados bem mais seguros. Quem tem o *mérito* de nascer em berço esplêndido pode herdar não apenas o patrimônio ou a(s) empresa(s) da família, como também pode ter habilidades refinadas ao longo da infância e adolescência, construir enorme bagagem cultural, aprender idiomas variados e receber uma educação de qualidade, do ensino fundamental ao superior. Para esse estrato da sociedade, os empregos são de ótima qualidade e oferecem ricas oportunidades de ascensão e de qualificação profissional. O convívio social na cobertura da pirâmide econômica fomenta, sobretudo, a concentração das oportunidades por meio de casamentos entre os sortudos da loteria genética. Para esses, a economia é uma seara de prosperidade e afluência.

O economista francês Thomas Piketty chacoalhou a profissão dos economistas com o sucesso estrondoso de seu livro *O capital no século XXI* – publicado pela primeira vez em 2013 –, em que ele faz uma crítica contundente aos mecanismos de concentração da riqueza no mundo desenvolvido no período pós-década de 1980.[22] Porém, muito antes desse livro, Piketty já se debruçava sobre os dados de "transferência intergeracional de riqueza" (um nome complicado para "herança").

---

22 Thomas Piketty, *O capital no século XXI*, 2014.

Em um trabalho de 2000, Piketty mostrou que há um eixo que não apenas mantém a riqueza dos ricos como aumenta o abismo entre ricos e pobres.[23] Ele considera um modelo simples de horizonte infinito em que as famílias formam dinastias que vivem durante um período e têm exatamente um descendente.[24] O rendimento total de cada dinastia no primeiro período resulta da soma da renda do trabalho da dinastia acumulada nesse período – a qual depende do salário médio e da capacidade produtiva ou eficiência do descendente – com a renda capital obtida pela dinastia no mesmo período; essa renda depende, por sua vez, do estoque de riqueza (ou patrimônio) transmitida pela dinastia ao seu descendente, e da taxa de retorno que incidiu sobre esse patrimônio.

O que Piketty mostra é que, mesmo se considerarmos ganhos aleatórios no mercado de trabalho – de forma que um descendente pobre consiga um emprego que pague muito, e um descendente rico tenha baixa renda do trabalho –, a condição inicial, ou seja, o berço em que cada um nasce, determina a vantagem da dinastia mais rica sobre a mais pobre. Os motivos são simples e diretos. Primeiro, a dinastia rica não enfrenta "restrição de crédito" ao investir na capacitação de

---

23 *Idem*, "Theories of persistent inequality and intergenerational mobility", 2000.
24 O modelo matemático segue a seguinte equação: $y_{t,i} = v_t a_{it} + r_t w_{it}$, em que $v_t a_{it}$ é a renda do trabalho da dinastia i no período t: é o produto da taxa de salário v_t e de seu parâmetro de capacidade produtiva a_{it} (medido em unidades de trabalho de eficiência); $r_t w_{it}$ é a renda capital da dinastia i no período t: é o produto da taxa de juros r_t e w_{it}, a riqueza transmitida pela dinastia i da geração t-1 à geração t. Suponha-se que cada geração pode ganhar uma renda de subsistência y ou fazer um investimento fixo *I* que rende um retorno líquido *RI*, com *RI* > *y*. As *restrições de crédito* significam que, a cada período t, todos os agentes cuja riqueza inicial w_t < *I* ganham y, enquanto os agentes com w_t > *I* ganham *RI*, de modo que as equações de transição possam ser escritas da seguinte forma: se w_{it} < *I*, com $w_{it+1} = (1 - d) w_{it} +$ *sy* (para a dinastia pobre), e se w_{it} > *I*, com $w_{it+1} = (1 - d) w_{it} +$ *sRI* (para a dinastia rica). Se supusermos que a taxa de poupança seja pequena o suficiente para que *sy* + *(1-dI)* < *I* e as taxas de retorno R sejam altas o suficiente para que *sRI* + *(1 - d) I* > *I*, então temos uma armadilha da pobreza: (i) dinastias pobres começando com um baixo rendimento w_0 < *I* permanecem pobres para sempre, uma vez que $w_t \to w^0 =$ *sy/d* < *I* e (ii) dinastias ricas começando com um *RI* de alta renda e permanecendo ricas, sendo $w_t \to w^I =$ *sRI/d* > *I*.

seu descendente, ao passo que a dinastia pobre não consegue investir na educação e na formação de capital social, isto é, na rede de conexões sociais que propiciem oportunidades de avanço profissional e de enriquecimento cultural. A dinastia rica coloca, por exemplo, seus descendentes em escolas com outros descendentes ricos – o que lhes permite formar vínculos sociais que se traduzem em ganhos materiais futuros, na medida em que empresas das dinastias são passadas para seus sucessores, ou que empregos de alta qualidade são transferidos aos descendentes daquele grupo social. Essas redes de vínculos afetivos criam um espaço de reprodução ampliada do patrimônio por meio de casamentos e relacionamentos. Em outras palavras, os ricos não apenas se casam entre si (*homogamia*).

Em segundo lugar, como a riqueza da família rica é maior do que o valor do investimento a ser feito em sua prole, os retornos desse investimento impulsionam a acumulação da renda não consumida (ou poupança) ao longo do tempo, o que vai incrementando o patrimônio da dinastia. Esse é o segundo termo da equação das heranças, que vimos acima. O outro termo da equação diz respeito ao retorno da educação no mercado de trabalho, o qual tende a ser mais elevado para os filhos dos mais ricos – os que têm acesso às melhores escolas de base e aos cursos universitários, resultando em carreiras mais bem remuneradas. Nesse sentido, além de casarem-se entre si, os ricos tendem a ter os melhores empregos e as maiores rendas de capital, ou *homoplutia*.

Voltemo-nos agora para a dinastia pobre desse esquema. Não apenas o estoque de capital da família é pequeno – e, por isso, o investimento em ativos que geram renda é inexistente – como a possibilidade de investir na capacitação e educação do descendente é constrangida pela premência das necessidades materiais. Ou seja, filhos de pobres são forçados a trabalhar desde cedo para complementar a renda da família, apenas para garantir um nível de subsistência; com isso, sacrificam o investimento de tempo e energia em sua educação. Aqui podemos entender a importância de programas como o Bolsa Família e o Pé-

-de-Meia, do governo federal. De forma simplificada, o Bolsa Família substitui o rendimento que a criança teria se trabalhasse desde cedo. Ao condicionar o recebimento do benefício à frequência escolar, o programa estimula a família na extrema pobreza a investir na educação de seus filhos. Como vimos no modelo de Piketty, contudo, o nível de subsistência não garante acúmulo de riqueza, apenas sobrevivência. Por isso, o Bolsa Família não afeta muito a desigualdade, apenas alivia a pobreza extrema.

Mesmo assim, quando o adolescente inicia o ensino médio, é enorme a pressão para abandonar os estudos em favor de ingressar de forma prematura no mercado de trabalho. Sem ensino médio, os jovens apenas obtêm vagas precárias de trabalho, sem perspectiva de ascensão profissional – exatamente por lhes faltar escolaridade e qualificação. Nesse sentido, o programa Pé-de-Meia gera o estímulo para o jovem adiar o ingresso no mercado de trabalho e concluir essa etapa de ensino. É exatamente nesse nível de escolaridade que está a maioria dos empregos gerados numa economia como a nossa. Em suma, ambos os programas elevam a produtividade dos jovens, ao adiar seu aproveitamento econômico pelo mercado em favor da escolaridade.

É importante ressaltar que esses programas apenas aliviam a precariedade das condições materiais da população mais pobre. Dada a baixa qualidade da educação e da saúde pública da qual dispõem os pobres, sua capacitação fica aquém daquela recebida pelos filhos dos ricos. Isso significa que os pobres chegam ao mercado de trabalho com amplas desvantagens. Daí a importância da política pública do salário mínimo, a qual eleva a renda média da população ao remunerar os mais pobres de acordo com um piso que, em muitos casos, está acima da produtividade dos trabalhadores. É uma forma de compartilhar os frutos do esforço dos trabalhadores mais produtivos com aqueles menos produtivos. Essa política é altamente eficaz em diminuir a distância dos pobres com relação aos ricos. Estudos na área indicam que quase 40% da queda da desigualdade observada nos anos 2000 se deveu à política de valorização do salário mínimo nos governos Lula e Dilma (2003-2016, 2023-). Isso ajuda a entender por que os governos progressistas defendem com firmeza, e com razão, essa política.[25] Os governos Temer e Bolsonaro (2016-2022), de perfis conservador e retrógrado, respectivamente, congelaram a valorização do salário mínimo, reajustando-os anualmente apenas para cobrir a inflação do período anterior.

Ao trabalhar os conceitos de homoplutia e homogamia, Branko Milanovic definiu o *capitalismo meritocrático* como aquele em que quanto mais alto na pirâmide da renda, maior é a fatia da renda oriunda da posse de capital (como imóveis, ações, títulos financeiros etc.).[26] Milanovic finalmente sintetiza as seis fontes de desigualdades sistêmicas desse capitalismo meritocrático, a saber:

1. Aumento da participação agregada do capital na renda nacional;
2. Alta concentração de propriedade de capital e maior taxa de retorno sobre os ativos dos ricos (se os ricos colocam seu dinheiro na dívida pública, fica fácil de entender por que eles tendem a rejeitar quedas da taxa Selic);
3. Associação de alto rendimento de capital e alto rendimento de trabalho nos mesmos indivíduos (homoplutia);
4. Alta homogamia (pareamento ou casamento seletivo);

---

25 Uma questão que surgiu recentemente é a viabilidade de se atrelar as pensões e aposentadorias ao salário mínimo (SM), uma vez que cada 1 real de elevação no valor do SM implica aumento de 388 milhões de reais nos gastos públicos. O lado favorável à desvinculação defende que o salário mínimo é uma forma de justiça social no mercado de trabalho, não contemplando os inativos. O lado contrário vê na desvinculação uma grande injustiça com aqueles que já contribuíram ao longo da vida laboral. Em última instância, a decisão é política, no sentido de encarar a impopularidade da medida. A posição dos autores é a de que essa vinculação cumpre um papel importante para mais de 60% dos aposentados que recebem pelo piso atrelado ao SM e, por isso, sua desvinculação é regressiva e injusta do ponto de vista da distribuição da renda. Em geral, as reformas da previdência defendidas pelos grupos liberais são cortinas de fumaça para evitar o debate da tributação progressiva da renda e do patrimônio, a qual poderia abrir espaço para um debate sobre um novo modelo de financiamento da previdência social.
26 Branko Milanovic, *Capitalismo sem rivais*, 2020.

5. Alto controle do processo político pelos ricos (movimento em direção à plutocracia);
6. Maior transmissão de renda e riqueza entre as gerações.

Esse esquema analítico representa bem a realidade brasileira. No topo da distribuição, pelo menos 7 reais em cada 10 reais da renda se baseiam no retorno de capital, em sua maior parte isenta de impostos. O capital é concentrado no topo, seja em terras, imóveis, ativos financeiros; seja em capacitação profissional (o chamado capital humano), promovendo a homoplutia. Os ricos tendem a casar entre si e formar dinastias regionais e locais que se convertem em captura do poder político e administrativo do Estado. O poder político se traduz em certa imunidade com respeito à aplicação das leis e em benefícios fiscais e isenções tributárias para membros da elite. Por fim, a estrutura de renda dos mais ricos – intensiva em ganhos de capital – implica uma postura política conservadora de um regime de valorização de ativos financeiros altamente estimulante do rentismo, isto é, os ganhos passivos baseados na mera propriedade de ativos em vez de esforço produtivo.

Como mostrou Marcelo Medeiros no livro *Os ricos e os pobres*, os 5% mais ricos da sociedade se apropriam de 50% da renda nacional. Os 10% mais ricos detêm a maior parte da riqueza declarada no Brasil.[27] São eles que decidem como consumimos e como investimos a renda no país. A seguir, nos debruçaremos sobre seus hábitos de gestão dessa riqueza.

O *CHARME DISCRETO* DAS CLASSES PRIVILEGIADAS LATINO-AMERICANAS

Gabriel Palma, renomado economista chileno, oferece uma análise perspicaz sobre o papel das elites econômicas na América Latina. Palma argumenta que as elites econômicas latino-americanas desempenham

---

27 Marcelo Medeiros, *Os ricos e os pobres*, 2023.

um papel crucial na configuração dos padrões de investimento. São essas decisões que, com frequência, resultam em uma baixa taxa de investimento produtivo. Palma destaca que as elites econômicas na América Latina possuem uma concentração significativa de riqueza e poder, o que lhes permite influenciar políticas econômicas e decisões de investimento de maneira desproporcional à sua representatividade populacional.[28]

As elites tendem a preferir investimentos de curto prazo e de baixo risco – como imóveis e ativos financeiros – em vez de investimentos produtivos de longo prazo, que poderiam gerar crescimento econômico sustentável. Essa preferência costuma ser motivada pela busca de retornos rápidos e pela aversão ao risco.

Palma também observa que a fuga de capitais é um problema recorrente na região. Em geral, as elites transferem seus recursos para o exterior em busca de ambientes econômicos mais estáveis e seguros, o que reduz ainda mais a disponibilidade de capital para investimentos produtivos locais.

As políticas neoliberais adotadas em muitos países latino-americanos nas últimas décadas, como a desregulamentação e a liberalização dos mercados, criaram um ambiente onde os incentivos para investimentos produtivos são distorcidos. Essas políticas beneficiam de modo recorrente as elites econômicas, mas não promovem a inclusão social de forma espontânea, como costumam defender os ideólogos liberais.

Um dos mecanismos de reprodução desse poder desmesurado das oligarquias locais é a baixa tributação sobre a riqueza e os lucros – aliada a incentivos fiscais que favorecem investimentos não produtivos (como os financeiros) e atividades predatórias, em especial as ligadas ao agronegócio e ao extrativismo mineral. Isso resulta em uma alocação ineficaz de recursos, em que o capital é direcionado para setores

---

28 Adiante, analisaremos como o mercado financeiro e o agronegócio influenciam a política econômica no Brasil, muito embora esses setores representem fatias minoritárias da economia – cerca de 9% e 6%, respectivamente.

menos sofisticados e que geram menos empregos – inibindo, portanto, a distribuição dos ganhos para a base da pirâmide.

Como efeito da constante luta das oligarquias por desoneração tributária, Palma identifica a falta de investimentos em infraestrutura, saúde e educação – áreas que são cruciais para o desenvolvimento econômico de longo prazo. Na medida em que as elites econômicas não veem um retorno imediato nesses investimentos, observa-se um subinvestimento crônico nessas áreas.

A combinação desses fatores resulta em uma baixa taxa de investimento produtivo na América Latina. Isso limita o crescimento econômico sustentável e a criação de empregos de qualidade. A concentração de riqueza e o subdimensionamento de investimentos produtivos exacerbam a desigualdade econômica na região, perpetuando ciclos de pobreza e exclusão social.

É na política econômica que a concentração do poder econômico se expressa de forma mais sutil e disfarçada. A invisibilidade de seus mecanismos abstratos dificulta o entendimento por parte da população, e inibe a mobilização popular. Por isso, é importante revelar a programação econômica da desigualdade.

Capítulo 12
Orçamento público e o conflito social

Se compararmos a postura das elites econômicas na América Latina com a das elites de outras regiões do mundo, ficam nítidas as particularidades e os desafios que precisamos enfrentar. Em essência, nosso subdesenvolvimento não é culpa da população que consome muito e poupa pouco. A maior parte dos brasileiros vive na subsistência. A baixa poupança resulta dos hábitos de consumo e de investimento dos 10% mais ricos da sociedade. É nesse estrato onde se encontra a maior parte da riqueza do país e, portanto, é nele que reside o centro decisório da população. A aura de supremacia social e intelectual de que normalmente se reveste o estrato mais rico da nossa sociedade é uma fantasia útil para transferir a culpa do nosso atraso para a maioria despossuída – gerando-se uma justificativa de obstáculos insuperáveis devido à irracionalidade e à falta de educação da população.

O DÉFICIT SOCIAL E ECONÔMICO DAS ELITES LATINO-AMERICANAS

A concentração de riqueza e poder nas mãos de poucas elites é uma característica marcante da nossa região. Embora a concentração de riqueza também seja uma realidade em economias desenvolvidas, há mecanismos mais robustos de redistribuição de renda e políticas sociais que mitigam os efeitos negativos da desigualdade de renda e de riqueza.

Além disso, as elites em economias desenvolvidas tendem a investir mais em inovação e setores produtivos.

Na América Latina, as elites latino-americanas costumam preferir investimentos de curto prazo e de baixo risco, como imóveis e ativos financeiros, em vez de investimentos produtivos de longo prazo. Em contraste, as elites em economias desenvolvidas, como nos Estados Unidos e na Europa, tendem a investir mais em pesquisa e desenvolvimento, tecnologia e infraestrutura. Esses investimentos de longo prazo são fundamentais para o crescimento econômico sustentável.

A fuga de capitais é um problema recorrente na nossa região, com elites transferindo recursos para o exterior em busca de ambientes econômicos mais estáveis e seguros. Isso também ocorre em economias desenvolvidas, mas é menos prevalente nestas devido à maior estabilidade econômica, à menor concentração de riqueza e à confiança nas instituições locais.

No que diz respeito às políticas neoliberais adotadas nas últimas décadas, a presença de instituições fortes e políticas de bem-estar social ajudaram a mitigar os efeitos negativos sobre as economias desenvolvidas. Em comparação com a baixa tributação sobre a riqueza e os lucros das elites latino-americanas, os países desenvolvidos têm sistemas tributários mais progressivos e políticas fiscais que incentivam investimentos em setores produtivos e inovadores, e em infraestrutura e educação.

Mesmo com essas salvaguardas institucionais, as décadas de auge neoliberal fomentaram a instabilidade política nas economias desenvolvidas, mostrando que a presença de instituições democráticas fortes e políticas sociais robustas não são mais suficientes para conter a polarização e administrar o conflito social. Em certo sentido, pode-se dizer que o neoliberalismo "latino-americanizou" o Hemisfério Norte, desarticulando os laços de solidariedade e deslegitimando a esfera estatal de regulação da vida social.

Antes de avançarmos sobre os mecanismos de controle do orçamento público por parte dos grupos de poder, vale fazermos uma pequena digressão teórica para delinearmos o escopo da atuação do Estado – e as formas de financiar sua atuação.

A ECONOMIA DO CONDOMÍNIO

Uma forma amigável de compreender a dinâmica do orçamento público é pensarmos em um condomínio de residentes: pode ser uma vila com casas ou um conjunto de blocos de apartamentos. O essencial é haver a combinação de uma esfera privada e uma pública. A existência de uma área de uso comum apresenta o problema de como gerir esse espaço de convivência. A solução padrão encontrada foi a cobrança de uma taxa para a manutenção dessa área comum, cobrada de cada unidade de moradia, independentemente de quantas pessoas vivem em cada uma delas. É um rateio do custo de manter a área de uso comum. Seu pagamento é compulsório e a inadimplência tem consequências que podem culminar até na perda do imóvel.

O síndico abre a reunião de condomínio e informa uma elevação do custo de energia elétrica, a ser repartido por todos os condôminos. O síndico informa que os usuários da academia e da piscina estão deixando as luzes e os ventiladores ligados mesmo que ninguém esteja usando as instalações. A insatisfação toma conta da reunião. Uma senhora reclama que não usa a piscina nem a academia e que, portanto, acha injusto ter de pagar por aquele custo. Chega a propor que se institua uma taxa pelo uso das instalações para cobrir os gastos. A balbúrdia ganha volume. Os adolescentes reclamam de não poderem usar o parquinho das crianças para se reunirem com os amigos. Pedem a construção de uma área de convivência para os jovens, com churrasqueira e uma quadra de futebol. Como todos poderão usar as novas dependências, a conta seria dividida por todos os condôminos. A discussão fica acalorada.

O síndico pede atenção e diz que trará esses temas em reuniões futuras. Há algo mais urgente a ser tratado.

Ao apresentar a planilha de gastos, nota-se um crescimento na folha de pagamento do condomínio. Foram contratados 12 profissionais de segurança privada para operar em três turnos de oito horas, inclusive aos fins de semana. Afinal, há quatro porteiros e oito profissionais de faxina, bem como um zelador, um operador de correspondências e um técnico de reparos. Como cada funcionário ganha três salários mínimos, o reajuste do valor em 10%, definido pelo governo, aumentará muito o gasto com pessoal. A conta que chegará a cada condômino sofrerá reajuste de 20%. A irritação explode e começa o bate-boca.

Uns pedem calma, enquanto outros xingam os mal-educados que sujam os halls do prédio e não desligam os ventiladores depois de usar a academia. Uns ameaçam se mudar do prédio e acusam o síndico de má gestão após semearem a suspeita de desvio de recursos por parte da administração.

Um dos moradores tem quatro apartamentos no condomínio e reclama de ter de pagar quatro vezes pelo espaço comum. Defende que o rateio se dê por pessoa em vez de por unidade habitacional. Ele se dispõe a oferecer os serviços de limpeza da sua empresa ao condomínio por um valor inferior ao atualmente pago, como forma de reduzir os gastos com pessoal. Sugere o corte pela metade do quadro de faxineiros e uma redução da frequência de limpeza do condomínio. Basta todos cooperarem para manter os espaços limpos. A solução parece boa para todos, mas um morador brada contra o conflito de interesses na proposta: o morador sairia ganhando duas vezes, ao economizar no condomínio de quatro apartamentos e na receita de sua empresa. Mesmo com o protesto, a proposta é aprovada. Todos sairão ganhando.

O síndico então sugere o aluguel da churrasqueira e do salão de festas para o uso avulso, de forma a reduzir o custo de manutenção compartilhado por todos. E vai além: propõe abrir o aluguel das instalações para pessoas de fora, com o objetivo de elevar as receitas do condomínio. Como medida de ajuste, sugere abandonar a disponibilidade de um porteiro nas madrugadas aos fins de semana e reduzir o quadro de seguranças para apenas o turno da noite. A proposta de ajuste é aprovada. Todos saem da reunião aliviados com o corte de gastos. Sobrará mais dinheiro para outras coisas.

Passados alguns meses, a locação das instalações para festas de não moradores exigiu uma flexibilização do protocolo de entrada e saída do condomínio. Os furtos cresceram: acessórios da academia e até poltronas da área comum desapareceram. O corte de gastos cancelou o monitoramento das câmeras de vigilância, impedindo a investigação dos furtos. A piscina tem ficado suja com o uso por parte dos visitantes das festas e com a redução da frequência de limpeza da água. A coleta mais espaçada de lixo fez crescer a população de ratos no local e uma criança foi mordida ao tentar acariciar uma ratazana que vasculhava a lata de lixo. Nova reunião é convocada: é hora de elevar a taxa condominial para evitar o colapso da área comum. Os inquilinos começam a se mudar e os proprietários colocam os apartamentos à venda. A austeridade sem critérios desarticulou os laços de solidariedade que mantinham a área comum funcionando.

O proprietário de quatro unidades – que nunca morou no local – oferece ao síndico a opção de uma linha de crédito do seu banco, para evitar o transtorno de elevar a taxa do condomínio naquele momento. Ele promete conversar com os outros moradores – os mais razoáveis, pelo menos – sobre iniciar um saneamento dos gastos na área comum. Tudo será feito com a empresa de consultoria de seu genro, que também tem apartamentos no condomínio...

Já deu para perceber a moral da história, não? Esse enredo poderia se desenrolar em várias direções e, claro, ser muito menos dramático em seus efeitos – como geralmente o é na vida real. Contudo, serve para ilustrar que as questões típicas de um condomínio são uma miniatura do que discutimos em orçamento público municipal, estadual e federal, a saber: o espaço, a coisa e os recursos comuns. Conforme ampliamos o escopo dos interesses para além dos limites do condomínio, multiplicam-se os interesses envolvidos e a escala das prioridades cresce. As decisões ficam mais complexas e dependem de regras e mecanismos cada vez mais abstratos.

O que essa fábula do condomínio mostra é que a dimensão pública, compartilhada e comum da vida em sociedade, é inescapável e precisa ser confrontada – e, sobretudo, financiada. O que o neoliberalismo vem tentando fazer é fatiar essa dimensão pública em responsabilidades privadas, motivadas pelo lucro e financiadas opcionalmente pelos usuários de cada serviço. Uma das tendências observadas no Brasil é a segregação dos espaços comuns das cidades com a construção desenfreada de condomínios, de forma a insular os mais ricos dos incômodos da política municipal. Os condomínios de luxo se tornaram verdadeiras cidades apartadas, com forte sistema de segurança e quase autossuficientes em termos de serviços e de conveniências. Parecem feudos da era medieval, mas agora com wi-fi e quadra de beach tennis.

Em vez de os filhos dos ricos frequentarem os parques públicos com os filhos do restante da sociedade, seus pais constroem parques privativos e toda uma gama de serviços públicos, mas com acesso restrito aos moradores do condomínio. Os ricos brasileiros desistiram de cuidar da esfera pública e de promover o bem-estar para toda a população. Ao contrário, a ojeriza ao povo parece ser tamanha que até mesmo ir à praia se tornou uma dor de cabeça para quem tem dinheiro: passaram a construir praias artificiais dentro dos condomínios em um país com 7.400 quilômetros de faixa litorânea. Recentemente, tentaram avançar sobre a apropriação dos terrenos de marinha, sendo um dos desdobramentos possíveis o bloqueio do acesso à praia por parte da população.

Nesse contexto, o topo da pirâmide social tenta fugir da taxa condominial cobrada pela cidade, pelo Estado e pelo governo federal. As desonerações e isenções tributárias se combinam com captura do poder público no lado do gasto, tentando direcionar o fundo público para obras que beneficiam os mais ricos – como estradas que passam por fazendas –, privatização de empresas estatais e terceirização de serviços públicos.

Este capítulo analisa como o conflito distributivo se expressa no processo orçamentário. Quem tem mais poder, amplia o saldo líquido de benefícios sobre custos, isto é, paga menos tributos e recebe mais recursos públicos. Quem tem menos poder, paga uma parte maior de sua renda nessa "taxa condominial" e tem acesso a benefícios mais difusos, a ponto de sequer percebê-los. A indignação dessa fração da sociedade tende a crescer e, de forma cíclica, é instrumentalizada pelo grupo mais beneficiado para deslegitimar a gestão da coisa pública e pressionar pela minimização da atuação estatal.

É nesse momento em que se vê o pobre rejeitando o Estado – de mãos dadas com os ricos, demandando corte de tributos e de gastos. Porém, ao final da passeata, o rico volta para o seu condomínio repleto de *serviços públicos privativos*, enquanto o pobre retorna para o seu bairro dominado pelo poder público local: a milícia ou o narcotráfico.

O rico vive a verdadeira democracia na reunião de seu condomínio, e reserva ao pobre a tirania da ausência do Estado em sua localidade. A coisa pública é inescapável. O que varia é o tipo de poder regulador que se estabelece. O neoliberalismo naturaliza a desigualdade e a hierarquia: ao pregar o *laissez-faire* na gestão pública, produz uma cisão na sociedade entre os espaços de avanço civilizacional dos ricos e a barbárie medieval para os pobres. Esses espaços sociais apartados coexistem com muita proximidade em termos geográficos, como na consagrada fotografia do condomínio no Morumbi ao lado da comunidade de Paraisópolis, em São Paulo, símbolo da desigualdade abissal do Brasil.

Observemos mais de perto como se dá a organização orçamentária da desigualdade e da injustiça social.

IMPOSTOS E PRIVILÉGIOS

Há uma longa história da desoneração tributária que antecede os nossos atuais problemas. No livro *For Good and Evil* [Para o bem e para o mal], Charles Adams explora a história dos impostos e seu impacto nas sociedades ao longo dos séculos.[1] Adams argumenta que a cobrança de impostos tem sido uma força motriz tanto para o bem quanto para o mal na civilização. Desde as antigas civilizações até os tempos modernos, os impostos foram utilizados para financiar guerras, construir infraestruturas, promover o bem-estar social e, em alguns casos, oprimir populações.

Os impostos sempre representaram uma ferramenta essencial de governança. Governos utilizam a arrecadação de impostos para financiar suas operações e serviços públicos, como defesa, educação, saúde e infraestrutura. No entanto, a forma como os impostos são cobrados e utilizados pode variar de forma ampla, refletindo as prioridades e valores de cada sociedade.

A desoneração tributária tem, historicamente, expressado status social na forma de um privilégio tributário. Adams mostra que, em muitas sociedades, a elite e os poderosos quase sempre conseguiram isenções fiscais ou pagaram menos impostos em comparação com as classes mais baixas. Essas isenções fiscais eram, em geral, vistas como um símbolo de status e poder, reforçando a hierarquia social.

Adams fornece inúmeros exemplos históricos para ilustrar seu argumento. Na Roma antiga, por exemplo, os senadores e a elite costumavam ser frequentemente isentos de certos impostos, enquanto os cidadãos comuns e as províncias conquistadas suportavam a maior carga tributária. Na Europa medieval, a nobreza e o clero muitas vezes gozavam de privilégios fiscais, enquanto os camponeses e os comerciantes pagavam a maior parte dos impostos.

Não surpreende, portanto, que a injustiça tributária tenha provocado consequências expressivas para a coesão social e a estabilidade política,

---

1 Charles Adams, *For Good and Evil*, 2001.

na medida em que o descontentamento gerou revoltas e, em alguns casos, revoluções. É possível identificar motivações tributárias na Revolução Americana e na Revolução Francesa, dada a percepção, por parte da população, de que os impostos eram distribuídos de modo injusto.

Um rápido exemplo de como a imunidade tributária expressa a correlação de forças políticas pode ser visto nas crescentes isenções tributárias recebidas pelo agronegócio no Brasil a partir da guinada rumo à austeridade no segundo governo Dilma Rousseff. Gasto tributário é o nome técnico para a renúncia fiscal que pode assumir vários formatos, mas que, em geral, traduz-se em desoneração.

Gráfico 5
Variação real dos gastos tributários com o agronegócio (2010–2019)

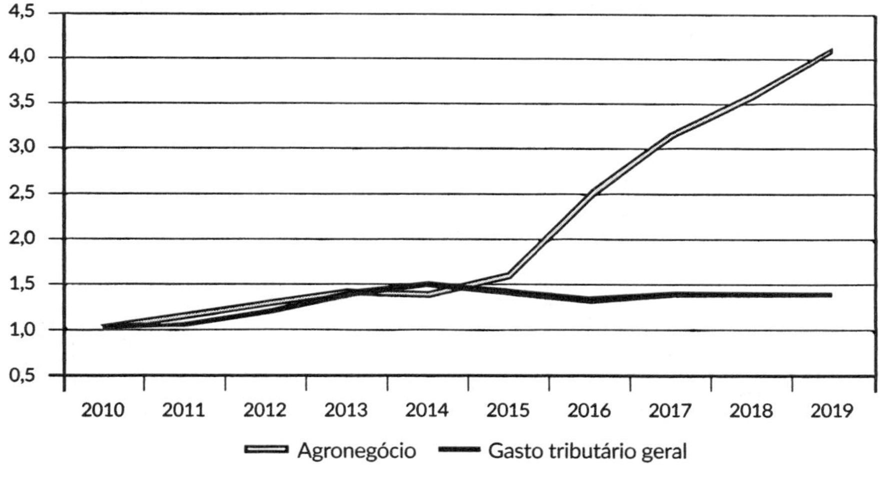

Fonte: Receita Federal (RFB) e Siga Brasil (Portal do Orçamento)/Senado Federal. Lucas Trentin Rech, "Gasto Tributário no Brasil", Ipea, 2022. Nota: A variação do crescimento é apresentada em vezes. Por exemplo, um crescimento de 3 vezes é um incremento de 200% ([3-1]*100), um decrescimento de 0,5 é um decrescimento de 50% ([0,5-1]*100). O gráfico 5 mostra a variação real, que, para todos, significa a variação nominal deflacionada pelo Índice Nacional de Preços ao Consumidor Amplo (IPCA) aos valores do primeiro ano da série (2010).

Note como o processo de deterioração institucional que culminou no golpe parlamentar contra a presidenta tinha claros recortes setoriais ligados aos grupos econômicos de maior poder. Como vimos anteriormente, seguir a lógica das vantagens comparativas pode levar à captura do Estado pelos grupos que se fortalecem economicamente em detrimento do restante da sociedade. O agronegócio absorve recursos naturais e orçamentários e domina a pauta legislativa para manter amplos benefícios tributários e subsídios creditícios volumosos.

A visão mais ampla dos gastos tributários mostra o elevado custo da manutenção da governabilidade a partir de 2011 – quando o gasto tributário cresce de 3,5% e 16,25% da arrecadação federal para o pico de 4,8% do PIB e 24% da arrecadação da União, estimados para 2023. A dimensão é monumental: em 2011, eram 152 bilhões de reais. Em 2023, a soma batia 518 bilhões de reais; para efeito de comparação, em 2024, a soma dos orçamentos da saúde e da educação foi de 337 bilhões de reais. Depois da previdência social e dos juros da dívida pública, o gasto tributário é o maior gasto do orçamento público.

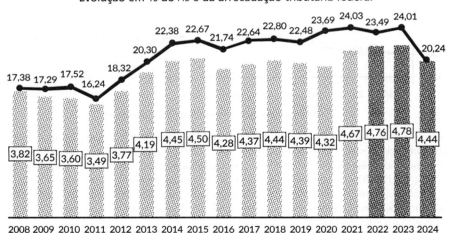

Gráfico 6
Gastos tributários – estimativas de bases efetivas em 2021
Evolução em % do PIB e da arrecadação tributária federal

Fonte: Secretaria da Receita Federal. Demonstrativo dos gastos tributários – bases efetivas, 2021 – série 2019 a 2024 – quadro xxxv.

Quando desagregamos os dados, conseguimos observar como alguns setores da sociedade dependem de maneira excessiva de gastos tributários. O gráfico 7 mostra quanto do gasto em cada área é composto por eles, em comparação aos gastos diretos efetivos via orçamento público. Na agricultura, as renúncias tributárias alcançam 83% do gasto total, caindo um pouco na área de energia (79%) e na de ciências e tecnologia (60%).

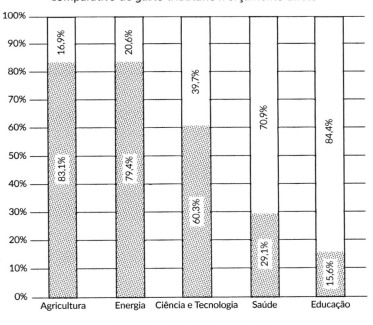

Gráfico 7
Gastos Tributários – Estimativas de bases efetivas em 2021
Comparativo de gasto tributário x orçamento direto

Fonte: Secretaria da Receita Federal. Demonstrativo dos gastos tributários – bases efetivas, 2021 – série 2019 a 2024 – quadro XXXVI.

Ainda que os impostos tenham papel crucial na formação das sociedades e sejam necessários para o funcionamento dos governos, a forma como são implementados pode ter profundas implicações sociais e políticas.

A tributação pode tanto unir quanto dividir sociedades. No Brasil dos gastos tributários, as nossas oligarquias preferem emprestar a juros o valor que não pagam em impostos. É o esquema perfeito para dividir a sociedade em uma hierarquia abstrata e invisível, em que o poder econômico se converte em poder político para alterar a estrutura e o volume dos gastos públicos de modo a atender aos privilégios dessa rígida pirâmide invertida do poder.

TRIBUTOS E GASTOS SOCIAIS

A evolução da estrutura de gastos do governo é um tema fascinante, que reflete as mudanças sociais, econômicas e políticas ao longo dos séculos. A Revolução Gloriosa, que ocorreu na Inglaterra, em 1688, teve um impacto significativo na estrutura tributária e nos gastos do governo. Durante esse período, o Parlamento ganhou mais poder em relação à monarquia, resultando em um sistema tributário mais equilibrado e transparente. Os impostos eram cada vez mais vistos como uma forma legítima de financiar os gastos do governo, especialmente em tempos de guerra e para manter a estabilidade interna.

Com o advento da Revolução Industrial no século XVIII, houve uma transformação radical na economia e na sociedade. O aumento da urbanização e da industrialização levou a uma maior demanda por serviços públicos, como infraestrutura, educação e saúde. Isso, por sua vez, exigiu um aumento nos gastos do governo, financiados principalmente por meio de impostos sobre a renda, o comércio e a propriedade.

No século XIX, à medida que as sociedades industrializadas se desenvolviam, surgiam movimentos sociais e políticos que defendiam a expansão dos gastos sociais do governo. A ideia de um Estado de bem-estar social começou a ganhar força com a crença de que o governo tinha a responsabilidade de garantir o bem-estar de seus cidadãos, sobretudo os mais vulneráveis.

A Grande Depressão da década de 1930 foi um ponto de virada crucial na história do Estado de bem-estar social. A crise gerou altos níveis de desemprego, pobreza e desigualdade, levando os governos a intervirem de forma mais ativa na economia e na proteção social. Programas de assistência social, seguro-desemprego e previdência social foram implementados para ajudar a aliviar o sofrimento causado pela recessão.

Após a Segunda Guerra Mundial, muitos países industrializados adotaram políticas de bem-estar social abrangentes, financiadas por meio de um sistema tributário progressivo. Impostos sobre a renda, herança e propriedade foram aumentados para financiar programas sociais que visavam garantir a segurança econômica e o bem-estar de todos os cidadãos.

Hoje, o Estado de bem-estar social é uma característica proeminente de muitas democracias ocidentais – com sistemas de saúde universal, educação pública gratuita e programas de assistência social. A evolução da estrutura de gastos reflete a crescente importância atribuída à igualdade, justiça social e solidariedade na sociedade moderna. O gráfico 8 mostra os crescentes gastos sociais dos governos dos países desenvolvidos a partir do pós-Segunda Guerra Mundial.

Gráfico 8
Gasto social do governo nos países desenvolvidos (% do PIB), 1880–2016

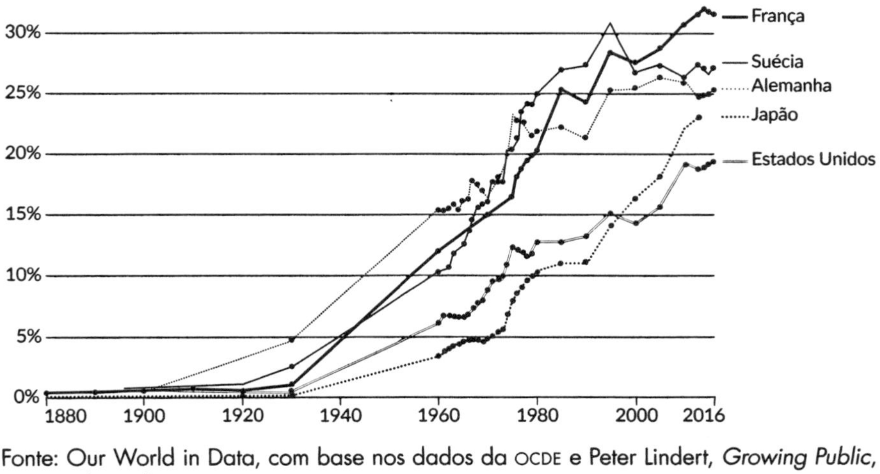

Fonte: Our World in Data, com base nos dados da OCDE e Peter Lindert, *Growing Public*, 2010 (adaptado).

A despesa social inclui, entre outras, as seguintes áreas: saúde, velhice, prestações relacionadas com incapacidade, família, programas ativos do mercado de trabalho, desemprego e habitação.

De forma bem simplificada, pode-se dizer que os gastos sociais foram ganhando espaço no orçamento, o que exigiu duas acomodações: aumentar as receitas e moderar o crescimento de outros gastos.

Como veremos na seção seguinte, a dinâmica fiscal é complexa e expressa a correlação de forças na sociedade. Por isso, a acomodação da pressão social por mais gastos se deu, historicamente, por meio do crescimento do gasto público como parcela do PIB ao longo do tempo, um processo rotulado de Lei de Wagner.

Formulada pelo economista alemão Adolph Wagner no final do século XIX, essa máxima postula que, à medida que uma economia cresce e se desenvolve, os gastos do governo tendem a aumentar em termos absolutos e relativos. Wagner observou que, com o progresso econômico e social, a demanda por serviços públicos e intervenções governamentais cresce, levando a um aumento contínuo nos gastos públicos.

A Lei de Wagner baseia-se, em especial, em três princípios:

1. Expansão das funções governamentais: à medida que a sociedade se torna mais complexa, o governo assume novas funções e responsabilidades, como educação, saúde, infraestrutura e bem-estar social.
2. Aumento da demanda por serviços públicos: com o aumento da renda e da urbanização, a população demanda mais e melhores serviços públicos.
3. Intervenção econômica: o governo intervém mais na economia para corrigir falhas de mercado, promover a justiça social e garantir a estabilidade econômica.

Peter Lindert estudou de maneira extensiva a evolução dos gastos públicos e forneceu, em seu magistral livro *Growing Public* [Público crescente],[2] evidências empíricas que corroboram a Lei de Wagner. Vamos explorar alguns exemplos históricos que ilustram esses princípios.

Europa e Reino Unido nos séculos XIX e XX

Durante a Revolução Industrial, o Reino Unido experimentou um crescimento econômico sem precedentes. Com o aumento da urbanização e da industrialização, surgiram novos desafios sociais, como a pobreza urbana, condições de trabalho precárias e falta de infraestrutura básica. Em resposta, o governo britânico começou a expandir seus gastos em áreas como saúde pública, educação e infraestrutura.

No início do século XX, o Reino Unido introduziu várias reformas sociais, incluindo o sistema de seguro nacional e a expansão da educação pública. Essas reformas foram financiadas por um aumento nos impostos e resultaram em um crescimento significativo dos gastos públicos. Lindert destaca que essas intervenções não apenas melhoraram o bem-estar social, mas também contribuíram para a estabilidade econômica a longo prazo.

Olhando para a Europa, Thomas Piketty analisou a ascensão do Estado social por meio da composição do gasto público ao longo de um século e meio.[3] Em flagrante ilustração da Lei de Wagner, não apenas a receita fiscal cresceu de menos de 10% do PIB para 47% como o Estado foi assumindo uma série de funções. Por exemplo, em 2020, os gastos públicos se distribuíram da seguinte forma: 10% da renda nacional para despesas com exército, polícia, justiça, administração geral, infraestrutura básica (estradas etc.); 6% para educação; 11% para pensões; 9% para saúde; 5% para transferências sociais (exceto pensões); 6% para outros gastos sociais (moradia etc.).

---

[2] Peter Lindert, *Growing Public*, 2010.
[3] Thomas Piketty, *A Brief Story of Equality*, 2021. Ver o gráfico 19, "The Rise of the Social State in Europe, 1870-2020", em: <http://piketty.pse.ens.fr/files/equality/pdf/F19.pdf>.

Estados Unidos no século xx

Nos Estados Unidos, a Grande Depressão da década de 1930 foi um ponto de inflexão para os gastos públicos. O New Deal, implementado pelo presidente Franklin D. Roosevelt, introduziu uma série de programas de assistência social, obras públicas e reformas econômicas. Esses programas foram financiados por um aumento nos impostos e resultaram em um crescimento significativo dos gastos públicos.

Após a Segunda Guerra Mundial, os Estados Unidos continuaram a expandir seus gastos públicos, sobretudo em áreas como defesa, educação e saúde. A criação do sistema de seguridade social e a expansão do Medicare e Medicaid são exemplos de como o governo americano respondeu às demandas crescentes por serviços públicos.

Países nórdicos nos séculos xx e xxi

Os países nórdicos, como Suécia, Noruega e Dinamarca, costumam ser citados como exemplos de Estados de bem-estar social robustos. Desde o início do século xx, esses países implementaram políticas sociais abrangentes, incluindo educação gratuita, saúde universal e generosos benefícios aos desempregados e aposentados.

Lindert argumenta que os países nórdicos demonstram como altos níveis de gastos públicos podem coexistir com economias prósperas. Esses países financiam seus programas sociais por meio de um sistema tributário progressivo e eficaz, que garante a redistribuição de renda e a justiça social.

A Lei de Wagner oferece uma explicação convincente para o crescimento dos gastos públicos ao longo do tempo. À medida que as economias se desenvolvem e as sociedades se tornam mais complexas, a demanda por serviços públicos e intervenções governamentais aumenta. Estudos históricos e empíricos, como os de Peter Lindert, fornecem evidências robustas de que os gastos públicos tendem a crescer em resposta às necessidades sociais e econômicas.

Esses exemplos ilustram como diferentes sociedades responderam a esses desafios, expandindo seus gastos públicos para promover o bem-estar social e a estabilidade econômica. O Brasil apresenta uma trajetória similar. O gráfico 9 mostra a evolução da despesa primária (como % do PIB) entre 1986 e 2022, a qual varia de um total de 12,7% para 18,1%. É possível notar o crescimento dos gastos previdenciários e assistenciais[4] ao longo das décadas, bem como o avanço do custeio e investimento que comporta todo o gasto social em educação, saúde e infraestrutura. O gráfico também evidencia a estabilidade do gasto com funcionalismo público e a sua queda recente, revelando a falácia do inchaço do funcionalismo, sem destacar as imensas desigualdades que marcam as carreiras dentro do serviço público.

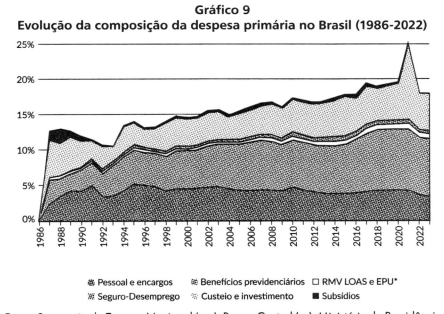

Gráfico 9
Evolução da composição da despesa primária no Brasil (1986-2022)

Fonte: Secretaria do Tesouro Nacional (STN), Banco Central (BC), Ministério da Previdência Social (MPS) e Ministério do Trabalho e Emprego (MTE). Nota: *Renda Mensal Vitalícia (RMV), Benefício de Prestação Continuada (LOAS) e Encargos Previdenciários da União (EPU).

---

4 Renda Mensal Vitalícia (RMV), Benefício de Prestação Continuada (BPC-LOAS), Encargos Previdenciários da União (EPU).

Uma vez compreendida a pressão por elevação de gastos, voltamo-nos às regras fiscais, isto é, aos limites impostos ao crescimento dos gastos, bem como à busca por fontes diversificadas de receitas, de sorte a garantir a estabilidade fiscal ao longo do tempo.

REGRAS FISCAIS COMO EXPRESSÃO DO PODER POLÍTICO

No livro *In Defense of Public Debt* [Em defesa da dívida pública],[5] Barry Eichengreen e coautores desnudam a relação complexa entre regras fiscais, forças políticas e endividamento público. A comparação histórica, em diferentes países do mundo, revela que as regras fiscais desempenham um papel crucial na gestão da dívida pública, mas sua eficácia é, com frequência, comprometida por pressões políticas e por processos de polarização na sociedade.

As regras fiscais são importantes mecanismos para garantir a sustentabilidade das finanças públicas e limitar o endividamento excessivo. Regras como limites de déficit orçamentário e de dívida pública, regras de ajuste fiscal automático e mecanismos de controle de gastos são essenciais para evitar crises fiscais e garantir a estabilidade econômica a longo prazo.

A configuração das regras está longe de ser, todavia, uma matéria técnica e neutra. Arranjos fiscais são desenhados e implementados a partir da correlação de forças políticas dentro de uma sociedade. O grau de conflito político, as regras de alternância do poder, a busca por interesses partidários, o poder dos lobbies e a captura da política econômica podem minar a eficácia das regras fiscais e levar a decisões de política fiscal insustentáveis e, sobretudo, danosas ao bem-estar coletivo e, em particular, aos mais vulneráveis.

A polarização política tende a criar um ambiente em que as prioridades de curto prazo e as demandas de grupos de interesse prevalecem sobre con-

---

5 Barry Eichengreen, Asmaa El-Ganainy, Rui Esteves e Kris James Mitchener, *In Defense of Public Debt*, 2021.

siderações de longo prazo e de sustentabilidade fiscal. A polarização aguda impele os governos a adotarem políticas que acomodam, por meio do endividamento acelerado, as disputas por fatias crescentes do orçamento.

A polarização política pode levar a um ciclo vicioso de endividamento crescente, no qual as forças políticas em conflito priorizam suas agendas de curto prazo em detrimento da sustentabilidade fiscal de longo prazo. Quando a soma das aspirações de gasto de todos os grupos políticos excede a capacidade do Estado de tributar, a deterioração fiscal se manifesta como endividamento crescente como parcela do PIB e, depois, quando os títulos de dívida pública não encontram demanda suficiente, o governo é obrigado a emitir moeda para cobrir seus gastos. Nesse estágio, a inflação assume natureza automática, como reflexo de uma moeda sem legitimidade social. A hiperinflação se torna uma realidade próxima.

Porém, há etapas para que esse declínio da capacidade fiscal do Estado cumpra seu curso integral. Eichengreen observa que, em sociedades polarizadas, os ciclos eleitorais costumam incentivar os partidos políticos a prometerem políticas expansionistas para angariar apoio eleitoral. Isso pode resultar em aumento de gastos e/ou em redução de impostos sem considerar as condições adequadas para manter a dívida pública sob controle.

Outro efeito da polarização política é a falta de consenso sobre políticas fiscais responsáveis. A divisão hostil entre partidos políticos dificulta que se encontre um desenho consensuado de regra fiscal que controle o crescimento da dívida pública. Ilustração disso é o caso dos Estados Unidos, que ganhou recentemente as manchetes dos jornais com o impasse sobre o teto da dívida pública.

A polarização política entre democratas e republicanos tem levado a impasses recorrentes sobre o aumento do teto da dívida. Em várias ocasiões, a falta de consenso resultou em crises fiscais iminentes, em que o governo federal teve de ser paralisado por meses – sim, os funcionários públicos não receberam salários durante o governo Trump, por conta do impasse no Congresso –, correndo o risco de não cumprir o pagamento devido a seus credores. O paradoxo é espantoso: no país que emite a moeda de reserva global – que o mundo inteiro procura como estuário de estabilidade em meio às tribulações dos mercados internacionais –, o impasse político gera incerteza econômica, elevando o custo de rolagem da dívida.

O mecanismo é simples: em face da "percepção" de incerteza quanto aos futuros pagamentos da dívida pública, fundos de investimento e de pensão, bancos e outros agentes financeiros cobram uma taxa de juros maior para deter esses títulos de dívida. Em troca, o governo recebe menos dinheiro hoje (porque o desconto do valor a ser pago no futuro é maior) e, portanto, precisa pagar mais serviço de juros da dívida. Por que deixamos a percepção de incerteza entre aspas acima? Porque ela é parcialmente artificial. Afinal, se o país emite a moeda em que a dívida está denominada, o risco de calote é nulo. O que o mercado embute na taxa de juros que se cobra do governo é o risco de a inflação fugir do controle caso o governo não dê conta de colocar suas contas em ordem. Por isso, dizemos que as taxas de juros em contratos mais longos carregam a expectativa de inflação para os períodos de vigência desses títulos de dívida.

Para mitigar tais riscos, é essencial fortalecer as instituições fiscais, promover a transparência e buscar um equilíbrio entre as necessidades de curto prazo e a sustentabilidade fiscal de longo prazo.

Diante dessas questões, é crucial refletir sobre como as regras fiscais podem ser projetadas e implementadas de forma a disciplinar as pressões políticas e garantir que o ônus da disciplina fiscal seja devidamente repartido de acordo com distribuição de renda e de riqueza na sociedade. Para tanto, a transparência da estrutura tributária e das desonerações que beneficiam setores específicos, a prestação de contas e a autonomia operacional das instituições fiscais são fundamentais para fortalecer o cumprimento das regras fiscais e manter o endividamento público estável, sem sacrificar os investimentos nos bens públicos essenciais à construção da democracia efetiva.

Adiante, analisaremos a história recente das regras fiscais no Brasil.

ESTABILIZAÇÃO DA DÍVIDA PÚBLICA E REGRAS FISCAIS

A estabilidade da dívida pública depende de algumas variáveis. Antes de entrarmos nos detalhes que dizem respeito ao caso brasileiro, vale dizer que a estabilização da dívida não depende, necessariamente, de um resultado primário positivo. Ou seja, um governo pode conviver com déficits fiscais contínuos e mesmo assim manter a dívida sob controle. Para tanto, é preciso respeitar a "Condição de Domar",[6] enunciada pelo economista Evsey Domar, em 1944, que sugere que a dívida pública pode ser mantida estável se a taxa de juros (r) que remunera a dívida for menor do que a taxa de crescimento (g) do PIB; em termos matemáticos, se $r < g$. Assim, se o crescimento da economia for maior do que a taxa de juros, a relação dívida/PIB pode ficar estável, mesmo na presença de déficits fiscais. A razão é simples: se o valor do PIB – que está no denominador – crescer de forma mais rápida do que a dívida – que está no numerador –, a relação tende a cair com o tempo. Entretanto, isso não é licença para gastar sem limites. Se o déficit fiscal for grande a ponto de fazer a parte de cima da razão crescer com mais velocidade do que o PIB, a dívida pode fugir de controle.

Isso ajuda a explicar por que os Estados Unidos têm déficits fiscais contínuos desde a década de 1960 e, mesmo assim, sua dívida não foge do controle.[7] Já no caso do Brasil, onde as taxas de juros são sistematica-

---

[6] Evsey Domar, *The Burden of Debt and the National Income*, 1944.
[7] Ver artigo de David Nather e Naema Ahmed, "The Rise and Fall and Rise of the Budget deficit", *Axios*, 18 out. 2018. Recentemente, em decorrência do aperto das condições monetárias pelo FED, que levou a taxa básica de juros de 0,25% ao ano para 5,25% ao ano, há temor de que a dívida americana não seja sustentável. Como mostrou Barry Eichengreen, devido à primazia do dólar na economia global, há poucos motivos para acreditar em calote da dívida pública americana, ainda que seu controle seja, de fato, um problema. O motivo é exatamente a regra de Domar: a taxa de juros é superior ou próxima da taxa de crescimento da economia. Ver Barry Eichengreen, "America's Debt Is Both Sustainable and a Problem", *Project Syndicate*, 11 jun. de 2024.

mente mais elevadas do que a capacidade de crescimento da economia, é necessário gerar superávits fiscais para controlar a dívida pública.

Nesse contexto, é fundamental compreender os determinantes que influenciam a estabilização da dívida pública, considerando não apenas a relação entre juros e crescimento, mas também outros fatores econômicos, políticos e institucionais que desempenham um papel significativo nesse processo. Comecemos pelos *fatores macroeconômicos e de gestão da política econômica*:

1. *Taxa de crescimento do PIB:* crescimento robusto do PIB aumenta a base tributária, elevando as receitas do governo sem a necessidade de aumentar as alíquotas de impostos, facilitando a manutenção ou redução da dívida em relação ao PIB. Assim, políticas que elaborem melhoria da produtividade e maior capacidade de gerar inovações tecnológicas podem impulsionar o crescimento econômico, contribuindo para a estabilização da dívida.
2. *Taxa de juros*: taxas de juros mais baixas reduzem o custo do serviço da dívida, facilitando a gestão da dívida pública. O problema é que, em países que adotam o regime de metas de inflação, as decisões de política monetária, como ajustes na taxa básica de juros, são tomadas por um banco central com algum grau de autonomia com relação ao governo – o que acaba influenciando diretamente o custo do endividamento do governo. De forma mais objetiva, se um país produtor de petróleo entra em guerra e reduz suas exportações, um país importador enfrentará uma inflação que nada tem a ver com suas ações. Mesmo assim, o banco central elevará a taxa de juros para conter a inflação importada e, dada a regra de Domar, um país pode ser obrigado a apertar as contas para a dívida não fugir do controle.
3. *Resultado primário (superávit/déficit)*: é a diferença entre as receitas e despesas do governo, excluindo os juros da dívida. Um superávit primário contribui para a redução da dívida, enquanto

um déficit primário pode aumentar a dívida. Nesse sentido, a capacidade do governo de manter um superávit primário sustentável é crucial para a estabilização da dívida.
4. *Inflação*: ao reduzir o valor real da dívida pública, a inflação facilita sua gestão. No entanto, taxas de inflação muito altas podem desestabilizar a economia e elevar os custos de financiamento.
5. *Indexação da dívida*: a proporção da dívida indexada à inflação e à taxa básica de juros também é um fator importante. Dívidas indexadas podem neutralizar os efeitos benéficos da inflação e da taxa de juros sobre a dívida.

Um segundo grupo de fatores afeta a dinâmica da dívida de forma estrutural, isto é, são forças inevitáveis (demografia) ou aspectos cuja construção demanda tempo, disciplina e flexibilidade (instituições e credibilidade). Vejamos:

6. *Demografia*: mudanças demográficas, como o envelhecimento da população, podem aumentar os gastos com previdência e saúde, pressionando as finanças públicas. Além disso, o tamanho e a produtividade da força de trabalho influenciam o crescimento econômico e, como consequência, a capacidade de estabilizar a dívida.
7. *Credibilidade e confiança:* a confiança dos investidores na capacidade do governo de honrar suas obrigações é crucial. Políticas fiscais e monetárias entendidas como responsáveis e transparentes aumentam essa confiança e reduzem a percepção de risco associado ao país. Essa combinação benigna pode reduzir as taxas de juros exigidas pelos credores, cortando o custo do endividamento.
8. *Instituições e governança*: instituições fortes e eficientes, que promovem a transparência e a responsabilidade fiscal, são funda-

mentais para a gestão sustentável da dívida. A qualidade da governança, incluindo a capacidade de implementar e manter políticas fiscais responsáveis, é decisiva para a estabilização da dívida.

Em face desses determinantes da dívida pública, é possível analisar como o Brasil desenhou suas regras fiscais ao longo do tempo. Analisar toda a história da política fiscal fugiria demais do objetivo que é explicar a estrutura de poder por trás das instituições. Por isso, adotaremos como ponto de partida o Plano Real de 1994. Desde então, o Brasil tem adotado diversas regras fiscais com a finalidade de estabilizar a economia, controlar a inflação e garantir a sustentabilidade das finanças públicas.

A seção a seguir explora a evolução dessas regras, desde o Plano Real até o novo marco fiscal do governo Lula em 2023, destacando as diferenças entre essa nova regra e o Teto de Gastos instituído pelo governo Michel Temer, via Emenda Constitucional nº 95/2016, cuja insustentabilidade técnica e política ficou escancarada durante o governo Bolsonaro.

PLANO REAL E A LEI DE RESPONSABILIDADE FISCAL

O Plano Real foi lançado em 1994 e garantiu a estabilização da inflação no Brasil, após mais de cinco décadas de inflação anual de dois dígitos. No entanto, a estabilidade da inflação exigia também garantir a disciplina fiscal. Em 2000, foi promulgada a Lei de Responsabilidade Fiscal (LRF),[8] que estabeleceu normas para a gestão das finanças públicas. A LRF impôs limites para a dívida pública, estabeleceu regras para a transparência fiscal e criou mecanismos de controle para evitar déficits orçamentários persistentes, ao submeter a dinâmica orçamentária ao equilíbrio de longo prazo da dívida pública.

---

8 Lei Complementar nº 101, de 4 de maio de 2020.

Outra regra fiscal importante no Brasil é a Regra de Ouro, prevista na Constituição Federal. Essa regra proíbe o governo de contrair dívidas para financiar despesas correntes, como salários e benefícios sociais. A Regra de Ouro visa garantir que o endividamento público seja utilizado apenas para investimentos e despesas de capital.

Com base nessas regras, institui-se anualmente uma meta de resultado primário – isto é, não considerando as despesas com rolagem e serviços de juros da dívida pública. Trata-se de uma medida de *esforço fiscal*, que pode ser grande, quando superavitária (quando as receitas primárias superam as despesas primárias), ou pequena, quando deficitária (quando as despesas superam as receitas). Um superávit primário é desejável porque indica que o governo consegue arrecadar recursos suficientes para bancar suas despesas e para pagar os juros e a amortização da dívida, de maneira que o endividamento público não ameace a estabilidade das contas. Por outro lado, um déficit primário persistente ou crescente sinaliza a necessidade de ajustar as contas fiscais para evitar o crescimento insustentável da dívida.[9]

Nessa situação de desequilíbrio persistente entre gastos e receitas, o ajuste fiscal pode assumir diferentes formatos: cortar gastos para adequá-los à capacidade de arrecadação do governo, focar na ampliação das receitas para cobrir a necessidade de gastos ou todo um espectro que combina controle de gastos e esforço de arrecadação.

---

9 Até aqui, pode-se ter a impressão de que as finanças do Estado se assemelham às de uma família ou de uma empresa. Mas é só impressão. Primeiro, porque o Estado emite sua própria moeda – algo que nós adoraríamos fazer, mas não temos poder nem legitimidade para tanto. Isso significa que o espaço decisório do Estado é muito mais elástico do que o nosso. Em outras palavras: se quisermos gastar mais do que ganhamos, nosso crédito junto a outras pessoas acaba antes do que o do Estado, e não podemos emitir a nossa própria moeda. Ou seja, nossa restrição financeira é mais estreita do que a das empresas e a do Estado. Segundo, porque, ao gastar na economia, o Estado recebe uma parte de volta na forma de tributação. Finalmente, a dívida pública é um ativo desejado pelo setor privado – pela segurança que o emissor passa, exatamente por emitir a moeda, isto é, o meio que permite a quitação da dívida contraída. Esses aspectos não estão ao dispor das famílias nem das empresas.

Em essência, a regra fiscal adotada incorpora uma opção de ferramenta que, em tese, mobilizaria de forma benigna todas as variáveis macro e de política econômica em favor da estabilidade. Por exemplo, ao elevar a arrecadação ou ao cortar gastos, o déficit primário é zerado, a taxa de juros cai – o serviço de juros da dívida também – e o investimento e a renda crescem, estabilizando a dívida.

O problema é que não há qualquer garantia de que essa sequência lógica ocorrerá de forma automática nem que terá a força necessária para estabilizar as contas públicas. Os resultados das políticas econômicas são radicalmente incertos, com períodos de maturação variáveis e efetividade condicionada por fatores nem sempre passíveis de serem conhecidos (de antemão ou mesmo muito depois da implementação). Dito de outra forma, a prova da eficácia de uma regra está na sua execução. O que podemos fazer é aprender com a experiência, tentar corrigir os erros e evitar cometê-los novamente.[10]

Ademais, a economia é um sistema complexo e historicamente determinado, de forma que decisões anteriores afetam as possibilidades de ferramentas e opções de política futuras. Isso torna o sistema econômico altamente sensível ao contexto, de maneira que as transformações precisam ser feitas com muito critério e cuidado, desde a formulação até a sua execução e monitoramento.

A próxima seção analisa essa "dependência de trajetória" na nossa história fiscal recente, apontando como as decisões em um período definem o rol de possibilidades nos períodos seguintes. Além da dinâmica econômica, as preferências políticas do eleitorado e, sobretudo, dos donos do poder delimitam o campo do que é possível atingir em um determinado contexto. É nesse sentido que as regras fiscais expressam a natureza e a intensidade dos conflitos distributivos na sociedade.

---

10 O Plano Real é um exemplo dessa máxima. Os seis planos que o antecederam geraram aprendizado valioso para a formulação bem-sucedida ao final. E mesmo seus efeitos colaterais, como a desindustrialização e a perda de dinamismo da economia, foram observáveis apenas muito tempo mais tarde.

UMA BREVE HISTÓRIA DA POLÍTICA FISCAL RECENTE[11]

O começo do ajuste fiscal data do início de 2015, quando a presidenta Dilma, reeleita, convidou Joaquim Levy para assumir o Ministério da Fazenda e dar uma guinada austera na política fiscal expansionista que marcou seu primeiro mandato. Desde então, tem-se um período em que governos de várias linhas ideológicas implementaram políticas com o objetivo de elevar o resultado primário para controlar o crescimento da dívida pública.

Em dezembro de 2014, medidas de ajuste focaram cortes do seguro-desemprego, do abono salarial e de pensões por morte. Ao longo de 2015, medidas adicionais buscavam produzir um resultado primário positivo.

O quadro fiscal em deterioração exigia cuidados: o resultado primário de 2014 foi deficitário, pela primeira vez desde o início do século, em 0,54% do PIB. O déficit nominal – que inclui o pagamento de juros da dívida pública – atingiu 5,95% do PIB, e a dívida líquida do setor público – que desconta da dívida bruta os ativos do governo, como as reservas internacionais – atingiu 32,6% do PIB, ou seja, cresceu depois de anos seguidos de queda.

Os números não eram assustadores em si. O problema era a tendência de corrosão dos resultados primários positivos acumulados na década anterior. O gráfico 10 dá uma noção da tendência que se delineava. A linha clara mostra o avanço dos gastos primários e a escura, das receitas primárias. Até 2011, a arrecadação cresce junto com as despesas e o resultado positivo é obtido sistematicamente, mesmo no contexto da crise de 2008. A partir de 2011, vemos uma queda acentuada na linha escura: ainda sob os efeitos da crise mundial, o dinamismo da economia brasileira começa a perder força e a receita fraqueja. No mesmo ano, o governo Dilma, recém-empossado, faz um corte duro de gastos (linha clara caindo) focado nos investimentos públicos. Na sequência,

---

11 Esta seção se apoia no artigo de Manoel Pires, "Um balanço dos últimos dez anos de política fiscal", *Folha de S.Paulo*, 21 jun. 2024.

inicia uma série de medidas estimulantes, como desoneração da folha de pagamento, controle de preços de combustíveis e de energia elétrica, e o uso de bancos públicos para reduzir os juros e impulsionar o crédito direcionado e os subsídios à indústria. Por se tratar essencialmente de medidas que reduziam custo de produção, a política deslocava a responsabilidade de seu sucesso para a decisão de investimento do setor privado.

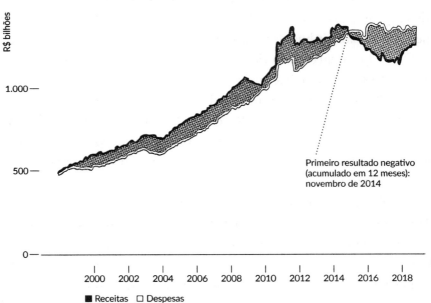

Gráfico 10
Receitas e despesas primárias do governo central
Soma dos últimos 12 meses, atualizados pelo IPCA

Primeiro resultado negativo (acumulado em 12 meses): novembro de 2014

■ Receitas ☐ Despesas

Fonte: Tesouro Nacional Transparente, vinculado ao Ministério da Fazenda.

Em vez de turbinar os investimentos, o setor privado aproveitou o corte de custos para aumentar suas margens de lucro. A economia foi perdendo tração. A receita teve leve recuperação em 2013 e 2014, devido aos investimentos públicos nos preparativos para a Copa do Mundo de 2014 e para as Olimpíadas no Rio de Janeiro, em 2016.

A guinada austera, a partir de 2015, combinou-se com o fim do superciclo de commodities a partir de 2014 (que diminuiu as receitas tributárias do setor mineral e do agronegócio). O desenlace dramático da operação Lava Jato e a própria resposta do governo à crise paralisaram o investimento público e privado no país. A recessão que se seguiu em 2015 e 2016 culminou no golpe parlamentar de 2016 contra o governo Dilma (já amplamente documentado na literatura recente). Resultado: a linha escura das receitas mergulha. Inicia-se aqui o período da *Grande Desoneração Tributária*.

O gráfico 11 mostra a acelerada reversão do superávit primário em um déficit inicialmente pequeno. A crise do impeachment agravaria a polarização da sociedade e levaria o déficit a profundezas atordoantes.

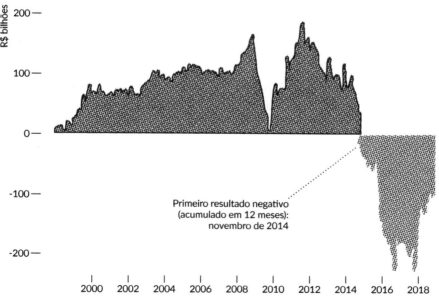

Gráfico 11
Resultado primário do governo central
Soma dos últimos 12 meses, atualizados pelo IPCA

Fonte: Tesouro Nacional Transparente, vinculado ao Ministério da Fazenda.

Diante de uma situação complexa, o recém-empossado governo de Michel Temer decidiu promover um *choque de expectativas*. A ideia era combinar um programa duradouro de *corte de gastos* com o fortalecimento da *credibilidade* do governo para impulsionar a *confiança* do setor privado.[12] Almejava-se, assim, estimular os investimentos privados para reduzir a dependência da economia com relação ao investimento público. Essa é a tese da "austeridade expansionista", atribuída aos estudos do economista italiano Alberto Alesina.[13]

TETO DE GASTOS DE TEMER E BOLSONARO

Em dezembro de 2016, o governo de Michel Temer implementou uma das regras fiscais mais rígidas da história recente do Brasil: o Teto de Gastos. Uma regra fiscal simples foi inserida na Constituição Federal por meio da Emenda Constitucional nº 95. O Teto de Gastos limitou o crescimento das despesas primárias à inflação do ano anterior por um período de vinte anos, com possibilidade de revisão após dez anos.

O Teto de Gastos buscava ajustar as contas exclusivamente pela via do corte da despesa primária. Uma proposta como essa dependia de muitas reformas fiscais adicionais. Como o gasto público é definido por várias leis e dispositivos constitucionais – os quais protegem muitos benefícios como direitos adquiridos –, conter o crescimento do gasto primário requer adaptar os instrumentos legislativos à regra do Teto.

Com esse sinal forte vindo do governo, esperava-se que o setor privado tivesse a percepção de que estabilidade fiscal era um compromisso

---

12 Os itens destacados *em itálico* compõem os fatores estabilizadores da dívida pública que vimos na seção anterior. Se necessário for, retorne àquela seção para rever esses aspectos antes de continuar a leitura desta seção.
13 Um breve relato histórico dessa tese e dos debates que se seguiram a ela pode ser encontrado em: Jeffrey Frankel, "Origens da austeridade expansionista", *Valor Econômico*, 21 maio 2013. E, mais recentemente, em: Manoel Pires, "Austeridade fiscal: as evidências", *Observatório da Política Fiscal do Ibre*, 8 abr. 2019.

inegociável e que reduziria o risco de inadimplência – por irreal que fosse – no pagamento dos juros da dívida. O menor risco percebido permitiria a queda sistemática e segura da taxa Selic, aliviando a restrição de crédito do setor privado e incentivando o investimento.

Dando sustentação a esse arranjo macroeconômico, o governo Temer prometeu reformas que gerariam *crescimento econômico*. Dentre elas estavam a redução do crédito público na economia e a reforma trabalhista, que reduziria os custos do trabalho – facilitando a demissão e reduzindo as demandas salariais.

Ao cuidar de reduzir o tamanho do gasto público, presumia-se que o crescimento da economia apoiado na iniciativa privada sustentaria as receitas tributárias, gerando superávits fiscais que, de forma gradativa, reduziriam a dívida pública, renovando o ciclo benigno. O plano era esse, mas os problemas logo apareceram.

De início, o que se viu foi uma corrida por desonerações tributárias. Afinal, como o Teto estava cortando gastos, aguçou-se nos diversos setores da sociedade a percepção de que a carga tributária poderia ser aliviada no varejo, na base do *caso a caso*. Relembremos que as renúncias fiscais saltam a partir de 2011, de 16% da arrecadação para 24%, em 2021.[14]

O problema é que essas desonerações, uma vez implementadas, são muito difíceis de serem revertidas e, de fato, viriam a restringir o campo de ação do futuro governo Lula 3.

Voltando à cronologia: já em 2019, no governo Jair Bolsonaro, a reforma da Previdência foi aprovada para tentar moderar os efeitos da *mudança demográfica* sobre as contas públicas. Como relembra Manoel Pires, "paradoxalmente, no mesmo ano, o Teto de Gastos foi alterado para ressarcir a Petrobras em razão de uma operação de leilão de petróleo conhecida como cessão onerosa."[15] Iniciava-se ali a sequência de cinco

---
14 Secretaria da Receita Federal, 2024. Demonstrativo dos gastos tributários – bases efetivas, 2021 – série 2019 a 2024 – quadro xxxv.
15 *Ibidem*.

violações do Teto de Gastos, por parte da gestão Paulo Guedes no Ministério da Economia, que somariam mais de oitocentos bilhões de reais.

Até então, o Teto de Gastos havia obtido parcialmente os resultados prometidos. Em 2019, a economia estava estabilizada, com queda da inflação e da taxa de juros a mínimas históricas. Apesar da queda das taxas de juros, o investimento não reagiu, o crescimento se arrastou e a taxa de desemprego continuou elevada. O motivo é simples: as medidas tentadas desde 2011 priorizavam redução de custo para o setor privado e ignoravam a importância do investimento público – que gera demanda efetiva e convida o investimento privado.

Os indicadores fiscais melhoraram pouco com relação a 2014, com o déficit primário crescendo para 0,8% do PIB e o déficit nominal reduzindo pouco, para 5,8% do PIB. A dívida líquida havia, ao contrário do esperado, saltado 20 pontos percentuais, para 54,7% do PIB.

A pergunta que atormentava os economistas liberais era: se fizemos tudo certo, por que está dando tudo errado? Como é típico do liberalismo ingênuo, a resposta era: não deu tempo de as medidas fazerem efeito. Basta aprofundar a agenda e esperar mais um pouco até que os efeitos apareçam e a agenda fortaleça sua legitimidade. Estão esperando até hoje.

A excessiva rigidez do Teto de Gastos gerou críticas, sobretudo em relação ao impacto sobre os investimentos em áreas essenciais como saúde, educação e infraestrutura. A limitação estrita das despesas dificultou a capacidade do governo de responder a crises econômicas e sociais. A não renovação dos quadros do funcionalismo público também minava a capacidade do Estado de se recuperar após a inanição e mutilação sofrida nesses anos de neoliberalismo agressivo de Temer e Bolsonaro.

Sob o efeito da pandemia da covid-19, a preferência política do eleitorado passou a focar a necessidade de mais políticas sociais. Já ao final de 2022, a elevação da inflação melhorou os resultados fiscais do governo, reforçados pelo ciclo de commodities – que aumentou muito a receita fiscal do setor extrativo mineral –, pela política salarial apertada, pelo bloqueio de gastos discricionários e pelo atraso dos precatórios. Ou seja, o Teto apenas funcionava com a negação de obrigações básicas do Estado. Traduzindo: se eu não pagar meus boletos, sempre terei saldo positivo no banco. Isso significa que faço uma boa gestão das minhas finanças? Claro que não.

O efeito colateral foi o esgarçamento do tecido social. Os salários do funcionalismo perderam quase 40% do poder de compra, o Bolsa Família foi desarticulado, a fila do Instituto Nacional do Seguro Social (INSS) cresceu e vários órgãos públicos enfrentavam risco de paralisação por falta de recursos. A inflação machucou em peso a população na base da distribuição: pessoas lutando entre si para obter comida em caminhões de lixo e filas para comprar osso em vez de carne tornaram-se parte do cotidiano aflitivo do Brasil.

O ano de 2022 foi um divisor de águas nessa breve história das regras fiscais no Brasil. O desgaste acumulado por todos os embates ao longo do mandato levou Jair Bolsonaro a terceirizar seu governo para o Congresso Nacional (conforme abordado no sexto capítulo), sob a forma de crescentes volumes de recursos destinados às emendas parlamentares (orçamento secreto, emendas PIX etc.). No cortejo fúnebre das negociatas privatistas, Bolsonaro entregou ao setor privado a principal empresa de energia elétrica do Brasil, a Eletrobras. Mesmo sendo um processo carregado de irregularidades e potenciais contravenções, a imprensa aplaudiu a perda de controle sobre a coordenação do setor elétrico.

Ajudadas por uma atípica bonança internacional, as exportações de recursos minerais e de petróleo elevaram as receitas do governo, abrindo espaço para mais gastos públicos. Porém, o Teto de Gastos era insensível ao crescimento das receitas. Pior para o Teto. Bolsonaro avançou sobre a Constituição Federal mais uma vez e abriu as comportas do gasto público para tentar sua reeleição. Zerou impostos dos governos estaduais para aliviar o preço dos combustíveis e da energia elétrica, turbinou os gastos assistenciais e triplicou o orçamento do Bolsa Família. Cansado da acelerada rotina de despautérios de Bolsonaro, o povo brasileiro negou-lhe a reeleição. Foi por pouco!

Mesmo com todo esse custo social, o primeiro superávit primário desde 2013, de 1,25% do PIB em 2022, não conteve a expansão da dívida líquida, que atingiu seu ápice de 61,2% do PIB em 2021, caindo para 56,1% do PIB em 2022.

Essa agenda da "Ponte para o Futuro", iniciada com Temer, tornou-se o despenhadeiro rumo ao passado, sob Bolsonaro e Guedes. O gráfico 12 mostra o ocaso do investimento no país. A linha escura mostra que o investimento, entre 2016 e 2023, foi insuficiente para cobrir o desgaste das máquinas e equipamentos.

Mesmo assim a Faria Lima e a imprensa aplaudem a agenda econômica que perseguia o ajuste fiscal e redução do tamanho do Estado. Esse é o peso da ideologia, isto é, a visão que os donos do poder impõem à população, na esperança fanática de que repetir a falácia à exaustão levará as pessoas a ignorarem a dura realidade material de uma vida sem futuro, presa no curto horizonte da sobrevivência. Deu errado!

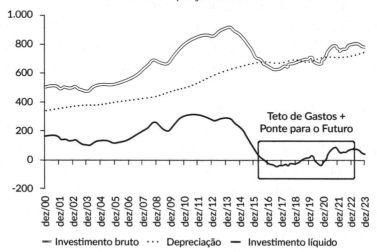

Gráfico 12
Investimento bruto, depreciação e investimento líquido: valor acumulado em doze meses (2000-2023)
Em bilhões de reais a preços constantes de 2010

Fonte: José Ronaldo de C. Souza Júnior e Felipe Moraes Cornelio, Carta de conjuntura nº 63, Nota de conjuntura nº 10, Ipea, 2024.

A PEC DA TRANSIÇÃO E O NOVO ARCABOUÇO FISCAL

Com a vitória de Lula, o governo eleito apresentou ao Congresso a PEC da Transição. Ao suspender o Teto de Gastos e ampliar as despesas para o Orçamento de 2023, a medida buscava viabilizar o aumento permanente do Bolsa Família, visando reverter o aumento da pobreza, fruto de anos de mercado de trabalho anêmico e das cicatrizes econômicas da pandemia. Era necessário também reverter a "subnutrição" orçamentária de órgãos públicos essenciais, como o Instituto Brasileiro do Meio Ambiente e dos Recursos Naturais Renováveis (Ibama) e os Ministérios da Saúde e da Educação.

Em 2023, o governo de Luiz Inácio Lula da Silva introduziu um novo marco fiscal, substituindo o Teto de Gastos. O Novo Arcabouço Fiscal busca um equilíbrio entre a responsabilidade fiscal e a necessidade de investimentos públicos para promover o crescimento econômico e o desenvolvimento social. A espinha dorsal do Arcabouço é a justiça tributária, qual seja: aumentar a carga de impostos sobre os mais ricos e fechar brechas tributárias para cumprir as metas fiscais.

A equipe econômica do ministro da Fazenda Fernando Haddad criou um regime flexível em que se tributa para gastar. Busca-se, portanto, resolver o problema fiscal dando mais peso ao crescimento econômico. Limita-se o crescimento da despesa primária a um intervalo entre 0,6% e 2,5% de crescimento real (descontada a inflação). Com isso, não se corre o risco de o sucesso da recomposição da base tributária se traduzir em gastos desenfreados. A regra busca, nesse sentido, disciplinar não apenas os gastos dos ministérios como também limitar a voracidade do Congresso por emendas parlamentares.

Mais do que isso, o novo marco fiscal mobiliza a responsabilidade de todos os Poderes da República, distribui o ônus do ajuste de forma progressiva – onerando mais os mais ricos e aliviando a carga tributária sentida pelos mais pobres – e distribui o peso do ajuste fiscal entre as variáveis que afetam a dívida pública, como vimos anteriormente.

Na teoria, funciona assim: a restauração da base tributária com viés progressivo coloca o *déficit primário* em trajetória decrescente gradual. A previsibilidade do arranjo e as punições em caso de descumprimento aumentam a *credibilidade* e reforçam a *confiança* na responsabilidade fiscal do governo. Abre-se espaço para a *queda segura da taxa de juros* pelo Banco Central, a qual reduz o *serviço de juros* sobre o estoque da dívida pública, moderando o crescimento dessa última. A queda do juro vai, de forma gradativa, destravando o investimento privado e o consumo – que enfrentavam restrição de crédito. O crescimento da economia não apenas reduz a relação dívida/PIB: também se converte em maior arrecadação, que, na presença do limite da despesa primária, gera superávits fiscais que reforçam a queda do endividamento e abrem espaço para maior investimento público.

Na prática, porém, o arranjo não opera de forma tão desimpedida. Para ser aprovado, o governo Lula teve de se comprometer a uma trajetória dura de ajuste fiscal, projetando zerar o déficit no primeiro ano de vigência da nova regra e passando a superávits maiores a cada ano. Como mostra o gráfico 12, o novo marco fiscal adotou como piso da regra de crescimento de gastos a média dos anos Temer e, como teto do intervalo, a média do governo Bolsonaro (incluindo o período da pandemia).

Essa flexibilização conservadora expressa a correlação de forças no Congresso no conturbado ano de inauguração do novo governo, com tentativa de golpe de Estado no Oito de Janeiro, um Banco Central com agenda do governo anterior (ver capítulo 13) e forte insatisfação das elites econômicas com a agenda vitoriosa nas urnas. Sem essa solução como compromisso, o novo marco fiscal provavelmente não teria sido aprovado e ainda estaríamos sob a vigência de um decrépito Teto de Gastos.

A estratégia do governo busca, portanto, reverter a *Grande Desoneração* iniciada com Dilma e redesenhar o sistema tributário como um todo. A reforma tributária sobre o consumo cumpre uma parte fundamental: ao elevar a *produtividade da economia* e redistribuir a carga tributária, melhora o funcionamento da produção e eleva o poder de compra da base da distribuição. A segunda fase da reforma pretende atacar as isenções e deduções do imposto de renda pessoa física e avançar na tributação do patrimônio altamente concentrado no Brasil.

Assim, mesmo que não dependa exclusivamente de elevar a receita para ajustar as contas, a agenda econômica é centrada nesse eixo. Essa é sua força, mas também sua fragilidade. Por jogar luz sobre os privilégios tributários dos donos do poder, a reação das oligarquias tem sido, como esperado, disfarçar sua insatisfação como desconfiança na viabilidade técnica do arranjo e, com isso, exercer um escrutínio intensivo e pesado sobre a política fiscal.

É assim que a banda toca quando o poder formal da Presidência da República decide confrontar o poder real das oligarquias. O prazo para o sucesso varia inversamente ao avanço sobre os privilégios. Quanto mais os privilégios são atacados, menor é o tempo permitido ao plano para ter seus efeitos observados. Não é à toa que o Teto de Gastos teve sete anos de duração e, mesmo com as repetidas violações à regra, a imprensa e os poderosos exercitavam paciência beneditina com todos os problemas técnicos e políticos da regra.

Por outro lado, com menos de dez meses desde sua aprovação pelo Congresso, o Novo Arcabouço Fiscal de Lula e Haddad já enfrentava o ceticismo – e a desconfiança marcava as avaliações da imprensa e dos economistas da Faria Lima. Como se a política fiscal fosse um fenômeno físico, alegavam que a agenda de recomposição da base tributária era pouco promissora, que o ideal seria focar na suposta causa do déficit fiscal: os gastos públicos. Eis a viuvez ressentida do Teto de Gastos tentando se impor sobre a agenda eleita nas urnas.

Esse é o limite que a concentração de poder econômico impõe ao poder formal de um governo eleito. É difícil saber quanto mais o governo conseguirá avançar na restauração da base tributária. O foco das atenções já migrou para as inconsistências do arranjo – como as vinculações dos pisos da saúde e da educação a uma proporção das receitas, bem como a indexação dos benefícios previdenciários ao salário mínimo.

Esse cabo de guerra entre o governo e o mercado financeiro em torno das regras fiscais é a encenação mais clara do que chamamos de conflito distributivo. O tema é complexo, extenso e fascinante. Este capítulo buscou apenas delinear os principais conceitos e a dinâmica do poder que enquadram o assunto.

Para fechar o circuito, precisamos analisar a restrição fundamental da economia brasileira no contexto do tripé macroeconômico: a política monetária. Antes, porém, devemos compreender a dinâmica da dívida pública, para revelar essa gramática da desigualdade.

Capítulo 13
Dívida pública é riqueza privada: as pulsões do capital patrimonial

Tornou-se um lugar-comum no debate público a alegação de que o Estado é como uma família: não pode gastar mais do que ganha. Se enfrentar saldo negativo entre ganhos e despesas, eventualmente não haverá como se financiar, e a economia entrará em crise. Por uma questão de intuição e de analogia, essa espécie de fábula é aceita como uma máxima de suprema racionalidade, uma verdade objetiva e evidente.

No entanto, essa simplificação esconde um viés ideológico em favor da austeridade. Ao restringir a atuação do Estado ao modelo de uma família, dois problemas acontecem. Primeiro, há famílias ricas e famílias pobres: a diferença entre elas, como vimos no modelo de Piketty, é o acesso ao crédito. Assim, se o Estado funciona como uma família ou uma empresa, ele se parece mais como uma família muito rica, isto é, uma unidade econômica que goza de extenso limite de crédito no banco.

A diferença primordial é que o Estado vende um pedaço de papel que quase todo mundo deseja: a dívida pública. O motivo é um só: além do título de dívida, o governo emite a moeda que pode pagar essa dívida. Por isso, o risco de ele não cumprir suas obrigações é muito baixo. Basta emitir moeda e pagar os detentores dessa dívida. Como tudo na economia tem limite, o uso desse privilégio esbarra no desarranjo do sistema de preços da economia. Isso ocorre porque a criação de dinheiro pode não ser correspondida pela criação de mais bens e serviços; nesse caso, haverá muito poder de compra correndo atrás de poucos bens e serviços, pressionando seus preços. Quando essas pressões se disseminam pela sociedade, a média dos preços começa a subir. A isso chamamos de inflação.

Há, no entanto, um vasto espaço entre o governo ter um saldo negativo em um ano e o penhasco da perdição inflacionária. A política econômica cuida justamente de manter a economia balanceada – ao longo de sua trajetória de crescimento – e de amortecer o impacto de desacelerações da atividade. Essa estabilidade é o meio-termo entre a paz dos cemitérios da austeridade a todo custo e o gasto descontrolado que, ao atender a todas as demandas sociais, descamba para a hiperinflação.

Este capítulo analisa o papel da dívida pública na estruturação da riqueza de um país, e reflete sobre o motivo de se dar tanta atenção a ela. Comecemos por uma analogia que expressa os elementos fundamentais de sua dinâmica.

Estado rico, Estado pobre. Quinto dia útil do mês: entra o salário na sua conta bancária. Os boletos já perfilados anseiam por pagamento. Em poucos dias, esvai-se a recompensa por todo o esforço do mês anterior – as horas no transporte coletivo, o tédio do trabalho, a irritação do chefe, o mau humor dos colegas e os anseios da família. Sobra mês no salário, e a saída é recorrer à linha de cheque especial do banco. Você precisa de mil reais. Como o banco te deu um limite de 2 mil reais, não há necessidade de puxar o freio dos gastos.

No mês seguinte, a dívida de mil reais já recebeu a cobrança de 10% de juros, e seu saldo negativo é de 1.100 reais. Não há muito com o que se preocupar. Afinal, você espera o pagamento de umas horas extras no trabalho no valor de 1.500 reais, o que lhe permitirá pagar o saldo negativo e deixar uma reserva. E aqui entra uma bifurcação entre dois possíveis desdobramentos. O primeiro é a realização desse pagamento das horas extras, a quitação da dívida com o banco e uma reserva de 400 reais. Você pode aplicar essa reserva em algum fundo de investimento ou na caderneta de poupança e deixar o dinheiro render.

A segunda possibilidade é a empresa atrasar o pagamento das suas horas extras. Nessa situação, se você conseguir manter suas contas dentro do seu salário, a dívida subirá para 1.210 reais no mês seguinte, apenas pela força dos juros. Se ocorrer algum imprevisto, como uma questão de saúde na família que demande a compra de medicamentos e consultas médicas, e você tiver de gastar 800 reais, sua dívida com o banco chegará a 2.010 reais. Você bateu no seu limite de crédito.

O gerente do banco liga e avisa que você precisa depositar um valor para cobrir a diferença de 10 reais. Caso contrário, sua conta será congelada e o banco colocará seu nome no registro de devedores duvidosos. Você pega dinheiro emprestado com um amigo e paga. Dessa vez, o valor é pequeno e você se safou. No entanto, sua liberdade de gasto está agora fortemente restringida. A partir do próximo mês, não apenas você precisará manter seus gastos dentro do salário, como precisará fazer uma reserva de 200 reais para pagar os juros da dívida e manter a conta no banco operando. Qualquer erro, qualquer imprevisto pode lhe jogar no cadastro de inadimplentes, retirando-lhe as possibilidades de acessar outras linhas de crédito para adquirir eletrodomésticos, parcelar a compra de um automóvel ou um imóvel etc.

Assim, começa o ajuste. Aquele sapato que você queria comprar vai esperar um pouco mais. A festa de aniversário da sua filha não poderá mais ser no buffet que ela queria. Em vez de picanha, você compra peito de frango. A matrícula do seu filho no inglês ficará para o ano que vem. A troca do smartphone some do horizonte. Você para de ir à cerveja com os amigos no final de semana e adia a viagem de férias com a família. Terão de aproveitar as atrações gratuitas que a cidade oferece. A família apertou o cinto e diminuiu o seu bem-estar.

No mês seguinte, a empresa pagou suas horas extras, de 1.500 reais: sua dívida caiu de 2.200 reais para 700 reais. Ufa, um pouco de respiro. Os juros da dívida caíram de 200 reais por mês para 70 reais. Ainda é muito, mas já aliviou bastante. Aos poucos, você retoma os gastos, priorizando o que é mais urgente e adiando o restante. Essa é a austeridade aplicada à família pobre, sem crédito muito amplo.

Agora, imagine a mesma situação com uma família rica, que tem posses, muitas posses: fazenda, imóveis, automóveis, empresas. Apesar de estar tudo imobilizado, esses ativos servem como garantia para o banco. Em caso de necessidade, a família pode simplesmente vender um apartamento e pagar sua dívida.

Nessa situação, o gerente do banco estende o tapete vermelho e oferece um limite de cheque especial de 60 mil reais. Mas pode estender mais, ao gosto do cliente. Essa família poderá pagar tudo o que deseja consumir e ainda investir no presente, porque seu limite de crédito é muito elástico. Bateu nos 60 mil reais, o banco estica o limite automaticamente para 80 mil reais. Quando essa dívida crescer a ponto de superar a renda anual da família, e representar uma parcela relevante do patrimônio dela, o banco pode começar a se preocupar com o risco de calote e chamar uma reunião para tentar uma moderação no uso dos limites de crédito. A família rica pode obter mais renda de seus investimentos e, com isso, aliviar as preocupações do banco. Pode até mesmo vender parte de seu patrimônio para reduzir a dívida, mas apenas o fará por preciosismo e brio. Afinal, seu limite de crédito é muito amplo.

Um país cujo Estado emite sua própria moeda se assemelha mais a essa segunda situação do que à da família pobre. Suas possibilidades de gestão da dívida são mais amplas do que a austeridade mês a mês, no fio da navalha, que caracteriza a vida da maior parte da população.

Voltando ao exemplo da família rica: a elevação da renda dos investimentos pode ser traduzida como a busca, pelo governo, de maior arrecadação tributária, ou os royalties da extração de petróleo ou de minério de ferro que entram no caixa do governo. A venda de patrimônio para reduzir a dívida equivale às privatizações de empresas estatais ou venda de outros ativos do Estado.

Há também diferenças entre níveis de governo. O governo federal emite dívida pública federal e a moeda nacional e, por isso, tem maior espaço de crédito do que os governos estaduais e municipais. Esses não têm um banco central a seu dispor e, portanto, precisam arrecadar tributos dentro de suas alçadas para cobrir as contas. Os governos subnacionais se parecem mais com a família pobre, porém, com um limite de crédito um pouco mais flexível, exatamente porque podem contar com a ajuda do governo federal em caso de extrema necessidade (e sob limites bastante estritos).

Este capítulo focará a gestão da dívida pública como expressão do conflito entre o poder econômico e a autonomia do Estado. Veremos como os interesses privados podem constranger aquela "família rica" a não utilizar todo o seu limite de crédito, e forçá-la a vender seus ativos por preços muito baixos (privatizações) ou a cortar gastos que promovem a prosperidade familiar (gastos sociais e investimentos públicos).

Como toda analogia, essa tem um propósito ilustrativo e, portanto, está sujeita a distorcer a realidade sendo representada. Por isso, é importante destacar seus limites. É hora de nos libertarmos da metáfora da economia doméstica e abraçar a complexidade da operação do Estado e a centralidade de sua atuação para o funcionamento da economia. O Estado pode até funcionar como uma família rica ou uma empresa com bom crédito na praça, mas ele é muito mais do que isso.

DÍVIDA PÚBLICA COMO LASTRO E REDE DE PROTEÇÃO EMPRESARIAL

A dívida pública desempenha um papel crucial na economia moderna, tanto como lastro da riqueza privada quanto como uma rede de proteção empresarial. Para entender essa dinâmica, podemos recorrer aos escritos de Karl Marx em O *capital*, aos trabalhos de Michal Kalecki e à obra de Barry Eichengreen, já vista no capítulo anterior.

Karl Marx, em O *capital*, aborda a dívida pública como um mecanismo fundamental do capitalismo. Ele argumenta que a dívida pública é uma forma de acumulação primitiva de capital, em que o Estado se endivida para financiar suas atividades, e essa dívida é comprada por capitalistas privados. Isso cria uma relação simbiótica entre o Estado e o capital privado, na qual o Estado fornece segurança e estabilidade, enquanto os capitalistas obtêm um retorno seguro sobre seus investimentos. Marx vê a dívida pública como uma forma de transferência de riqueza do público para os capitalistas. Os impostos pagos pela população são usados para pagar os juros da dívida, beneficiando os detentores de títulos, que, em geral, são os ricos. Assim, a dívida pública serve como um mecanismo de redistribuição de riqueza, mas de uma maneira que favorece os ricos e perpetua a desigualdade.

O economista polonês Michal Kalecki complementa e atualiza a análise de Marx para o século XX. Para ele, a dívida pública pode ser uma ferramenta eficaz para estabilizar a economia e promover o pleno emprego. Ele sugere que, em tempos de recessão, o governo deve aumentar seus gastos – mesmo que isso signifique incorrer em dívida – para estimular a demanda agregada e evitar o desemprego massivo.

Kalecki também destaca a função da dívida pública como uma rede de proteção empresarial. Em períodos de crise, o governo pode intervir para salvar empresas estratégicas ou setores inteiros da economia, evitando falências em massa e mantendo a estabilidade econômica. Isso, por sua vez, protege os empregos e a renda, beneficiando tanto os trabalhadores quanto os empresários.

Por fim, voltamos a Barry Eichengreen e coautores que, no livro *In Defense of Public Debt* [Em defesa da dívida pública], oferecem uma defesa robusta da dívida pública, argumentando que ela é essencial para o funcionamento saudável das economias modernas. A dívida pública pode servir como um ativo seguro para investidores, proporcionando um porto seguro em tempos de incerteza econômica. Isso é particularmente importante para a estabilidade financeira global.

Além disso, no contexto da expansão dos gastos sociais, a dívida pública pode ser usada para financiar investimentos em infraestrutura, educação e outras áreas críticas que promovem o crescimento econômico de longo prazo. Esses investimentos não apenas beneficiam a economia como um todo, mas também criam oportunidades para o setor privado prosperar. De certa forma, e com algumas condições, esse é um gasto que se paga, ao longo do tempo, na forma de maior arrecadação no futuro.

Integrando as perspectivas de Marx, Kalecki e Eichengreen, podemos ver que a dívida pública desempenha múltiplos papéis na economia moderna. Ela serve como um lastro da riqueza privada, proporcionando um retorno seguro para os investidores e redistribuindo a riqueza de uma maneira que muitas vezes favorece os ricos. Ao mesmo tempo, a dívida pública atua como uma rede de proteção empresarial, permitindo que o governo intervenha em tempos de crise para estabilizar a economia e proteger empregos.

No entanto, é importante reconhecer que a dívida pública também pode ter efeitos negativos, como o aumento da carga tributária sobre a população e a perpetuação da desigualdade, caso o sistema tributário não garanta a progressividade. Portanto, a gestão da dívida pública deve ser feita com cuidado, equilibrando a necessidade de crescimento econômico e proteção social com a responsabilidade fiscal e a justiça social.

A dívida pública é uma ferramenta poderosa que, quando usada de maneira eficaz, pode promover a estabilidade econômica, proteger empregos e fomentar o crescimento. No entanto, seu uso deve ser monitorado com cuidado – para garantir que os benefícios sejam distribuídos de forma ampla e que os custos não recaiam, de modo desproporcional, sobre os mais vulneráveis.

Retomando a visão de Karl Marx, a dívida pública é um ativo do setor privado. Como mostra o gráfico 13,[1] os títulos de dívida do setor público representam quase metade da riqueza privada.

---

[1] Carl Christian von Weizsäcker e Hagen M. Krämer, *Saving and Investment in the Twenty-First Century*, 2021.

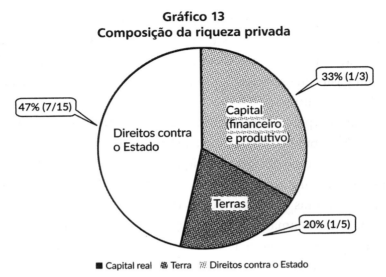

**Gráfico 13
Composição da riqueza privada**

Fonte: Carl Christian von Weizsäcker e Hagen M. Krämer, *Saving and Investment in the Twenty-First Century*, 2021, p. 4, com base em dados da OCDE. Tradução nossa.

Na medida em que a dívida pública ganha ares inéditos a partir dos anos 1980, com mercados globais e agentes institucionais financeiros mobilizando volumes crescentes de riqueza nesse tipo de ativo, as finanças públicas deixaram de ser um mero exercício de equilíbrio contábil no qual despesas e receitas precisam se equiparar. As contas públicas se tornaram um espaço de disputa de poder – onde os credores buscam impor uma agenda política de proteção da sua riqueza financeirizada, a qual passa a compor a maior fração dentro das carteiras de ativos privadas. Como disse o "papa" da ortodoxia monetária do século XIX, Michael Woodford,[2] *a dívida pública é liquidez privada*. Traduzindo: como os mercados de dívida pública cresceram muito desde 1980, a facilidade com que se compra e se vende um título público é igualmente grande. Isso significa que se pode entrar e sair dessa aplicação financeira com a mínima perda, porque sempre haverá alguém disposto a comprar ou a vender um título público.

---

2 Michael Woodford, "Public Debt as Private Liquidity", 1990.

Os dados da França permitem ver como os interesses de classe se associam ao perfil de ativos que compõem a riqueza das famílias. Piketty mostra que, na França, em 2015 (como na maioria dos países onde há dados disponíveis), o patrimônio dos mais pobres consistia sobretudo em dinheiro e depósitos bancários; nas classes médias, a maior parte está aplicada em imóveis e, no topo da distribuição, majoritariamente em ativos financeiros (em especial ações na bolsa).[3] A composição dos detentores da dívida pública brasileira revela a dominância de instituições financeiras (bancos comerciais e de investimento), fundos de pensão e fundos de investimento, os quais, juntos, detêm 75% de todo o estoque da dívida pública. Outros investidores institucionais e pessoas físicas detêm cerca de 15%.

Gráfico 14
Participação relativa dos detentores da Dívida Pública Mobiliária Federal interna (DPMFi)

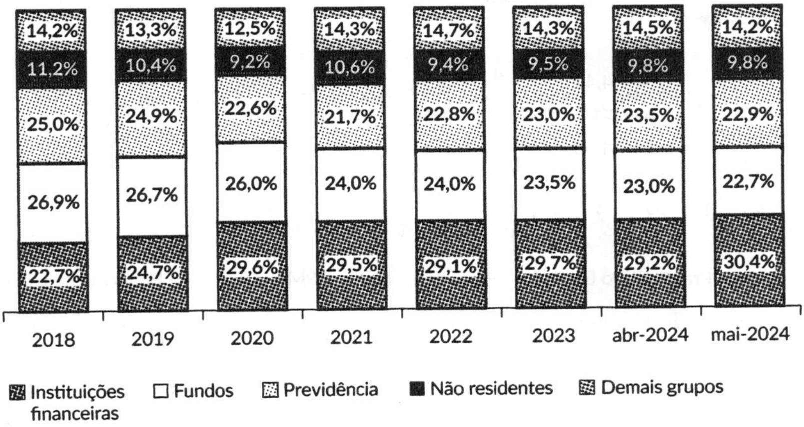

	2018	2019	2020	2021	2022	2023	abr-2024	mai-2024
	14,2%	13,3%	12,5%	14,3%	14,7%	14,3%	14,5%	14,2%
	11,2%	10,4%	9,2%	10,6%	9,4%	9,5%	9,8%	9,8%
	25,0%	24,9%	22,6%	21,7%	22,8%	23,0%	23,5%	22,9%
	26,9%	26,7%	26,0%	24,0%	24,0%	23,5%	23,0%	22,7%
	22,7%	24,7%	29,6%	29,5%	29,1%	29,7%	29,2%	30,4%

■ Instituições financeiras ☐ Fundos ▨ Previdência ■ Não residentes ▨ Demais grupos

Fonte: Tesouro Transparente, "Relatório Mensal da Dívida (RMD)", maio 2024, p. 7.

Vale destacar, no gráfico acima, que *os investidores estrangeiros representam menos de 10% do estoque da dívida interna*. E quando

---

[3] Thomas Piketty, *A Brief Story of Equality*, 2021. Ver o gráfico 5, "The Composition of Property in France, 2020", em: <http://piketty.pse.ens.fr/files/equality/pdf/F5.pdf>.

observamos a dívida pública externa, notamos que os mercados internacionais costumam ter muito mais paciência com o Brasil.

O gráfico 15 mostra que o prazo médio de vencimento da dívida pública externa (linha do prazo médio DPFe) é quase o dobro do prazo da dívida interna (linha prazo médio DPF). Uma parte dessa diferença se deve ao pequeno estoque da dívida pública externa, mas outra tem a ver com o arranjo institucional doméstico que fez da dívida pública um estuário muito rentável ao capital nacional, historicamente avesso ao risco. Esses dados mostram que a questão da dívida pública brasileira é um assunto majoritariamente doméstico.

Gráfico 15
Evolução do prazo médio de vencimento da dívida pública federal – por tipo de dívida

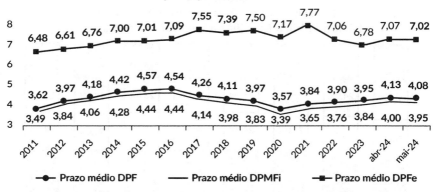

Fonte: Tesouro Transparente, "Relatório Mensal da Dívida Pública Federal (RMD)", maio 2024, p. 9.

Os dados indicam que a maneira como se faz o debate sobre o Estado e suas funções não se restringe a uma esfera neutra e abstrata de análise técnica. A partir do momento em que a dívida pública afeta o valor do patrimônio dos agentes econômicos, toda e qualquer opinião emitida sobre as escolhas de política econômica torna-se sujeita à influência dos interesses econômicos. Em outros termos, se parte da minha riqueza está aplicada em títulos da dívida pública, a minha opinião sobre a política fiscal e a política monetária tende a sofrer o viés imposto pelo meu interesse em proteger a minha riqueza. Assim, a força dos detentores da dívida pública será tanto maior quanto mais concentrada for a riqueza e quanto mais concentrados estiverem os recursos sob comando de um grupo restrito de instituições e agentes financeiros.

Gráfico 16
Evolução da dívida pública (% PIB), por grupos de países

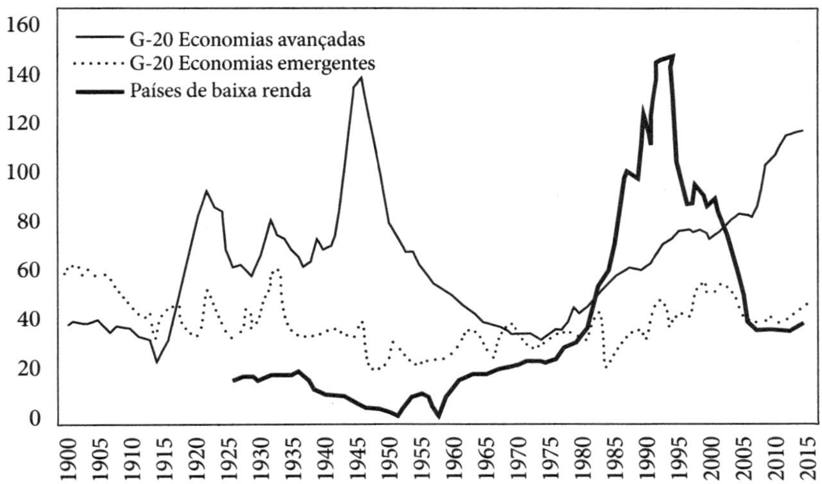

Fonte: Barry Eichengreen, Asmaa El-Ganainy, Rui Pedro Esteves e Kris James Mitchener, *Public Debt through the Ages*, Fundo Monetário Internacional, *IMF Working Paper*, 2019.

Finalmente, o gráfico 16 mostra que o crescimento da dívida pública como parcela do PIB é uma tendência geral no mundo pós-década de 1970. É possível observar, contudo, que os países mais ricos se endividaram muito mais do que os emergentes e de baixa renda. Ainda que as causas dessa divisão sejam variadas e complexas, o efeito é similar: o poder dos mercados financeiros sobre a gestão fiscal e patrimonial do Estado aumentou.

A GRANDE DIÁSPORA DA RIQUEZA PÚBLICA

Em *O capital no século XXI*, Thomas Piketty analisa a evolução da desigualdade de renda e de riqueza desde o século XIX até os dias de hoje.[4] Piketty demonstra, com abundância de dados, que o aumento da desigualdade de riqueza, em especial a partir do século XX, deve-se à concentração de capital nas mãos de uma pequena elite. Nesse sentido, a transferência de riqueza pública para o setor privado desempenhou um papel significativo no aprofundamento da desigualdade. Isso pode ocorrer por meio de privatizações de empresas estatais, redução de impostos sobre os mais ricos, políticas de desregulamentação financeira e outras medidas que beneficiam os detentores de capital em detrimento da maioria da população. Quando considera a participação do capital público no capital nacional, Piketty ilustra uma evolução na mesma direção: era de cerca de 70% na China, em 1978, e se estabilizou em torno de 30% desde meados dos anos 2000, enquanto passou de 15% para 30% nos países capitalistas na década de 1970, e está próxima de zero ou negativa em 2020.[5]

A combinação de transferência da riqueza pública para o âmbito privado e o avanço dos gastos sociais foi elevando, de maneira gradativa, a pressão sobre os sistemas de arrecadação tributária. Como as elites, por costume, protelam reformas nos tributos para proteger seus benefícios, o que se viu foi uma acomodação das tensões por meio do crescimento da dívida pública. Assim, transferiu-se o setor produtivo estatal para a geração de lucros privados, e ofereceu-se a dívida pública

---

4 Thomas Piketty, *O capital no século XXI*, 2014.
5 O capital nacional equivale à soma do capital público e privado. Já o capital público resulta da soma de ativos públicos (descontada a dívida pública), de todos os níveis de governo e categorias de ativos combinados: empresas, edifícios, terras, ativos financeiros etc. Thomas Piketty, *A Brief Story of Equality*, 2021. Ver o gráfico 39, "The Fall of Public Property, 1978-2020", em: <http://piketty.pse.ens.fr/files/equality/pdf/F39.pdf>.

como um estacionamento para a riqueza privada, de modo que essa pode se proteger das intempéries da economia globalizada.

Assim, para os ricos é muito melhor emprestar ao governo (recebendo juros de 4% a 5% e inflação nula, como no século XIX) do que financiar os gastos públicos com impostos. Mais uma vez: *os ricos emprestam a juros ao Estado o dinheiro que não pagam em impostos!*

Com isso, emerge um conflito a respeito do entendimento sobre o papel da dívida pública, que se torna instrumento de redistribuição. Piketty mostra que o financiamento de gastos sociais, sem benefícios aos proprietários do capital, foi privilegiado em meados do século XX, enquanto a inflação erodia o valor da dívida pública.

A grande inflação dos anos 1970 propiciou a circunstância perfeita para uma reação dos grandes proprietários de riqueza à erosão inflacionária da dívida pública – a qual servia como ativo do setor privado.[6] A partir dos anos 1980, com a ascensão do neoliberalismo e a influência crescente do setor financeiro na economia global, observou-se um aumento significativo no poder do sistema financeiro sobre os rumos das políticas econômicas e monetárias. As políticas de desregulamentação financeira, liberalização do comércio e privatizações favoreceram a acumulação de riqueza nas mãos de poucos, ao mesmo tempo em que enfraqueceram as proteções sociais e trabalhistas.

Foi o período em que se lançou a ideia de uma política monetária autônoma, baseada em metas de inflação que controlassem esbanjadores de governos, ou seja, metas sensíveis aos anseios sociais. Esse será o tema do próximo capítulo, mas, com base no que foi dito até aqui, já podemos indagar: qual a probabilidade de que os altos níveis das dívidas públicas (% PIB) da atualidade sejam erodidos pela inflação? É pouco provável que governos estejam dispostos a aceitar inflação alta por essa razão, bem como é pouco provável que detentores da

---

6 Thomas Piketty, *Le capital au 21ᵉ siècle*, 2013. Ver o gráfico 3.3, "La richesse publique au Royaume-Uni, 1700-2010", em: <http://piketty.pse.ens.fr/files/capital21c/pdf/G3.3.pdf >.

dívida pública assistam, de forma passiva, à corrosão do valor de seus títulos por um aumento da inflação. Evitar esse caminho é o papel de centralizar a política econômica na estabilização de curto prazo da economia. A taxa de juros eleva o gasto financeiro do Estado e transforma o ajuste fiscal via corte de gastos na única alternativa, como vimos no capítulo anterior.

A concentração de poder econômico e financeiro nas mãos de uma elite tem, por esses motivos, consequências profundas para a democracia e a estabilidade econômica. O aumento da desigualdade de riqueza pode minar a coesão social, gerar instabilidade política e limitar as oportunidades de mobilidade social para as camadas mais vulneráveis da sociedade.

A transferência de riqueza pública para o setor privado e o fortalecimento do poder do sistema financeiro ao longo do tempo podem ser entendidos por meio de diversos mecanismos e processos. Exploremos algumas dinâmicas que podem ter contribuído para esse fenômeno:

1. *Privatizações e desregulamentação:* Um dos principais mecanismos pelos quais ocorreu a transferência de riqueza pública para o setor privado foi por meio de privatizações de empresas estatais. Essas privatizações muitas vezes beneficiaram grandes corporações e investidores, permitindo-lhes adquirir ativos valiosos a preços vantajosos. Além disso, a desregulamentação financeira e econômica abriu espaço para a atuação mais agressiva do setor privado, permitindo a acumulação de riqueza em mãos privadas.
2. *Redução de impostos e políticas fiscais favoráveis aos mais ricos:* A diminuição das alíquotas de impostos sobre os mais ricos e sobre o capital contribuiu para a concentração de riqueza nas mãos de uma pequena elite. Essas políticas fiscais favoreceram a acumulação de capital e a expansão do poder econômico de indivíduos e instituições financeiras de grande porte.

3. *Emergência de uma nova classe de instituições financeiras:* Com o aumento da desregulamentação e da liberalização financeira, surgiram oportunidades para o aparecimento de uma nova classe de instituições financeiras, como as gestoras de ativos (como os *hedge funds*, por exemplo). Essas instituições se especializam em administrar grandes fortunas e ativos financeiros, muitas vezes oferecendo serviços personalizados para indivíduos de alta renda e famílias abastadas.

O CAMAROTE VIP DEFENDE A AUSTERIDADE... PARA OS OUTROS!

A ideia de que o neoliberalismo prega um Estado mínimo é uma meia-verdade, que esconde um objetivo muito pior. Trata-se, na realidade, *da defesa de um Estado mínimo para o máximo de pessoas e de um Estado máximo para o mínimo de pessoas.*

Essa ótica opera a gramática da desigualdade como nenhuma outra. Parte-se da premissa de que os ricos são funcionais à economia, ao aglutinar recursos que são convertidos em investimento, inovação, produção, emprego e renda. Por isso, o Estado deve sempre cuidar de facilitar e desimpedir a atuação das pessoas abastadas da sociedade. Afinal, seriam elas as criadoras da prosperidade, as pessoas de visão de longo prazo.

Reflexo dessa lógica é, como já mencionado, a recente explosão da *cultura dos coaches* – um sintoma do neoliberalismo esperneando para se repaginar em algo palatável para a base da pirâmide social. As noções de liberdade de empreender e a torrente de lamentos quanto à vida dura da classe empreendedora no Brasil buscam *catequizar* o "desempregado forçado a empreender" para integrá-lo a um grupo social altamente desigual. O propósito é engrossar a massa de manobra política, por meio de uma falsa representatividade social. É o velho estratagema de "dividir para conquistar", deslocando fatias crescentes da classe trabalhadora para apoiar a destruição dos direitos que a beneficiam.

Essa catequização prega ao indivíduo os valores da austeridade (consumir pouco, poupar muito, trabalhar mais, evitar dívidas etc.). O propósito é imprimir na subjetividade do *precariado* o espelho do que essa lógica prega às finanças do Estado. Afinal, se a trabalhadora informal, mãe solo, dona de casa e confeiteira aos finais de semana precisa apertar o cinto para encaixar as despesas na renda mensal, por que o Estado não deveria fazer o mesmo? A metáfora do Estado como uma família cumpre esse papel de *impor a resignação* à classe trabalhadora como forma de aceitar, docilmente, o repasse das funções de Estado ao apetite do setor privado por lucros, e de fatias imensas do orçamento para nutrir os privilégios de classes abastadas.

Com efeito, quando trabalhadores assistirem ao jornal televisionado eles reconhecerão a sabedoria dos sacerdotes das finanças em suas pregações contra o déficit público (em favor da necessidade contínua de cortar gastos sociais e promover a produtividade do trabalhador). O uso da equivalência entre o orçamento público e o orçamento das famílias é a chave dessa homogeneização do discurso político, que interdita qualquer debate mais sério – e com maior participação da sociedade – sobre as possibilidades da política fiscal e monetária.

Após quatro décadas de austeridade fiscal e monetária como orientação central da política econômica, o neoliberalismo foi minando o apoio político à ampliação dos gastos sociais, enquanto desmontava o aparato de Estado – vendendo ao setor privado monopólios estatais que passariam a ser operados como monopólios privados. Sai o propósito social e entra a motivação do lucro.

NÃO HÁ ALTERNATIVA À SUPREMACIA DA INICIATIVA PRIVADA

Cabe aqui um apontamento sobre a mudança de titularidade que acabamos de observar (de público para privado) da governança corporativa. As empresas estatais foram utilizadas, ao longo da história, não apenas para fornecer serviços de qualidade aos cidadãos. Em muitos países, elas se tornaram um viveiro de má gestão financeira, ineficiência operacional, baixos investimentos, uso político das empresas para beneficiar quadros partidários, corrupção, cabide de empregos, morosidade e ausência de inovação. Uma agenda progressista não pode negar isso se tiver em mente a necessidade de resgatar a governança estatal como orientação de setores estratégicos. Por isso, é importante entender um processo paralelo de convencimento social quanto à superioridade do setor privado na gestão da coisa pública.

Como uma resposta às críticas sobre a eficiência e eficácia do setor público nasce a Nova Administração Pública (NAP) – do inglês *New Public Management* (NPM). Esse conjunto de práticas e reformas administrativas emergiram a partir dos anos 1980, em especial nos países anglo-saxões, e está intimamente ligado ao avanço do neoliberalismo e à redução da participação do Estado na economia. Podemos resumir seus principais aspectos em seis orientações:

1. *Inspiração no setor privado*: a NAP *importou* técnicas e práticas de gestão do setor privado para o setor público, com o objetivo de aumentar a eficiência, a eficácia e a qualidade dos serviços públicos. A adoção de métodos de gestão empresarial implica a busca por resultados financeiros, a avaliação de desempenho e a orientação para o cliente.
2. *Descentralização e autonomia da administração pública*, conferindo maior autonomia às unidades operacionais e aos gestores locais. Isso visa aumentar a flexibilidade e a capacidade de resposta às necessidades específicas dos cidadãos.
3. *Competição e mercado*: a introdução de mecanismos de mercado no setor público levou à terceirização de serviços e à competição entre fornecedores públicos e privados, com o objetivo de gerar maior eficiência e melhor qualidade dos serviços.

4. *Foco em resultados e desempenho* destaca a importância de medir e avaliar o desempenho das organizações públicas com base em resultados concretos, em metas claras, indicadores de desempenho e implementação de sistemas de monitoramento e avaliação.
5. *Redução de custos e austeridade* por meio de cortes de gastos, racionalização de processos e eliminação de desperdício. Isso muitas vezes envolve a redução do tamanho do funcionalismo público e a restrição de benefícios e serviços.
6. *Orientação para o cliente*, tratando os cidadãos como consumidores de serviços públicos, o que exige melhorar a qualidade do atendimento, aumentar a transparência e a responsabilidade, bem como garantir que os serviços públicos atendam às necessidades e expectativas dos usuários.

A Nova Administração Pública representa uma tentativa de reformar o setor público com base em princípios e práticas do setor privado e, por isso, tem sido objeto de debate e crítica, sobretudo em relação aos seus impactos sobre a equidade, a justiça social e a qualidade dos serviços públicos.

No caso do Brasil, a má gestão e a manipulação político-partidária de empresas estatais contribuíram para a perda de legitimidade social do papel do Estado como prestador de serviços. Isso desmobilizou qualquer possível coalizão política que pudesse filtrar melhor o amplo processo de privatização que se iniciou nos anos 1990. Os governos Collor e, especialmente, Fernando Henrique Cardoso entregaram-se aos ditames da Nova Administração Pública.

Não houve qualquer debate ou esforço no sentido de promover uma governança mais adequada das empresas estatais, um redirecionamento das rendas de monopólio para o reforço das capacidades de atuação do Estado tendo como orientação o interesse coletivo.

Simplesmente definiu-se que *não havia alternativa* à transferência ao setor privado.[7]

Produziu-se, assim, uma divisão público-privado muito bem caracterizada como um contraste (ou dicotomia) entre ineficiência e eficiência. Seguiu-se a isso a programação ideológica da imprensa e dos órgãos reguladores e fiscalizadores, com a cartilha do neoliberalismo que impôs, *a qualquer custo*, uma única direção para a governança que levasse ao bom atendimento à população: do público ao privado. Basta observar a complacência – moral, ética e legal – com a imprensa corporativa tratou das privatizações da Eletrobras, em 2022, e da Companhia de Saneamento Básico do Estado de São Paulo (Sabesp), em 2024. O diapasão jornalístico era: *o processo teve muitos e graves problemas, mas vai na direção certa*. A postura leniente com irregularidades, conflitos de interesse e captura de agências reguladoras por grupos privados contrasta com a meticulosidade e sensibilidade a qualquer desvio de agentes e órgãos públicos com relação aos imperativos morais categóricos supremos – que o setor privado jamais seria capaz de honrar.

Retomando os princípios da Nova Administração Pública, é perfeitamente possível adaptar a maior parte das técnicas para atender ao interesse coletivo. A orientação privatista e com fins lucrativos foi uma opção que venceu por WO. Ninguém há de discordar que uma empresa ou órgão estatal precisa de eficiência, gerir os recursos adequadamente e atender ao cidadão de maneira competente. Uma administração pública eficaz deve *inserir mecanismos de promoção da eficiência sem expor o interesse coletivo a riscos de desabastecimento ou exclusão de acesso* aos bens e serviços básicos. Em outras palavras, o *critério primordial* de avaliação deveria ser *o acesso universal aos bens e serviços*

---

[7] O slogan "Não há alternativa" foi uma hábil ferramenta retórica do movimento neoliberal a partir da sua grande expoente política, Margareth Thatcher. A Dama de Ferro pregava essa máxima, que ficou conhecida como TINA (do inglês, *there is no alternative*), como forma de derrubar a ineficiência estatal em favor do suposto dinamismo inovativo do setor privado.

públicos e não um foco exclusivo na eficiência operacional. Por qual motivo? Porque adotar as motivações e flexibilidades do setor privado sem a garantia dos direitos do cidadão apenas *substitui o mecanismo da exclusão* e, mais grave ainda, *blinda a gestão privada do crivo das urnas*. A privatização amplia, nesse sentido, o déficit democrático da gestão dos serviços públicos.

Com isso, apenas se deslocou o risco de mau atendimento às necessidades da população. É verdade que a ineficiência estatal pode gerar muita escassez de atendimento; porém, a lucratividade privada pode gerar o mesmo resultado pela via da elevação de tarifas. Substitui-se o agente público – que se beneficiava da ineficiência – pelo agente privado que se locupleta nos dividendos das empresas privatizadas que, com frequência, não entregam as promessas de investimento, de qualidade e de universalização de serviços. Quando não conseguem entregar, iniciam negociações para reequilibrar os *contratos de concessão* (expressão nebulosa que significa elevar tarifas, preços ou taxas sobre os consumidores).

Assim, *quando a escassez se dá pela via da elevação de preços e tarifas*, ela é vista com mais receptividade pela imprensa. Em vez de convocar um analista para gerar indignação coletiva contra as empresas privadas, os veículos corporativos fazem reportagens "ensinando" o cidadão a tomar banhos mais curtos para economizar na água e na energia elétrica. Afinal, esse é o mecanismo neutro, técnico, inquestionável do sistema de mercado.

A defesa rígida do privatismo tupiniquim sempre usa o caso da telefonia, como se esse setor tivesse qualquer semelhança com petróleo, minério, saneamento e eletricidade, por exemplo. A ideia de que a concorrência solucionaria os problemas não resistiu ao teste do tempo.

Uma saída mais promissora fugiria desses extremos. Não se trata, portanto, de aceitar a ineficiência estatal nem de rejeitar a flexibilidade e o dinamismo do setor privado, mas de produzir um modelo de governança estatal que absorva os melhores aspectos de ambos os planos de ação pública e privada.

MERCADO DE TÍTULOS DE DÍVIDA E OS LIMITES AO PODER POLÍTICO

A relação entre o poder do mercado financeiro e a gestão da dívida pública é um tema complexo e crucial na economia contemporânea. Com base na descrição que Albert Hirschman faz da letra de câmbio (*lettre de change*) no livro *As paixões e os interesses*,[8] podemos analisar essa relação de forma didática, destacando os principais pontos de interação e influência entre esses dois elementos.

O mercado financeiro é composto por instituições, investidores e especuladores que negociam ativos financeiros, como títulos públicos, ações e derivativos. O poder do mercado financeiro reside na sua capacidade de influenciar os preços dos ativos, as taxas de juros e as políticas econômicas por meio de suas decisões de investimento e especulação. Os interesses do mercado financeiro estão continuamente alinhados à busca por lucro e retorno financeiro, o que pode levar a comportamentos especulativos e volatilidade nos mercados.

A gestão da dívida pública envolve decisões sobre como emitir, refinanciar e pagar essa dívida, levando em consideração as condições do mercado financeiro, as taxas de juros e a capacidade de pagamento do governo.

No livro, Hirschman analisa a principal questão que ocupava os economistas políticos europeus dos séculos XVII e XVIII: como evitar que a classe dominante causasse estragos nas pessoas que governavam? Acreditava-se que esses governantes, que eram homens, em sua maioria, estavam naturalmente sujeitos às três paixões estabelecidas: paixão pelo poder, ganho material e pela luxúria.

Hirschman analisa a ideia de que as paixões poderiam ser colocadas umas contra as outras para reduzir sua destrutividade. Em especial, é notável a diferenciação moral que a "paixão pela acumulação" recebe, ficando apartada das demais paixões. Reencarnada como conceito de

---

8 Albert O. Hirschman, *As paixões e os interesses*, 2002.

"interesse", a paixão pelo ganho tinha características próprias, sendo menos destrutiva do que as outras paixões.

O autor descreve a *lettre de change* na França pós-Revolução Francesa para ilustrar o poder real do mercado financeiro. Analisa, ainda, a lógica da negociação que busca produzir um equilíbrio de interesses divergentes entre o governo e os detentores da dívida pública.

As letras de câmbio remontam ao período mercantilista, e eram usadas para facilitar o comércio internacional. Esses títulos permitiam que comerciantes e banqueiros realizassem transações financeiras sem a necessidade de transportar grandes quantias de dinheiro físico, reduzindo riscos e aumentando a eficiência. A emergência de títulos de dívida catalisa o processo de deslocamento do centro dinâmico do capitalismo da riqueza imóvel (em sua maioria, terras) para a riqueza móvel ou mobiliária (isto é, títulos financeiros).

Em sua reconstrução da história intelectual do conceito de "interesse", Hirschman destaca que filósofos como David Hume e Montesquieu tinham uma visão romântica sobre o papel do comércio e da indústria em disciplinar as paixões mais destrutivas e beligerantes dos seres humanos e, em particular, dos monarcas da época. Ambos criticaram a expansão da dívida pública por motivos políticos. Hirschman nota que a mesma preocupação básica sobre os excessos do poder estatal – que produzia a crítica ao poder excessivo do monarca – produzia uma avaliação positiva do avanço da riqueza mobiliária, como as letras de câmbio. Esperava-se que o desprendimento da posse da riqueza das mãos dos monarcas restringiria a disposição e a capacidade do governo de empreender em manobras autoritárias. Esse potencial autoritário dependia de o tesouro conseguir financiar operações por meio de endividamento em larga escala. Eis a contradição: saudar o aumento da circulação de letras de câmbio enquanto a deploram para as "ações públicas".

Montesquieu tinha como principal preocupação a criação de diversos mecanismos institucionais que, ao se contrabalancear, impediam a excessiva expansão de qualquer poder. Sua clássica obra *O espírito das leis* tem como eixo a montagem de salvaguardas que impedem a aglutinação de recursos de poder em um único polo do sistema político.[9] Na visão do autor, portanto, as letras de câmbio serviriam como uma camada mais exterior de limitação do poder político. Apesar de ter percebido que o desejo pelo ganho é retroalimentador e insaciável, assim como o desejo por poder, ele não via nada além de "doçura", paz e tranquilidade no interesse comercial.

Como destaca Hirschman, a própria teoria de poder compensatório de Montesquieu vê na letra de câmbio – e na arbitragem internacional com ativos financeiros – auxiliares das salvaguardas constitucionais contra o despotismo e os grandes golpes de Estado.

Outro filósofo, Sir James Steuart, também via na complexidade da economia moderna a base para que os interesses prevalecessem sobre o governo arbitrário, sobre a "loucura do despotismo". Em sua ode ao "interesse pecuniário", Steuart defende:

> O estadista olha ao redor com espanto; aquele que costumava se considerar o primeiro homem da sociedade em todos os aspectos percebe-se eclipsado pelo *brilho da riqueza privada*, que *evita seu alcance quando ele tenta apoderar-se dela*. Isso torna seu governo mais complexo e mais difícil de ser levado adiante; ele deve agora valer-se da arte e do discurso, bem como do poder e da autoridade.[10]

Steuart destacava particularmente o papel da arbitragem cambial como uma força compensatória aos excessos e arbitrariedades do monarca. Ele detalha o mecanismo em um capítulo intitulado "As consequências gerais resultantes para uma nação comercial da abertura de um comércio exterior ativo".

---

9 Montesquieu, *O espírito das leis*, 2023.
10 Sir James Steuart, *An Inquiry into the Principles of Political Economy*, 2016, p. 181. Tradução e grifos nossos.

A clareza de Steuart é tamanha que vale a pena citá-lo novamente:

> O comércio e a indústria [...] devem *seu estabelecimento à ambição dos príncipes* [...] *principalmente com a visão de enriquecer a si mesmos* e, assim, tornarem-se formidáveis para seus vizinhos. Mas eles não descobriram, até que a experiência os ensinou, que *a riqueza que eles tiravam de tais fontes era apenas o transbordamento da fonte*; e que um povo opulento, ousado e espirituoso, *tendo o fundo da riqueza do príncipe em suas próprias mãos, também o tem em seu próprio poder,* quando se torna fortemente sua inclinação, *sacudir sua autoridade.* A consequência dessa mudança foi a introdução de um plano de governo mais suave e mais regular.[11]

E, numa tacada de mecanicismo pré-Revolução Industrial, arremata:

> Quando um Estado começa a subsistir pelas consequências da indústria, há menos perigo de ser apreendido pelo poder do soberano. O mecanismo de sua administração se torna mais complexo, e... ele se encontra tão preso às leis de sua economia política, que cada transgressão delas o coloca em novas dificuldades.[12]

Essa justificativa moral básica da nova era comercial-industrial se expressava da seguinte maneira, por Montesquieu:

> E através deste meio o comércio poderia escapar da violência e manter-se em todos os lugares; pois o comerciante mais rico tinha apenas riqueza invisível, que podia ser enviada para todos os lugares sem deixar vestígios [...] Desta maneira, devemos [...] à avareza dos governantes o estabelecimento de um artifício que de alguma forma tira o comércio de suas garras.[13]

---

11 *Ibidem*, pp. 215-217. Grifos nossos.
12 *Ibidem*.
13 *Ibidem*.

Havia a percepção de que a letra de câmbio e a arbitragem cambial tornavam menos atraente para os poderosos agirem com sua tradicional imprudência e violência. Afinal, avançava Montesquieu:

> É inútil atacar a política diretamente, mostrando o quanto suas práticas estão em conflito com a moralidade e a razão. Esse tipo de discurso convence a todos, mas não muda ninguém [...] Acredito que é melhor seguir um caminho indireto e tentar transmitir aos grandes poderes uma aversão a certas práticas políticas, mostrando o quão pouco elas produzem de útil.[14]

Mais tarde, o próprio Adam Smith, em *A riqueza das nações*,[15] fará essa distinção entre capital móvel e imóvel, e sublinhará que a capacidade dos detentores de capital de se mudarem para outro país é, de fato, reconhecida como restrição às políticas fiscais extorsivas.[16]

Com a dependência dos Estados absolutistas com relação às oligarquias para financiar campanhas militares de domínio extraterritorial e guerras, a letra de câmbio se tornou, ao longo dos séculos,

---

14 Montesquieu, *O espírito das leis*, livro XXI, 2023, p. 20. Tradução nossa.
15 Adam Smith, *A riqueza das nações*, 2017.
16 A citação a seguir expressa a mesma ótica, porém vinda de dois economistas fisiocratas: "Todas as posses [das sociedades comerciais] consistiam em títulos secretos e dispersos, alguns armazéns e dívidas passivas e ativas, cujos verdadeiros donos são até certo ponto desconhecidos, já que ninguém sabe quais deles estão pagos e quais estão devendo. Nenhuma riqueza que seja imaterial ou mantida nos bolsos das pessoas pode ser apreendida pelo poder soberano e, consequentemente, não lhe renderá nada. Esta é uma verdade que deve ser constantemente repetida aos governos daquelas nações agrícolas que se esforçam tanto para se educar para se tornarem comerciantes, ou seja, para se saquearem. O rico comerciante, negociante, banqueiro etc., sempre será membro de uma República. Em qualquer lugar em que viva, ele sempre desfrutará da imunidade inerente ao caráter disperso e desconhecido de sua propriedade, tudo o que se pode ver é o lugar onde os negócios são transacionados. Seria inútil que as autoridades tentassem forçá-lo a cumprir os deveres de um súdito: elas são obrigadas, para induzi-lo a se encaixar em seus planos, a tratá-lo como um mestre e a fazer com que valha a pena contribuir voluntariamente para a receita pública." François Quesnay e Marquês de Mirabeau, "Philosophie rurale", 1963, p. 63. Tradução nossa.

um tipo de poder que não está formalmente codificado em leis ou regulamentos estatais.

Os medos e esperanças despertados pelo surgimento de várias formas de capital móvel como um componente importante da riqueza total no século XVIII oferecem muitos paralelos interessantes com percepções igualmente contraditórias causadas, mais próximo dos tempos atuais, pela ascensão das corporações multinacionais e pela emergência de uma complexa rede global de instituições gestoras de ativos financeiros.

Trata-se de um poder que emerge das práticas e convenções do mercado de títulos financeiros e que é exercido por instituições e agentes privados, como banqueiros, comerciantes e investidores e, mais recentemente, fundos de investimento e de pensões, bancos de investimento e gestoras de ativos. Esse é o mundo do controle e da gestão da riqueza mobiliária privada.

Expandindo a análise de Hirschman para os nossos tempos, o otimismo exagerado de Montesquieu parece ter ignorado sua premissa básica, a saber, um poder sem compensação tende a se realimentar indefinidamente. Nesse sentido, é válido questionar em que medida os guardiões das monarquias constitucionalistas do século XVIII se tornaram os tiranos das democracias liberais.

Os mercados financeiros passaram a exercer uma influência significativa sobre a economia e a política, sem a necessidade de uma autoridade formal reconhecida nos códigos de leis. Por exemplo, a capacidade de conceder ou negar crédito, ajustar taxas de juros e influenciar a liquidez do mercado permite que esses atores pressionem os governos de nações independentes a formatarem políticas que beneficiam seus interesses e suas agendas.

Os títulos de dívida são altamente sensíveis às condições de mercado, as quais respondem de maneira imediata a mudanças econômicas e políticas. Essa dinâmica é uma fonte de poder porque, ao permitir que os atores financeiros se adaptem e aproveitem oportunidades, os preços dos ativos oscilam e geram maior ou menor restrição financeira aos governos.[17]

Em famosa passagem das mídias sociais, o intelectual e empresário chinês Eric Li sintetizou a relação entre poder e economia da seguinte forma:

> Nos Estados Unidos você pode mudar o partido político que está no poder, mas não pode mudar as políticas. Na China, você não pode trocar o partido, mas pode mudar as políticas. Em mais de 60 anos, a China tem sido governada por um único partido e, mesmo assim, as mudanças políticas que se viram nestas décadas foram mais amplas do que em qualquer outro país na história moderna. [...] A China é uma vibrante economia de mercado, mas não é um país capitalista. Aqui está o porquê: é impossível que um grupo de bilionários controle o núcleo do Partido Comunista Chinês como os bilionários norte-americanos controlam as políticas públicas nos Estados Unidos. Então, na China há uma vibrante economia de mercado, mas o capital não impõe seu domínio à autoridade política. O capital não tem direitos sagrados. Nos Estados Unidos, os interesses do capital e o próprio capital têm precedência sobre a nação. A autoridade política não consegue conter o poder do capital. Por isso, os Estados Unidos são um país capitalista e a China, não.[18]

Voltemo-nos agora para uma visão introdutória sobre como se opera o poder financeiro sobre os Estados nacionais – por meio do mercado de títulos e, depois, por meio da política monetária.

---

17 Um exemplo recente desse cabo de guerra entre governo e mercado financeiro se desenrolou no governo Lula 3. Ver artigo de André Roncaglia, "O bloqueio bilionário e a tarifa móvel do pedágio 'farialimer'", *Revista CartaCapital*, 19 de jul. 2024.
18 Eric Li, 2022. Ver o vídeo "Por que a China não é capitalista – Eric Li" no canal do YouTube de André Roncaglia.

A GRAMÁTICA DO PODER FINANCEIRO:
O MERCADO DE TÍTULOS DA DÍVIDA PÚBLICA

Como os mercados de títulos negociam promessas de pagamentos futuros – por vezes de até um século adiante – os preços definidos nessas transações dependem fortemente da confiança e da reputação dos envolvidos.[19] A confiança mútua entre os participantes é essencial para que as transações sejam realizadas sem a necessidade de garantias formais. Nesse sentido, a reputação de um agente no mercado financeiro pode se tornar uma forma de poder, pois aqueles que são considerados confiáveis e respeitáveis têm maior capacidade de obter crédito em melhores condições.

Um exemplo pode ajudar a compreender essa dinâmica. Imagine que um país precisa de 500 reais para investir numa nova tecnologia. O governo oferece no mercado um título que pagará 100 reais ao seu detentor daqui a um ano. Esses 100 reais recebem o nome de *valor de face do título*. No mercado, os agentes fazem suas propostas e o governo escolhe as melhores. Alguns oferecem 90 reais pelo título, para ganhar 10 reais em juros (90 reais + 10 reais = 100 reais no vencimento); outros só aceitam pagar 80 reais hoje – ou seja, querem 20 reais de serviço de juros (80 reais + 20 reais = 100 reais no vencimento).

Esse desconto sobre o valor de face é exatamente o que chamamos de taxa de juros, e ela embute o risco de não pagamento, a inflação no período entre hoje e o vencimento, e outros riscos que podem ser percebidos pelos agentes de mercado.

O governo então escolhe a melhor oferta, isto é, aquela que embute menor taxa de juros. Agora, repare que a necessidade de financiamento do governo é de 500 reais. Como ele vai receber apenas 90 reais por cada título, ele precisa emitir mais do que 5 títulos (5 x 90 reais = 450 reais) para chegar aos 500 reais. Ao emitir 6 títulos, ele recebe 540

---

19 "Peru se une a seleto grupo de países e lança título de 100 anos", *Valor Econômico*, 24 nov. 2020.

reais (6 x 90 reais) hoje, mas fica devendo 600 reais daqui a um ano, dado o valor de face de 100 reais por título. Em outras palavras, seu endividamento subiu.

Agora, considere que esse país desenvolveu uma reputação de mau pagador no mercado e que periodicamente não honra sua dívida. Quando ele retorna ao mercado para emitir seus títulos de dívida, os agentes de mercado costumam puni-lo por meio de taxas de juros mais elevadas.

Mantendo o exemplo acima, se o país precisa de 500 reais, o mesmo título com valor de face de 100 reais recebe, como melhor oferta, 50 reais hoje. Os mesmos agentes que antes aceitariam antecipar 90 reais pelo mesmo título agora não pagariam mais do que 50 reais. Para chegar à soma necessária de 500 reais, o país agora precisa emitir 10 títulos (na ocasião anterior, eram apenas 6). Sua dívida não será mais de 600 reais, mas de 1.000 reais no vencimento, em um ano.

Esse exemplo simplificado ilustra o poder que o mercado pode exercer sobre um país que está carente de financiamento ou que precisa renovar sua dívida (no jargão, diz-se "rolar a dívida"). Agora, imagine que o país queira transformar sua dívida de um ano em uma dívida de dois anos. Se gozar de boa reputação, o mercado pedirá um valor ligeiramente menor do que 90 reais, no primeiro caso, e possivelmente, um valor bem menor do que 50 reais, no segundo. Afinal, se em um ano o risco de não pagamento leva a um desconto de 50 reais, o que pode ocorrer em dois anos?

Para entendermos a especulação com o título de dívida pública, consideremos um dos agentes que adquiriu o título por 90 reais no primeiro caso. Após receber o ativo, chega ao mercado a notícia de que o país descobriu uma grande reserva de petróleo em sua costa marítima. O mercado interpreta essa informação como positiva; afinal, o país poderá explorar essa riqueza mineral e vendê-la em troca de mais dinheiro, e o governo receberá mais arrecadação tributária. Melhorou a capacidade do governo de cumprir com suas obrigações financeiras. Como serão necessários investimentos em máquinas e equipamentos para extrair o minério, o governo retorna ao mercado e pede 1.000 reais, ou seja, o dobro do que precisava antes. Na ausência das reservas de petróleo, o mercado puniria o país pagando menos do que os 90 reais, por temer um excesso de endividamento. Contudo, como o país agora é visto como mais rico, estes 1.000 reais são vistos como um valor pequeno perto de tudo o que o país e o governo devem ganhar no futuro. Assim, ao lançar os títulos no mercado, o governo recebe 95 reais para cada título, ou seja, a taxa de juros caiu pela metade. Acabou de melhorar a situação financeira do governo, que recebe mais dinheiro hoje, precisa pagar menos no futuro e seu endividamento também cresce menos.

Aquele agente que tinha acabado de adquirir o título por 90 reais se sente um felizardo, pois pagou mais barato por algo que agora vale 5 reais a mais. Ele vê uma oportunidade: se esperar um ano, receberá 100 reais; mas se encontrar alguém disposto a pagar 95 reais pelo título hoje (um pouco abaixo do valor de mercado), pode ganhar 5 reais de forma imediata. Essa é a especulação benigna para o governo do país.

De modo alternativo, o país com má reputação pode enfrentar o mesmo processo, com sinal inverso. Antes, o país obtinha 50 reais para cada título de 100 reais. Porém, com uma notícia de que a economia vai mal e as receitas do governo tendem a ficar aquém das despesas, os agentes aumentam o desconto do título e só aceitam pagar 40 reais por um título de 100 reais com vencimento em um ano. Assim, se o país retornar ao mercado para obter 500 reais, deverá se endividar em 1.250 reais (500 reais/40 reais = 12,5 títulos x 100 reais).

O mercado acabou de punir o país devedor, mas avisou, por meio da imprensa, que se o governo der uma demonstração de comprometimento com a responsabilidade fiscal, cortando gastos e equilibrando as contas, a melhoria da credibilidade pode reduzir o desconto aplicado ao valor de face dos seus títulos.

Esse é o código-base do jogo do poder entre governos e mercados financeiros, que é jogado há séculos. Durante o período mercantilista, os banqueiros italianos e holandeses usavam letras de câmbio para financiar o comércio internacional e influenciar as economias europeias. Sua capacidade de fornecer crédito e facilitar transações lhes conferia um poder significativo, mesmo sem uma autoridade formal.

No mundo contemporâneo, os grandes bancos de investimento e as gestoras de ativos (*hedge funds*) exercem um poder semelhante. Eles podem influenciar mercados e políticas econômicas através de suas decisões de investimento, sem a necessidade de uma autoridade institucional formal.

Vejamos agora como a dívida pública pode ser um instrumento poderoso de fomento da inovação e da transformação estrutural.

A APOTEOSE DO RENTISMO OU COMO A DÍVIDA PÚBLICA IMPULSIONOU A REVOLUÇÃO INDUSTRIAL

Há uma controvérsia que se arrasta há décadas no estudo da história econômica global: o governo britânico estimulou ou inibiu a revolução industrial entre 1760 e 1830?

Pesquisadores agora estão testando hipóteses sobre por que regiões similares da Inglaterra se industrializaram a taxas diferentes.[20] Novas pesquisas vêm gerando evidências para alguns fatores-chave: capital dos proprietários de escravos, escassez de trabalhadores menos qualificados e empreendedores que se beneficiaram de acesso ao capital financeiro para viabilizar investimentos.[21] Analisaremos, nesta seção, essa última hipótese.

Por décadas, acreditou-se que o governo britânico havia inibido o investimento por meio de um excesso de emissão de títulos de dívida

---

20 "A Flurry of New Studies Identifies Causes of the Industrial Revolution", *The Economist*, 17 jan. 2023.
21 R.C. Allen, "Agricultural Productivity in Europe, 1300-1800", 2000; S. Heblich, S.J. Redding, H. Voth, "Slavery and the Industrial Revolution", 2022; H. Voth, B. Caprettini, A. Trew, "Fighting for Growth", 2022.

pública para financiar as inúmeras guerras no século XVIII. Segundo essa visão, ao atrair muita poupança para financiar seus gastos, o governo expulsou os projetos de investimento do circuito de financiamento da economia, atrasando muitas mudanças que poderiam ter sido financiadas com o dinheiro que foi para os títulos do governo. Esse é o efeito *crowding out* ou exclusão.[22]

O que os estudos recentes vêm destacando é um lado pouco explorado dessa relação entre a dívida do governo britânico e o fomento de inovações. Em vez de expulsar (*crowd out*) a emissão de dívida pública, combinou-se outras medidas de política econômica que acabaram catalisando investimentos privados (efeito *crowd in*, ou seja, convite, mobilização).

Um interessante artigo de Martin Hutchinson e Kevin Dowd para o conservador Cato Institute, dos Estados Unidos, mostrou que o desenvolvimento da economia britânica foi fortemente influenciado pela *natureza peculiar das finanças públicas britânicas*, sob os efeitos das Guerras Napoleônicas.[23] Em vez de emitir títulos com pagamentos periódicos (ou *cupons*) mais altos conforme as taxas de juros subiam – o que era a modalidade comum de financiamento das guerras –, o governo britânico lançou, a partir da década de 1750, perpetuidades (ou *consols*) com um pagamento periódico de 3%, emitidas com grandes descontos no valor de face. Como as bolsas de valores eram pouco desenvolvidas à época, o mercado de títulos públicos foi inchado pelo financiamento de guerra.

Dessa forma, as flutuações nos preços dos *consols* causaram oscilações na riqueza dos investidores que tiveram grandes efeitos econômicos, os quais foram muito subestimados nas interpretações do período. A conclusão dos autores é de que:

---

[22] Ver J. G. Williamson, "Why Was British Growth So Slow During the Industrial Revolution?", 1984; R. A. Black, C. G. Gilmore, "Crowding Out During Britain's Industrial Revolution", 1990.
[23] Martin Hutchinson e Kevin Dowd, "The Apotheosis of the Rentier: How Napoleonic War Finance Kick-Started the Industrial Revolution", 2018.

O grande e duradouro aumento do preço dos títulos após 1813 desempenhou um papel importante na capitalização da decolagem final da Revolução Industrial e na aceleração do crescimento econômico para patamares quase modernos.[24]

Sem entrar em detalhes sobre como funcionam os títulos, a ideia era simples: em geral, as guerras eram temporárias, de forma que as pessoas que compravam títulos com *cupons* de 3% sobre o valor de face, mas pagavam apenas 60% desse valor ao governo, teriam retornos anuais polpudos de 5% durante a guerra. Ao final do conflito, os credores teriam um grande ganho de capital, quando o preço dos títulos subisse até o valor de face cheio. Estes *consols* eram, portanto, um investimento muito atraente, de modo que o governo gerou intensa demanda pelos seus títulos mesmo em anos de guerra.

Como o desconto sobre o valor de face era elevado (40%), a cada 100 pence em títulos emitidos, a dívida britânica crescia 167 pence, como vimos no exemplo teórico ao início do capítulo. Isso implicou uma elevação brutal da dívida pública do Reino Unido, a qual atingiu um pico de cerca de 260% do PIB em 1819. Mesmo assim, ao longo do século – após o retorno da paz, em 1815 –, sob o efeito do crescimento econômico que se seguiu, a dívida pública britânica cairia para 650 milhões de pence em 1914, o que representava apenas 30% do PIB.

Os investidores tiveram elevados rendimentos e ganhos de capital ao final das Guerras dos Sete Anos (1756–1763), da Guerra da Indepen-

---

24 *Ibidem*, s/p. Segundo os autores, o arranjo financeiro do governo do Reino Unido adotou uma abordagem diferente a partir de 1750: "Em 1751, Sampson Gideon, um brilhante financista judeu-britânico, persuadiu o primeiro-ministro Henry Pelham a converter a maior parte da dívida pendente do governo britânico em anuidades consolidadas (os famosos *consols*) que pagavam juros anuais de 3% do valor de face do título. Assim, até seu resgate imprudente em 2015, elas eram perpétuas – ou seja, tinham um vencimento infinito – e pagavam juros de 3% a cada ano. Quando o governo queria financiar uma guerra, em vez de emitir títulos de 5% ao par, ele emitia *consols* de 3% sobre cerca de 60% do valor principal, o que renderia 5% (ou seja, 3%/60%) em uma base de rendimento corrente." Tradução nossa.

dência Americana (1775-1782) e das Guerras Revolucionárias Francesas e Napoleônicas (1793-1815).

Alguns anos após 1815, os investidores receberam um lucro de 37 pontos percentuais em ganhos de capital mais juros (em torno de 5% ao ano sobre seu investimento inicial). Como o imposto de renda foi abolido em 1816 e os ganhos de capital não eram tributados, esse lucro era isento de impostos. Mais que isso, o ganho de capital persistiu, na medida em que o preço dos *consols* voltou aos níveis de tempos de paz a partir de 1820 e cresceu ainda mais, até que seu preço atingiu o pico no final do século XIX. Acredita-se que o retorno real geral para os investidores dos *consols* durante o período de 1813-1824 tenha ultrapassado 300%, isto é, se um investidor mantivesse e reinvestisse o valor do cupom em novos *consols* durante esse período, ele teria quadruplicado o valor investido, já descontada a inflação.

Como as classes abastadas já vinham diversificando as formas de acumulação de riqueza – entre terras, títulos, ouro, prata e ações em bolsa de valores –, a injeção de capital novo de cerca de 60%, em 1817, e 75%, em 1815, do PIB se direcionou para a construção de inúmeras novas fábricas e a geração de "invenções que se tornaram a espinha dorsal da Revolução Industrial".[25] Entre 1822 e 1826, "houve um aumento na construção de ferrovias, novas docas portuárias foram construídas e ocorreu o que parece ser o maior boom de construção até os anos 1840. Empresas de gás, seguros, construção, comércio, investimento, provisão, além de muitas outras, foram criadas com grande escala".[26]

Esses investimentos se uniram ao avanço da mineração e a uma bolha especulativa na bolsa de valores (1824-1825) para dar a esses anos uma natureza única. O ritmo de industrialização da Inglaterra se acelerou na década seguinte à Batalha de Waterloo. Segundo os autores, os lucros obtidos com os *consols* elevaram o patrimônio das classes de comerciantes e proprietários de terra, permitindo que o avanço da indústria

---

25 *Ibidem*, s/p.
26 A. Gayer, W. W. Rostow e A. J. Schwartz, *The Growth and Fluctuation of the British Economy, 1790-185*, p. 185. Tradução nossa.

ocorresse de forma rápida, suave e com menos pressão sobre o padrão de vida dos trabalhadores do que ocorreria de outra forma. Os salários cresceram a taxas moderadas, mas de forma permanente, e devem ter dado suporte ao crescimento.

Além disso, o processo parece ter beneficiado o capital novo, não herdado:

> Grande parte do novo investimento em 1822–1825 foi informal e de pequena escala, em *startups* e outros tipos de experimentação. O aumento no volume de patentes concedidas em 1823–1826 confirma que o aumento na riqueza de *consols* permitiu a exploração de projetos que não eram imediatamente lucrativos.[27]

Uma das consequências dessa acentuada concentração de capital nas mãos das classes proprietárias foi o desenvolvimento de um sistema bancário e de um mercado de capitais e de ações que sustentaram o ritmo de crescimento da Inglaterra.

O propósito do artigo publicado no Cato Institute era mostrar que a desoneração tributária dos ricos e a desigualdade de renda e de riqueza teve efeitos benéficos. Ao contrário da defesa que Keynes faria mais tarde da "eutanásia do rentista" – isto é, "a eutanásia do poder opressivo cumulativo do capitalista para explorar o valor de escassez do capital",[28] o episódio ilustraria que a "apoteose do rentismo" criou as condições para a revolução industrial. Contudo, essa conclusão não parece se sustentar.

Em paralelo, parece ser determinante a natureza peculiar das finanças na Inglaterra à época. A existência de limites legais às taxas de juros cobradas em empréstimos (ou *repressão financeira* devido à lei da usura) empurrou a poupança da aristocracia para a dívida pública. Ademais, o episódio nos mostra a importância de os ricos investirem produtivamente seu capital em inovações, máquinas e infraestrutura.

---

[27] Martin Hutchinson e Kevin Dowd, *op. cit.*, 2018, s/p. Tradução nossa.
[28] John Maynard Keynes, *The General Theory of Employment, Interest and Money*, 1977, pp. 375-76. Tradução nossa.

Assim sendo, o rentismo (provisório) não era um fim em si mesmo, mas uma forma rentável de acumular capital e contornar a restrição de crédito do ainda pequeno sistema financeiro britânico.[29] Com efeito, a dívida pública ofereceu financiamento público de longo prazo para um já borbulhante ímpeto empresarial e inovativo, que encontrou taxas de retorno dos investimentos entre 10% e 30% ao ano, com crédito a taxas de juros reprimidas a 5% ao ano.

Portanto, ao contrário do que sugere o artigo do Cato Institute, o rendimento financeiro obtido com a dívida pública parece ter simplesmente aliviado a restrição de crédito enfrentada por empresários e inventores, os quais já estavam motivados a investir. O financiamento das guerras impulsionou a economia e o investimento em tecnologias militar e de engenharia, gerando um ambiente rico para o compartilhamento de ideias e de inovações.

Avançando dois séculos, no Brasil, o rentismo persiste firme como uma fonte de renda para os mais ricos da sociedade. O serviço de juros da dívida pública custa em média 5% do PIB, mas não fomenta qualquer espírito empresarial remotamente similar ao da Revolução Industrial. Ao contrário, montou-se um arranjo institucional avesso à tomada de risco.

Com taxas de juros básicas (Selic) médias perto de dois dígitos e um mercado bancário altamente concentrado, a nossa taxa de investimento é cronicamente baixa, entre 16% e 18% (uma taxa de 25% seria o desejável para se manter um ritmo de crescimento de 3,5% ao ano). Com o custo do capital superando o retorno dos investimentos, resta ao empresário apostar na valorização dos seus títulos públicos. Ao fazê-lo, o espírito industrial sofre agudo processo de financeirização e une forças com as finanças impacientes da especulação.

No Brasil de hoje, a apoteose do rentismo é um estilo de vida.

---

29 Essa hipótese segue Geoffrey Hodgson, "Financial Institutions and the British Industrial Revolution?", 2021. Ventura e Voth vão na mesma direção, alegando que "a ineficiência da intermediação privada foi crucial para que a dívida desempenhasse um papel benéfico. Ao emitir títulos em grande escala, o governo efetivamente foi pioneiro em uma maneira – não intencional – de colocar dinheiro nos bolsos dos empreendedores nos novos setores." J. Ventura e H.-J. Voth, "Debt Into Growth", 2015. Tradução nossa.

Capítulo 14
Dinheiro na mão é vendaval

Vamos agora entrar em uma jornada fascinante pelo universo da moeda e dos bancos. Faremos um voo panorâmico sobre esse mundo pouco conhecido e que costuma ter uma aura quase mística para a pessoa leiga. Prepare-se para explorar conceitos intrigantes e descobrir como o dinheiro, essa invenção humana tão poderosa, molda nossa vida e a economia global. Vamos embarcar nessa viagem com uma pitada de diversão e curiosidade, desvendando os mistérios por trás de promessas de pagamento, dívidas, bitcoins aborígenes, padrão-ouro e finanças pacientes.

PROMESSA É DÍVIDA: A ESSÊNCIA DAS RELAÇÕES ECONÔMICAS

Você entra no supermercado e inicia suas compras. Coloca os itens no carrinho, totalmente insensível ao fato de que está se apropriando de um bem que não é seu. Quando chega ao caixa, você paga pela conta e leva os produtos para casa. Olhando de forma mais detida, eis o que ocorreu: durante suas compras, você tomou emprestado para si cada item retirado das prateleiras, protegido pela convenção coletiva de que bastaria pagar pelos bens no caixa. Quitada essa "dívida" de curtíssimo prazo, as compras se tornariam sua propriedade.

Essa simples operação é uma miniatura do sistema de relações econômicas baseado nas promessas de pagamento. No mundo das finanças e da moeda, essas promessas se materializam na forma de dívidas, contratos e, claro, dinheiro. Vamos descobrir como tais promessas movem a economia e por que, às vezes, elas podem se transformar em uma bola de neve de dívidas!

Agora, imagine uma população aborígene que usa conchas como moeda. Cada concha representa uma promessa de valor, e todos na tribo sabem quantas conchas cada pessoa possui. Essa rede de informações é essencial para que a moeda funcione. Avançando para o século XXI, temos o bitcoin e inúmeras criptomoedas – um sistema de pagamentos que também depende de uma rede informacional, mas dessa vez, uma rede global e digital. Vamos explorar como a moeda evoluiu de conchas para criptomoedas e o que isso significa para o futuro das finanças e das moedas nacionais.

Antes de existirem computadores e algoritmos, os economistas já tinham um *algoritmo* para garantir a estabilidade econômica: o padrão-ouro. Sob esse sistema, cada unidade de moeda era lastreada por uma quantidade específica de ouro. Era uma maneira de manter a confiança no valor do dinheiro e evitar a inflação descontrolada. Vamos entender como esse *primeiro algoritmo* funcionava e por que ele foi abandonado.

Na sequência, refletiremos sobre uma questão quase existencial: o dinheiro que você tem no bolso é realmente seu ou é um bem público que todos nós compartilhamos? Essa é uma questão que gera debates acalorados entre economistas e políticos. Vamos explorar as diferentes perspectivas sobre a natureza do dinheiro e como essas visões influenciam as políticas econômicas e a distribuição de riqueza.

Vamos analisar também como os bancos – essas instituições que guardam nosso dinheiro e emprestam recursos quando nossos sonhos excedem nossa conta bancária – também passam por mutações ao longo do tempo. Desde os antigos templos que guardavam ouro até os modernos bancos digitais, a evolução das agências bancárias tem sido marcada por inovações e, infelizmente, por crises financeiras. Vamos investigar por que o sistema bancário tende à instabilidade, e o que pode ser feito para torná-lo mais seguro.

Terminaremos com as finanças impacientes, que definem a política monetária de curto prazo – o chamado regime de metas de inflação. Vamos juntar todos os elementos em uma única narrativa sobre como as preocupações com a estabilização restringem as possibilidades de acelerar o nosso desenvolvimento.

Paul Davidson, um dos principais expoentes da escola pós-keynesiana, descreve o sistema monetário como uma complexa rede de promessas de pagamento.

Quando uma pessoa ou empresa emite uma promessa de pagamento, como um cheque ou uma nota promissória, ela está se comprometendo a entregar uma quantia específica de dinheiro em uma data futura. Essas promessas são aceitas porque há uma confiança subjacente de que serão honradas. O dinheiro, nesse contexto, é a unidade de conta que facilita essas promessas, permitindo que elas sejam mensuradas e comparadas.

A relação entre presente e futuro é uma parte inescapável da nossa vida econômica. Quando tomamos decisões econômicas, estamos projetando nossas expectativas sobre o futuro. Por exemplo, ao investir em um projeto, estamos antecipando que ele gerará retornos futuros. Da mesma forma, ao tomar um empréstimo, estamos comprometendo nossa renda futura para pagar a dívida.

Um dos conceitos centrais na teoria pós-keynesiana é a *preferência pela liquidez*. As pessoas preferem manter ativos líquidos, como dinheiro, porque eles oferecem segurança e flexibilidade em um ambiente de incerteza. A liquidez permite que os indivíduos e as empresas respondam com rapidez a mudanças inesperadas nas condições econômicas. Em outras palavras, a preferência pela liquidez é uma forma de se proteger contra a incerteza radical.

Mas o que é isso? Em um sistema complexo, que resulta da interação contínua de milhões de pessoas, o futuro é incerto e não pode ser previsto com precisão. Ao contrário do risco, que pode ser calculado e gerenciado, a incerteza radical implica não termos informações suficientes para fazer previsões confiáveis sobre eventos futuros. Isso afeta de modo profundo o comportamento econômico, pois as decisões são tomadas com base em expectativas que podem ser frustradas por eventos imprevistos.

Nesse contexto, a moeda serve como um remédio para a ansiedade. Sempre que a sensação de incerteza se aguça na cabeça das pessoas, elas procuram por uma segurança no dinheiro. Por quê? Basicamente, com o dinheiro, você tem a capacidade de adquirir virtualmente qualquer bem ou serviço que a economia produz. Afinal, todo mundo aceita aquele pedaço de papel em troca de alguma coisa que tem ou produziu.

Imagine que você está em uma viagem a um país estrangeiro e que levou apenas o cartão de crédito. Você chega a um restaurante e fica sabendo que pode pagar com ele. Após uma bela refeição, você está satisfeito e pede a conta. Ao passar o cartão, a operação é recusada. É um sábado, e não há ninguém para ligar na sua agência bancária para resolver a situação. O que você faz?

Essa situação ocorreu com um dos autores deste livro, e a solução foi usar a rede informacional da moeda em sua essência mais rudimentar: a confiança. O gerente do restaurante aceitou a promessa de que, resolvido o bloqueio, o cliente retornaria para efetuar o pagamento. A confiança foi tão grande que o cliente recebeu um cafezinho de cortesia. Na história das sociedades humanas, a troca de presentes e de cortesias é também uma parte da rede de confiança mútua. Nem tudo é interesse próprio e ganância.

Numa situação como essa, a ansiedade cresce. Conseguirei obter dinheiro? Terei como pagar pelo que preciso? Como desbloquearei o cartão? E se acontecer alguma situação de saúde e eu não tiver como pagar por um remédio? Assim que se acessa algum dinheiro, a ansiedade é reduzida de forma instantânea. É assim em uma viagem, e é assim, sobretudo, na vida de todas as pessoas envolvidas nessa rede de relações monetizadas que chamamos de economia monetária de produção.

Uma economia monetária de produção, na visão de Jonh Maynard Keynes, economista britânico do século XX, refere-se a um sistema econômico em que as relações monetárias afetam como a produção e a distribuição de bens e serviços ocorrem. O funcionamento da moeda afeta o ritmo da economia – e quantas pessoas as empresas e o Estado conseguem empregar em sua operação.

Keynes argumentava que a economia monetária de produção diferia fundamentalmente de uma economia de troca direta, em que os bens são trocados por outros bens sem o uso de moeda. Na economia monetária de produção, a moeda é o meio através do qual as transações são facilitadas, permitindo que os agentes econômicos comprem e vendam bens e serviços de forma mais eficiente.

Além disso, Keynes destacava a importância da demanda efetiva na economia monetária de produção. A demanda efetiva refere-se à quantidade total de bens e serviços que os consumidores, as empresas e o governo estão dispostos a comprar a um determinado nível de preços. Quando a demanda efetiva é insuficiente para absorver toda a produção da economia, pode ocorrer desemprego e subutilização de recursos. Mas por que isso ocorreria?

Em essência, porque não basta haver desejo para que uma troca ocorra. É preciso que o desejo se converta em poder de compra e gere uma demanda real por bens e serviços. Se as pessoas convertem seu dinheiro em pedaços de papel, que prometem pagamento no futuro, e não gastam na economia, é preciso que alguma empresa compense esse movimento – investindo na economia para gerar empregos e, com estes, mais renda circulando pelos mercados. De modo alternativo, quando as pessoas simplesmente guardam dinheiro nas contas bancárias ou em casa, e não circulam esses valores pela economia, todas as apostas que os empresários fizeram no seu negócio ficam frustradas com vendas abaixo do esperado.

Nessa situação de baixa confiança, a economia começa a reduzir seu ritmo de investimento e pode, eventualmente, frear de maneira brusca, caso a incerteza contamine os empresários. Se isso ocorrer, os empresários também retêm moeda ociosa e agravam a desaceleração. Com isso, o gasto com investimento produtivo mergulha, o desemprego cresce e a economia se contrai.

Para entender melhor o que isso significa, lembre-se de alguma vez em que você esteve em um lugar muito quente. O calor nos faz sentir um certo cansaço, uma leseira em que a gente não consegue se mexer muito. O motivo para isso é que o nosso sangue, em vez de estar com abundância no nosso cérebro, está todo distribuído pelo corpo nos vasos – dilatados pelo calor – que temos nos braços, nas pernas e em todo lugar. Para nos sentirmos melhor, jogamos uma água na nuca, para atrair o sangue para a cabeça e nos refrescarmos. Assim que entramos em algum lugar climatizado, com ventilador ou ar-condicionado, os vasos pelo corpo se contraem e liberam o sangue para circular. Ficamos mais atentos e nos sentimos melhor.

Pois bem, algo similar ocorre com a economia. Se o *sangue* da economia fica disperso e ocioso na infinidade de vasos que a compõem, os centros decisórios da atividade, isto é, as empresas que investem e produzem, não conseguem manter o ritmo da atividade econômica. Por isso, a moeda é fundamental para o funcionamento da economia: não apenas para fazer circular as mercadorias, mas sobretudo para viabilizar as decisões que fazem o sistema econômico funcionar de forma coordenada e organizada.[1]

---

[1] Assim, para Keynes, quando essa situação de estagnação ou recessão da atividade ocorre, cabe ao governo acionar políticas econômicas expansionistas, para estimular a demanda efetiva e manter a economia funcionando em plena capacidade. Ele defendia a ideia de que o governo poderia usar a política fiscal (como gastos públicos e cortes de impostos) e a política monetária (calibragem da taxa de juros) para estimular a demanda e promover o pleno emprego. Voltaremos a esse tema mais adiante.

PARA QUE SERVE A MOEDA?

A moeda desempenha várias funções essenciais no sistema econômico: ela é uma linguagem que fornece uma medida comum para interpretar (avaliar e comparar) o valor e o preço de bens e serviços. Ela também facilita as transações econômicas, eliminando a necessidade de trocas diretas (escambo). E, por fim, ela permite que armazenemos nossa riqueza de forma líquida, pronta para ser usada em transações futuras. Ao preservar o valor de compra, a moeda também viabiliza a realização de contratos e promessas de pagamento no futuro.

No ambiente econômico descrito por Davidson, a moeda e a preferência pela liquidez desempenham papéis cruciais na determinação do comportamento econômico. Em um mundo de incerteza radical, a confiança na moeda e nas promessas de pagamento é fundamental para a estabilidade econômica. Quando a confiança é abalada, como em uma crise financeira, a preferência pela liquidez aumenta, levando a uma contração do crédito e da atividade econômica.

Portanto, em um sistema monetário que opera como uma rede de promessas de pagamento, a relação entre presente e futuro é mediada pela moeda. A preferência pela liquidez e a incerteza radical são conceitos centrais que explicam por que a moeda é tão importante em nossa vida econômica.

BITCOIN ABORÍGENE E A MOEDA COMO REDE INFORMACIONAL

A história da moeda é complexa e multifacetada, envolvendo não apenas a evolução de objetos físicos (como moedas e notas), mas também sistemas de crédito e débito que precederam essas formas tangíveis de dinheiro. Pesquisadores como David Graeber e Michael Hudson têm explorado como as primeiras representações da moeda na humanidade apareciam, com frequência, na forma de promessas de pagamento e tabelas de débitos e créditos em diversas sociedades.

Em seu livro *Dívida*, David Graeber argumenta que as primeiras formas de moeda não eram moedas físicas, mas sim *sistemas de crédito*. Em muitas sociedades aborígenes, a economia era baseada em reciprocidade e confiança.[2] As transações eram registradas mentalmente ou em tabelas de débitos e créditos que mantinham um balanço de quem devia o que a quem.

Por exemplo, em algumas sociedades indígenas da América do Norte, as transações costumavam ser baseadas em promessas de pagamento futuro. Se uma pessoa recebia um bem ou serviço, ela ficava em dívida com o provedor, e essa dívida era registrada na memória coletiva da comunidade. Esse sistema de crédito permitia uma economia flexível e adaptável, baseada na confiança mútua.

Michael Hudson mostrou que as primeiras civilizações urbanas também usavam sistemas de crédito. Na Mesopotâmia, as transações eram, com recorrência, registradas em tábuas de argila, que funcionavam como tabelas de débitos e créditos. Essas tábuas registravam promessas de pagamento e eram usadas para manter o controle das transações econômicas.

Os templos e palácios desempenhavam um papel central na economia, atuando como centros de redistribuição e crédito. Os agricultores, por exemplo, podiam pegar emprestado sementes e ferramentas dos templos e pagar de volta com uma parte de sua colheita. Esse sistema permitia a mobilização de recursos e a facilitação do comércio sem a necessidade de moeda física.

As criptomoedas, como o bitcoin, compartilham algumas similaridades com esses antigos sistemas de crédito baseados em reciprocidade e confiança. Elas substituem a confiança mútua pela verificação via tecnologia digital e criptografia. No caso do bitcoin, a confiança se

---

[2] David Graeber, *Dívida*, 2023.

desloca para o sistema descentralizado de verificação de transações, conhecido como blockchain. Portanto, faz-se um registro de toda e qualquer transação ocorrida em seu ambiente digital. O pesquisador Tomas Rotta, da Universidade de Londres, chamou, em seu blog, o bitcoin de "karma digital", por armazenar em seus registros todas as transações, de maneira a gerar um diretório contendo todo o histórico de relações e transações entre os integrantes da rede até o presente. Diz o autor:

> A tecnologia blockchain tem a mesma função que a do karma, embora com relação a ativos digitais como bitcoin ou NFTs, em vez de uma pessoa. O blockchain faz no domínio digital o que o karma faz no domínio espiritual: ele mantém um registro completo de todas as transações em um banco de dados aditivo (*append-only*), cujo histórico passado nunca pode ser apagado ou modificado. Nenhuma informação passada pode ser subtraída ou modificada. Informações sobre transações podem ser apenas adicionadas, nunca subtraídas. Mais importante, o blockchain realiza esse recurso sem recorrer a nenhuma aplicação de terceiros.[3]

Do ponto de vista técnico, as sociedades antigas já mantinham um blockchain de forma tácita, isto é, sem a formalidade nem a rigidez do sistema criptográfico. Além disso, como destaca Michael Hudson no livro *… and forgive them their debts* [… e perdoa-lhes as suas dívidas],[4] o modelo da antiguidade previa a prática do jubileu, em que as dívidas eram periodicamente perdoadas para restaurar o equilíbrio econômico e social. Essa prática era vista como essencial para evitar a acumulação excessiva de dívidas e a concentração de riqueza nas mãos de poucos.

As criptomoedas, como o bitcoin, são conhecidas por sua rigidez e imutabilidade. As transações em blockchain são registradas de forma

---

[3] Tomas Rotta, "The Blockchain as Digital Karma", 2022. Tradução nossa.
[4] Michael Hudson, *… and forgive them their debts*, 2018.

permanente e não podem ser alteradas ou revertidas, o que significa que não há mecanismo intrínseco de perdão de dívidas nesse contexto. Uma vez que uma transação é confirmada e registrada na blockchain, ela se torna parte permanente do histórico de transações.

Essa diferença fundamental entre a prática do jubileu e a rigidez das criptomoedas no perdão de dívidas destaca abordagens contrastantes em relação ao tratamento das obrigações financeiras. Enquanto o jubileu buscava restaurar a justiça social e econômica por meio do perdão de dívidas, as criptomoedas priorizam a segurança e a imutabilidade das transações, sem espaço para intervenções humanas, como o perdão de dívidas.

Além disso, o movimento das criptomoedas carrega um conjunto de valores morais e ideológicos que refletem uma desconfiança em relação aos sistemas monetários tradicionais centralizados no Estado e nas instituições financeiras, que orbitam os bancos comerciais e de investimento. Os defensores das criptomoedas costumam priorizar um sistema monetário mais transparente, descentralizado e resistente à censura.

As primeiras representações da moeda na humanidade – como as promessas de pagamento e tabelas de débitos e créditos em sociedades aborígenes e antigas civilizações – mostram que a moeda sempre foi mais do que apenas um objeto físico. Esses sistemas baseados em reciprocidade e confiança permitiram a mobilização de recursos e a facilitação do comércio de maneira flexível e adaptável.

Apesar de as criptomoedas, como o bitcoin, compartilharem algumas dessas características, elas também carregam um conjunto de valores morais e ideológicos que refletem uma desconfiança em relação aos sistemas monetários tradicionais. Em última análise, tanto os antigos sistemas de crédito quanto as criptomoedas mostram que a moeda é uma construção social que evolui com as necessidades e valores das sociedades.

BEM PÚBLICO OU PROPRIEDADE PRIVADA: O DINHEIRO É DE QUEM?

A economia monetária é um campo complexo que estuda a natureza, as funções e a evolução do dinheiro e da moeda. Uma das discussões centrais nesse campo é a natureza híbrida da moeda – funcionando tanto como um bem público quanto como um instrumento privado de troca e reserva de valor. Esta seção explora essa dualidade, identificando as principais teorias que explicam a evolução do dinheiro e destacando esse hibridismo.[5]

O dinheiro, em sua função de meio de troca, unidade de conta e de reserva de valor, possui características de um bem público. Ele facilita as transações econômicas, reduzindo os custos de transação e aumentando a eficiência do mercado. Como um bem público, o dinheiro deve ser amplamente aceito e confiável – o que, em geral, requer a intervenção de uma autoridade central, como um governo ou banco central, que garanta sua estabilidade e aceitação.

Por outro lado, o dinheiro também tem características de um bem privado. Ele pode ser emitido por entidades privadas (como bancos comerciais) na forma de depósitos bancários e outros instrumentos financeiros. Além disso, a criação de dinheiro privado, como as criptomoedas, exemplifica a capacidade de entidades não governamentais de emitir formas de dinheiro que podem ser usadas para transações econômicas.

---

5 É complexa e intricada a questão da equivalência conceitual entre dinheiro e moeda. Com o intuito de facilitar a exposição, vamos tratá-los como sinônimos. Entretanto, os estudos da prof.ª Leda Paulani há muito tempo mostram que o tema é controverso. Por exemplo, Karl Marx refletiu profundamente sobre o papel simbólico do dinheiro (tomado como forma geral de valor) e do papel funcional da moeda (tomada como expressão do dinheiro e que circula na economia para efetuar transações). Nas palavras de Marx: "A moeda papel é o signo do ouro ou signo de dinheiro. Sua relação com os valores mercantis consiste apenas em que estes estão expressos idealmente nas mesmas quantidades de ouro que são representadas simbólica e sensivelmente pelo papel. [...] a moeda papel é signo de valor." Karl Marx, *O capital*, livro I, 1983, p. 109. Ver também Leda Maria Paulani e Leonardo André Paes Müller, "Símbolo e signo", 2010.

A teoria metalista – também conhecida como teoria da moeda-mercadoria – argumenta que o dinheiro evoluiu a partir de mercadorias que possuíam valor intrínseco, como ouro e prata. Essas mercadorias eram amplamente aceitas devido ao seu valor intrínseco e à escassez. A teoria metalista enfatiza a função do dinheiro como reserva de valor e meio de troca, e sua história como uma ordem espontânea resultante de decisões individuais que foram selecionando os melhores instrumentos para monetizar as relações sociais ao longo dos milênios. Segundo essa visão, a tecnologia social da moeda foi apropriada pelos Estados nacionais, em virtude do monopólio da violência. Portanto, a moeda fiduciária (baseada na confiança que se tem no Estado como emissor da moeda) não passa de um arranjo artificial baseado na força. A mobilização poderia, segundo tal abordagem, reverter essa lógica e devolver a moeda ao controle das pessoas. Essa é a visão de Adam Smith em *A riqueza das nações*,[6] a qual foi desenvolvida por Carl Menger, economista austríaco de renome – também considerado o precursor da hoje conhecida escola austríaca de economia –, e que serve de base para o movimento das criptomoedas.

Em contraposição diametral a essa abordagem, a teoria cartalista – ou teoria da moeda estatal – propõe que o dinheiro é uma criação do Estado e que sua aceitação é garantida pela autoridade governamental. Segundo essa teoria, o dinheiro não precisa ter valor intrínseco: sua aceitação é baseada na confiança na autoridade que o emite. O cartalismo destaca a função do dinheiro como unidade de conta e meio de pagamento de impostos.

Entre esses dois extremos, figura a teoria creditícia da moeda, defendida por economistas como Alfred Mitchell-Innes e, mais recentemente, por David Graeber. Ela sugere que o dinheiro evoluiu a partir de sistemas de crédito e débito. De acordo com essa teoria, o dinheiro é, em essência, uma promessa de pagamento futuro, e sua aceitação é baseada na confiança mútua entre as partes envolvidas na transação.

---

6 Adam Smith, *A riqueza das nações*, 2017.

As diferentes teorias sublinham, cada qual à sua maneira, a natureza híbrida do dinheiro. O dinheiro público, emitido por governos e bancos centrais, é amplamente aceito e confiável, servindo como base para a economia monetária. O dinheiro privado, emitido por bancos comerciais e outras entidades, complementa o dinheiro público ao fornecer liquidez adicional e facilitar a intermediação financeira.

Essa natureza híbrida é também refletida na evolução recente das criptomoedas, que são formas de dinheiro privado criadas por entidades descentralizadas. As criptomoedas exemplificam a capacidade de inovação do setor privado, ao mesmo tempo em que levantam questões sobre a necessidade de regulação e a função do Estado na garantia da estabilidade monetária.

A dualidade entre as características públicas e privadas do dinheiro é uma questão central na economia monetária. As teorias metalista, cartalista e do crédito oferecem diferentes perspectivas sobre a evolução do dinheiro, destacando sua função como meio de troca, unidade de conta e reserva de valor. A natureza híbrida do dinheiro, combinando elementos públicos e privados, reflete a complexidade e a dinâmica do sistema monetário moderno.

Na medida em que os bancos compartilham com o Estado o poder de emissão da moeda, insere-se um conflito entre motivações públicas e privadas, isto é, entre os benefícios sociais de um sistema monetário e os lucros privados extraídos da atividade bancária. É essa última que iremos analisar a seguir.

O PODER DO INTERMEDIÁRIO FINANCEIRO E A TENDÊNCIA À INSTABILIDADE FINANCEIRA

Analisemos agora o poder dos bancos na economia. Além de atuar como intermediários financeiros, eles mobilizam e alocam o capital por meio do crédito. Isso tem implicações profundas para a estabilidade econômica, para o ritmo de crescimento e para o grau de sofisticação tecnológica da economia.

A abordagem neoclássica, corrente central na literatura acadêmica, costuma tratar os bancos como meros intermediários passivos, guiados pelos sinais de preço de mercado. Partindo de uma ideia de que os bancos simplesmente promovem o encontro entre poupadores e investidores, essa visão ignora o papel de criadores ativos de crédito sem necessidade de qualquer contrapartida na forma de depósitos. Isso torna os bancos cocriadores do bem público moeda, dando-lhes poder de influenciar de forma significativa a atividade econômica.

O economista austríaco Joseph Schumpeter destacou a centralidade do crédito na economia capitalista, permitindo aos empreendedores obterem os recursos necessários para implementar novas ideias e tecnologias, impulsionando assim o progresso econômico. Nesse sentido, os bancos não apenas intermediam a poupança, mas também criam crédito, permitindo que os empreendedores acessem os recursos necessários para suas atividades inovadoras. Schumpeter acreditava que a inovação financiada pelo crédito produzia a *destruição criativa*, um processo em que novas indústrias e tecnologias substituem as antigas, promovendo a renovação contínua da economia e o aumento da produtividade.

Um exemplo desse poder foi a Batalha das Correntes entre os inventores da eletricidade, Thomas Edison – que patenteou a corrente contínua – e George Westinghouse, que financiou a patente de corrente alternada do prodigioso inventor sérvio Nikolas Tesla. Por ser amigo do banqueiro J.P. Morgan, Edison conseguiu acesso a fundos abundantes para viabilizar o desenvolvimento de uma lâmpada prática e de baixo custo, bem como a construção de seu sistema de geração e distribuição de energia. Morgan apostou em Edison por muitos anos, financiando um laboratório de pesquisa em Menlo Park, Nova Jersey, uma verdadeira *fábrica de invenções* que produziria em fluxo revigorante pequenas invenções a cada duas semanas e grandes invenções a cada seis meses. Em 1893, a superioridade da corrente alternada se comprovou, e a perda de mercado da empresa de Edison o obrigou a fundi-la com uma concorrente, criando a empresa hoje conhecida como General Electric.[7] Apesar de ter fracassado, Morgan permitiu a Edison estimular uma enorme concorrência, que acabou produzindo uma das principais inovações tecnológicas da humanidade.

Aproveitando esse exemplo da eletricidade, o sistema bancário pode ser visto como um quadro de energia, com interruptores que acionam e desligam a transmissão de corrente elétrica para um determinado ponto da rede. Os bancos dependem da capacidade de identificar oportunidades de aplicação de crédito financeiro que rendam suficientes lucros para que o pagamento no futuro seja garantido. Essa posição privilegiada no sistema monetário lhes confere um poder imenso de arbitrar quais projetos devem receber antecipação de fundos (ou crédito) e quais devem ser rejeitados. Esse é um processo sujeito a erros de avaliação e, sobretudo, a problemas de composição típicos de sistemas complexos. As células autônomas do sistema bancário não têm informação sobre quanto crédito e a quem outras células bancárias estão oferecendo. O resultado pode ser a concessão excessiva de crédito a projetos que não deveriam ser financiados e a outros que – devido à sua incipiência em termos de tecnologia ou do tamanho do mercado – não oferecem a rentabilidade no prazo e na magnitude necessários para convencer os analistas de crédito sobre sua viabilidade econômica.

Dessa forma, a potencialização do avanço tecnológico previsto por Schumpeter teria um custo: a alternância cíclica entre períodos de expansão do crédito e da economia e períodos de contração do crédito (que geram recessão). Na causa dessa instabilidade está o fato de que o crédito envolve risco e incerteza, tanto para os empreendedores quanto para os bancos. No entanto, é essa disposição para assumir riscos que impulsiona a inovação e o progresso econômico.

---

7 Daniel Yergin, *A busca*, 2014.

No início do século xx, vários economistas se dedicaram a analisar os ciclos econômicos. Keynes observou que, em tempos de incerteza econômica, os bancos podem se tornar excessivamente cautelosos, restringindo a oferta de crédito. Essa aversão ao risco pode levar a uma escassez de capital, dificultando o financiamento de investimentos produtivos e exacerbando a recessão econômica. A preferência pela liquidez, a partir da qual os bancos preferem manter reservas em vez de emprestar, pode agravar essa situação.

A oferta de crédito tende a ser pró-cíclica, amplificando os ciclos econômicos. Em períodos de expansão, os bancos podem se tornar otimistas de modo excessivo, expandindo o crédito com imprudência. Isso pode levar a bolhas de ativos e, eventualmente, a crises financeiras quando essas bolhas estouram.

Hyman Minsky, um economista pós-keynesiano, desenvolveu a Hipótese da Instabilidade Financeira, que argumenta que *a estabilidade econômica gera instabilidade*. Segundo Minsky, períodos prolongados de estabilidade econômica levam ao aumento da tomada de riscos e à complacência, resultando em uma maior alavancagem e vulnerabilidade financeira.

Durante períodos de crise, a confiança dos bancos pode evaporar com rapidez, levando a uma contração do crédito. Essa *corrida para a liquidez* pode resultar em uma escassez aguda de capital, exacerbando a crise econômica. A falta de crédito pode forçar empresas e indivíduos a venderem ativos a preços depreciados, agravando ainda mais a situação.

Minsky argumentou que a oferta de crédito é inerentemente instável devido à natureza cíclica do comportamento dos bancos. Durante períodos de expansão, os bancos podem relaxar seus padrões de crédito, levando a um aumento da alavancagem e do risco sistêmico. Quando a confiança diminui, a reversão abrupta da oferta de crédito pode desencadear crises financeiras.

Minsky identificou três posturas das unidades econômicas (famílias, empresas e governos) ao longo do ciclo de crédito: financiamento coberto (*hedge*), financiamento especulativo e financiamento *Ponzi*. Da primeira à terceira, tem-se um aumento progressivo do risco de não cumprimento de suas obrigações de dívida, a partir dos fluxos de caixa operacionais. Na postura especulativa, as unidades econômicas conseguem pagar o serviço de juros de suas dívidas, mas precisam refinanciar ou rolar o estoque da dívida. Já na postura *Ponzi*, elas não conseguem pagar nem os juros nem o principal sem vender ativos ou contrair mais dívidas.

A fragilidade financeira se constrói durante períodos de estabilidade econômica, em que os agentes financeiros se tornam mais confiantes e dispostos a assumir riscos. A percepção de risco diminui, e a alavancagem aumenta por meio da concessão leniente de crédito. Os lucros passados servem para aumentar a confiança de sua repetição no futuro. Bancos, empresas e governos formam expectativas de uma expansão sem fim.

Com o aumento da alavancagem, mais unidades financeiras passam de protegidas (*hedge*) para especulativas e, eventualmente, para *Ponzi*. A dependência de refinanciamento bancário e a venda de ativos para cumprir obrigações de dívida aumentam.

Quanto mais instável o castelo de cartas, menor é o choque necessário para fazer tudo desmoronar: um choque econômico ou uma mudança súbita nas expectativas pode desencadear uma crise. Quando os fluxos de caixa não são suficientes para cobrir as obrigações de dívida, as unidades *Ponzi* começam a vender ativos, levando a uma queda nos preços dos ativos. Um mercado em que todo mundo está vendendo e ninguém está comprando produz uma crise de liquidez. Os ativos só conseguem ser vendidos com grandes descontos em seu valor. A crise de liquidez se espalha, afetando unidades protegidas e especulativas, culminando em uma crise financeira generalizada. A confiança diminui, o crédito se contrai e a economia entra em recessão.

Para evitar os efeitos danosos desses ciclos sobre a economia, uma forte regulação sobre os bancos se estabeleceu a partir da década de

1930. A chamada Lei Glass-Steagal, nos Estados Unidos, segmentou o sistema bancário de acordo com as fontes de captação de recursos e o tipo de crédito que poderiam conceder. Durante a vigência dessas regras, até os anos 1980, o mundo teve poucos episódios de crises financeiras.

Com a virada neoliberal, o processo generalizado de desregulamentação de mercados levou o sistema bancário a ter menos amarras, o que ampliou tremendamente o espaço de acumulação de riqueza com uma explosão de produtos financeiros à disposição dos correntistas e das empresas.

A convivência de um setor bancário regulado com as rápidas mudanças nas tecnologias de comunicação e da informação levaram a uma taxa de inovação financeira que excedeu a capacidade das agências de regulação (em evitar que o risco sistêmico crescesse ao ponto da ruptura, isto é, de converter a instabilidade em crise financeira).

A corrente central da economia buscava acalmar os temores de crise, alegando que as inovações tecnológicas dariam conta de distribuir o risco nas várias unidades econômicas, eliminado qualquer possibilidade de colapso sistêmico do setor financeiro. Economistas heterodoxos tentaram, em vão, alertar que as crises se tornariam mais frequentes. As inúmeras crises financeiras entre os anos 1980 e a grande crise financeira global de 2008 deixaram claro quem tinha razão.

Os economistas neoclássicos que aconselhavam os governos do Norte Global não conseguiram responder à perplexa Rainha Elizabeth, do Reino Unido, quando ela perguntou como ninguém havia previsto a crise de 2008. Houve também o *mea culpa* tardio de Alan Greenspan, que chegou a ser considerado um dos salvadores da economia global pela revista *Time*, em 1999.[8] Presidente do Federal Reserve (FED) [equivalente ao nosso Banco Central] entre 1987 e 2006,[9] Greenspan alegou que erros na regulação do setor financeiro contribuíram para a erupção da crise de 2008.

---

8 "Rubin, Greenspan & Summers", *Time*, 15 fev. 1999.
9 John Ydstie, "Greenspan Era at the Fed Comes to a Close", NPR, 27 jan. 2006.

Greenspan admitiu que seu conhecimento sobre o funcionamento dos mercados financeiros estava incorreto, mas baseava-se no que havia de mais avançado em termos do saber econômico convencional.[10]

A REDE DE PROTEÇÃO PREFERENCIAL DOS BANCOS

No posto de corresponsáveis pela gestão do bem público moeda, os bancos têm legislação, contabilidade e regulação específicas; gozam, sobretudo, de um acesso diferenciado a mecanismos de salvamento em caso de uma crise de liquidez ou de solvência. No caso da liquidez, os recursos a receber de um banco podem estar descasados com a concessão de crédito ou os saques dos correntistas. Nesse caso, o banco recorre ao mercado interbancário, em que outros bancos podem lhe emprestar recursos até que a situação se normalize. Em última instância, o banco recorre à autoridade monetária, o Banco Central, para aliviar sua restrição de liquidez.

O caso da solvência é diferente. Um banco é dado como insolvente quando o valor dos seus ativos é muito menor do que as obrigações financeiras (ou passivos) que o banco deve cumprir. Ou seja, mesmo se o banco vendesse todos os prédios, equipamentos e todos os seus ativos financeiros não conseguiria honrar seus compromissos. Nesse caso, o Banco Central tenta orquestrar a compra do banco por outro banco.

Esse espaço especial do sistema bancário se deve à sua atuação como intermediador financeiro transversal, isto é, um alocador de recursos

---

10 Ver Edmund L. Andrews, "Greenspan Concedes Error on Regulation", *The New York Times*, 23 out. 2008. Greenspan admitiu para uma Comissão do Congresso dos Estados Unidos que depositou muita fé no poder de autocorreção dos mercados livres, e que falhou em antecipar o poder autodestrutivo dos empréstimos hipotecários desenfreados: "Aqueles de nós que recorreram ao interesse próprio das instituições de crédito para proteger o patrimônio dos acionistas, inclusive eu, estamos em um estado chocante de descrença." Tradução nossa.

para toda a economia. Ele integra o sistema circulatório que leva sangue para todo o corpo social. Qualquer problema no coração ou nas artérias ameaça o funcionamento do corpo inteiro.

Tal posição estratégica lhe confere uma série de potenciais privilégios econômicos: rede de proteção contra crises, tributação específica, poder de mercado, informação abundante, quadro de pessoal altamente qualificado etc. Assim, os bancos têm elevado risco de produzir externalidades negativas, transferindo o custo de suas ações e decisões para quem sofre as consequências delas – no caso, a população e a economia como um todo.

Poucos episódios da história econômica ilustram, com tamanho didatismo, a relação entre desigualdade e poder econômico quanto a reação à crise financeira global de 2008. Turbinados em sua confiança na capacidade de autorregulação dos mercados financeiros com mais uma rodada de desregulação em 1999, pelo governo de Bill Clinton, nos Estados Unidos, os bancos se uniram a outras instituições financeiras que buscavam fugir da regulação na busca de rendimentos maiores. A contrapartida era a maior tomada de risco.

Com o mercado de hipotecas já saturado, os bancos passaram a emprestar para as pessoas NINJA (sem renda, sem emprego e sem ativos), que estavam abaixo do nível *prime* de risco de crédito, ou *subprime*. Como o risco desses empréstimos era enorme, os bancos passaram a vender essas dívidas para outras instituições financeiras. Eles empacotavam em um outro título financeiro vários tipos de dívidas, como crédito estudantil, imobiliário etc., os quais eram vendidos para outros fundos de pensão ou de investimento. A premissa era de que tal mecanismo desconcentrava o risco, protegendo o sistema como um todo. Ledo engano!

Quando a bolha de crédito se tornou grande demais, o não pagamento dos títulos empacotados começou a afetar o retorno das instituições financeiras desreguladas e chegou, por fim, ao sistema bancário.

O grande banco Bear Stearns foi o primeiro a quebrar, seguido pelo gigante Lehman Brothers, em setembro de 2008. Quando as autoridades perceberam, o risco já havia se espalhado pelo sistema financeiro, como um câncer em metástase. Era tarde demais.

O colapso generalizado exigiu do governo dos Estados Unidos a escolha de prioridades: salvar os bancos para evitar uma depressão ou ajudar as pessoas que estavam prestes a perder suas casas. O governo optou por salvar bancos e grandes corporações, e despejou cerca de oito trilhões de dólares na economia entre 2008 e 2022 para salvar o sistema financeiro do colapso. Nenhum banqueiro responsável pela crise viu, até hoje, um dia de prisão. Milhões de pessoas perderam suas casas e centenas de milhares foram morar nas ruas por todo o país. Esse é o poder da alta finança.[11]

A EFICIÊNCIA SOCIAL DAS FINANÇAS

Dado esse posto privilegiado do sistema financeiro, cabem indagações a respeito da eficiência social da financeirização moderna. O economista holandês Servaas Storm aponta que a crescente financeirização da economia, caracterizada pelo aumento do poder e da influência do setor financeiro, pode levar a uma maior instabilidade econômica. A busca por lucros financeiros de curto prazo pode resultar em bolhas especulativas, crises financeiras e instabilidade sistêmica.

A desconexão entre o setor financeiro e a economia real leva o setor financeiro a se concentrar em atividades especulativas e focadas no curto prazo, em vez de financiar investimentos produtivos e inovação

---

11 Uma análise detalhada do sistema bancário foge por demais do eixo central deste livro. O leitor interessado pode buscar a rica literatura sobre essa e outras crises. Deixamos quatro indicações valiosas: Karl Planyi, *A grande transformação*, 2021; Charles P. Kindleberger, *Manias, pânicos e crashes*, 1999; Charles R. Morris, *O crash de 2008*, 2009; e, finalmente, Adam Tooze, *Crash*, 2018.

– sobretudo em meio aos eventos climáticos extremos que requerem a atuação coordenada entre Estados, empresas e sociedade civil, com base em critérios mais amplos do que a mera lucratividade.

Além disso, a financeirização pode agravar a desigualdade de renda e riqueza, concentrando o poder econômico nas mãos de uma pequena elite financeira. Isso pode minar a coesão social e criar disparidades econômicas cada vez maiores. Relatório da consultoria McKinsey, de 2023, identificou as somas espantosas de transferência de riqueza financeirizada para o topo da distribuição:

> Entre 2000 e 2021, a inflação do preço dos ativos criou cerca de US$ 160 trilhões em "riqueza de papel". As avaliações de ativos como ações e imóveis cresceram mais rápido do que a produção econômica real. E cada US$ 1,00 em investimento líquido gerou US$ 1,90 em nova dívida líquida. No total, o balanço global cresceu 1,3 vezes mais rápido do que o PIB. Ele quadruplicou, para atingir US$ 1,6 quatrilhão em ativos, consistindo em US$ 610 trilhões em ativos reais, US$ 520 trilhões em ativos financeiros fora do setor financeiro e US$ 500 trilhões dentro do setor financeiro.[12]

O estudo reconhece que a extrema desigualdade e o declínio da participação dos salários na renda ajudam a explicar a concentração de poupança ociosa mundo afora. O desvio de uma parcela desproporcional da geração de valor para os ricos reduziu o consumo global, uma vez que os ricos tendem a poupar mais do que a população em geral. Além disso,

> a poupança crescente dos ricos elevou os preços dos ativos, particularmente aqueles com retornos esperados mais altos. Ao mesmo tempo, os lucros corporativos cresceram rapidamente, particularmente nos Estados

---

[12] McKinsey Global Institute, "The Future of Wealth and Growth Hangs in the Balance", 2023, s/p. Tradução nossa.

Unidos, impulsionando ainda mais as avaliações de ações e, portanto, o crescimento do balanço.[13]

Eis a *gramática da desigualdade*: concentra-se poder econômico, que se traduz em poder político – que protege e fomenta a acumulação de mais poder econômico.

Com efeito, apenas uma regulamentação mais rigorosa do setor financeiro e reformas que incentivem um sistema financeiro mais orientado para o benefício social e econômico, a longo prazo, podem começar a reverter esse estado calamitoso de desigualdade. Direcionar o capital financeiro para investimentos produtivos e sustentáveis – que beneficiem a sociedade como um todo – é fundamental para que se socializem os benefícios que as ferramentas financeiras oferecem.

Algumas iniciativas nessa direção são: as *finanças abertas* (*open finance*), que permitem maior concorrência entre instituições financeiras pelos clientes com melhor nota de crédito; o *cooperativismo de crédito*, que permite usar a potência do compartilhamento de poupanças em prol dos cooperados, distribuindo os lucros da atividade dentro da comunidade que se beneficia dos serviços.

Outra inovação socialmente disruptiva é a moeda digital dos bancos centrais, a qual cria um ambiente comum de operações financeiras no plano digital, com forte redução de custos operacionais e transparência de informações. Essa tecnologia pode ser ainda mais revolucionária se oferecer aos cidadãos a oportunidade de ter uma conta corrente diretamente no Banco Central, eliminando a necessidade de usar algum intermediário financeiro, como bancos comerciais ou instituições de pagamento. No caso brasileiro, o PIX democratizou as transações financeiras instantâneas e foi seguido pelo Digital Real x (Drex), o ambiente do real digital. Dada a concentração do poder das finanças no Brasil, dominadas pelo oligopólio bancário e pelo poder de gigantes bancos

---

13 *Ibidem*, s/p. Tradução nossa.

de investimento – como o Banking and Trading Group Pactual (BTG Pactual) –, essa democratização das finanças digitais será limitada, para não se extinguir o espaço de exploração econômica das instituições financeiras.

No Brasil, o sistema bancário é uma atividade relativamente lucrativa. Em seu estudo *La banca brasileira*, Fernando Nogueira da Costa mostra a apropriação crescente dos lucros das grandes corporações pelo sistema financeiro. Diz o autor:

> Em 2013, os grupos com atividade de Finanças obtiveram 47,2% do lucro líquido de todos os grandes grupos. Em 2014, aumentaram para 67,1%. No entanto, em 2018, tinha diminuído para 37,7%. Recuperou-se em 2019, atingindo 48,9%. Vale observar suas participações em patrimônio líquido não terem se alterado nesses dois últimos anos (30,7%) e pouco variaram em receita bruta ao cair de 25% para 24,2%. Para comparar, em 2015, tinham alcançado já 29,6% em patrimônio líquido e 28,8% em receita bruta. Uma rápida comparação intersetorial evidencia a discrepância.[14]

O pesquisador e professor da Unicamp Giuliano Contento de Oliveira sugere que o sistema bancário privado brasileiro tem uma notável capacidade de obter altos lucros em diferentes contextos, seja em períodos de prosperidade, seja nos momentos de crise.[15] No entanto, ele argumenta que o declínio gradual das taxas de juros reais aumentou o impacto dos ciclos econômicos sobre os maiores bancos, uma vez que elevou o peso das receitas das operações de crédito no seu lucro.

As causas desse diferencial de lucro excedem os objetivos deste livro, mas é suficiente pontuar que, no Brasil, diferentemente de países anglo-saxônicos, em que os mercados de capitais dominam o financia-

---

14 Fernando Nogueira da Costa, *La banca brasileira*, 2022, p. 66.
15 G. C. Oliveira, "Estratégias de balanço dos cinco maiores bancos no Brasil no período recente (I-2007/III-2014)", 2016.

mento da economia, os bancos são uma força poderosa de mobilização, canalização e alavancagem de recursos.

A democratização das finanças é um passo incontornável para o desenvolvimento, exatamente por liberar os recursos – que hoje estão sob o comando de uns poucos bancos – para toda a economia. Não se trata apenas de dar acesso ao crédito, mas de romper com a concentração de mercado no setor, reduzindo os *spreads* bancários[16] e o custo de capital para toda a economia.[17]

BANCOS CENTRAIS: MUITO MAIS QUE UMA CASA DA MOEDA

Os bancos centrais possuem um poder significativo na economia, com influência direta na estabilidade financeira, na inflação e no crescimento econômico. Esse poder é exercido sobretudo através da supervisão do sistema bancário e da política monetária, a qual inclui a definição das taxas de juros, a regulação da oferta de crédito e de liquidez na economia. A capacidade dos bancos centrais de influenciar a economia é amplamente reconhecida e tem implicações profundas para todos os agentes econômicos, desde consumidores e empresas até investidores e governos.

A partir dos anos 1990, vários países passaram a adotar alguma variante do regime de metas de inflação. Nesse regime, o banco central estabelece uma meta explícita para a taxa de inflação e utiliza suas ferramentas para manter a inflação próxima a essa meta. Esse regime é um exemplo de *dominância monetária*, em que a política monetária

---

[16] *Spread* bancário é a diferença entre a taxa que o banco cobra dos devedores que contraem empréstimos e a taxa que o banco paga para captar recursos.

[17] Sobre esse tema, recomenda-se a leitura do livro: Guillermo Oglietti, Sergio Páez, *A mão visível do banqueiro invisível*, 2022. O livro de Fernando Nogueira da Costa, *La banca brasileira*, indicado acima, é uma resposta crítica a este livro, com atenção ao caso brasileiro. Ver também o artigo de Giuliano Contento de Oliveira, "O desempenho do sistema bancário no brasil no período recente (2007-2015)", 2017.

é a principal ferramenta para controlar a inflação e impõe limites à operação da política fiscal.

Nesse contexto, o banco central tem autonomia para definir a taxa de juros de acordo com suas metas de inflação, independentemente das necessidades fiscais do governo.[18] Além disso, supervisiona o sistema financeiro, guarda as reservas cambiais do país (moeda estrangeira, ouro etc.) e monitora o sistema de pagamentos que é operado pelos bancos comerciais (privados e públicos).

O Banco Central (BC) é mais conhecido, todavia, por sua política monetária. Ao calibrar a taxa de juros básica da economia (Selic), a autoridade monetária tem um impacto direto sobre o custo dos empréstimos repassados pelos bancos comerciais e sobre o custo do serviço da dívida pública.

Isso significa que o BC afeta o espaço de possibilidades da política fiscal. Afinal, quando ele aumenta a taxa de juros para combater a inflação, o custo de financiamento da dívida pública também aumenta. Isso ocorre porque o governo precisa pagar juros mais altos sobre os títulos que emite para financiar seu déficit.

O gráfico 17 nos permite visualizar como a variação da Selic (linha fina contínua) afeta o custo médio do estoque da Dívida Pública Federal (DPF – linha grossa contínua). Segundo o modelo do BC brasileiro, cada

---

18 Esse regime contrasta com a dominância fiscal, em que a dinâmica fiscal (serviço de juros da dívida alimenta a trajetória explosiva da dívida pública) pode influenciar ou até determinar a política monetária. O Banco Central, em vez de focar exclusivamente em metas de inflação, pode ser compelido a adotar políticas que facilitem o financiamento do déficit fiscal e a rolagem da dívida pública. Isso pode incluir a manutenção de taxas de juros artificialmente baixas ou a monetização da dívida (compra de títulos do governo pelo banco central). A dominância fiscal pode erodir a confiança dos investidores e do público na capacidade do banco central de manter a estabilidade de preços. Isso pode levar a um aumento dos prêmios de risco exigidos pelos investidores para financiar a dívida pública, aumentando ainda mais os custos de financiamento do governo. Um exemplo clássico de dominância fiscal pode ser observado em países que enfrentaram crises de dívida soberana. Nesses casos, a necessidade urgente de financiar déficits fiscais levou os governos a pressionarem os bancos centrais a adotarem políticas monetárias expansionistas, resultando em alta inflação e perda de credibilidade.

1 ponto percentual a mais de Selic implica um custo fiscal de 44 bilhões de reais no espaço de 12 meses, na forma de aumento do estoque da dívida pública. Esse é um dos caminhos pelos quais a política monetária constrange o espaço de possibilidades da política fiscal.

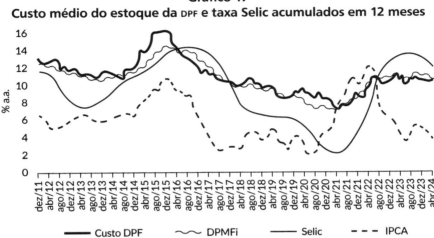

Gráfico 17
Custo médio do estoque da DPF e taxa Selic acumulados em 12 meses

Fonte: Tesouro Transparente, "Relatório Mensal da Dívida (RMD)", abr. 2024.

Esse aumento no custo do serviço da dívida atua como um mecanismo de disciplina fiscal. Quando o BC aumenta a taxa de juros, o governo enfrenta custos mais altos para rolar sua dívida existente e para emitir nova dívida. Isso pode levar a um aumento significativo nas despesas com juros no orçamento do governo, o qual enfrenta maior pressão para ajustar suas finanças. Para tanto, o governo precisa promover um ajuste fiscal, reduzindo gastos públicos ou elevando a arrecadação de impostos para cobrir o aumento dos custos com juros.

A perspectiva de custos mais altos com juros incentiva o governo a adotar políticas fiscais vistas, pelo mercado financeiro, como "mais responsáveis". Isso pode incluir a redução do déficit fiscal, a implementação de reformas estruturais e a busca por uma trajetória sustentável da dívida pública. A disciplina fiscal resultante de uma política monetária independente busca angariar credibilidade do governo junto aos investidores institucionais domésticos e estrangeiros. Isso pode levar a uma menor percepção de risco e, eventualmente, a uma redução nos prêmios de risco exigidos pelos investidores para financiar a dívida pública.

No regime de dominância monetária, portanto, a taxa de juros estabelecida pelo Banco Central desempenha um papel crucial na disciplina fiscal. Ao aumentar o custo do serviço da dívida, a política monetária independente incentiva o governo a adotar políticas fiscais mais responsáveis e sustentáveis, o que costuma ser linguagem cifrada para cortar benefícios sociais e investimentos públicos, e para vender ativos estatais para fazer caixa (a privatização em empresas ou a concessão de serviços públicos). Esse mecanismo de disciplina tem garantido a estabilidade econômica e a confiança dos investidores financeiros, porém ao custo de um crescimento econômico mais lento e excludente, e de maior volatilidade cambial. A próxima seção analisa o arranjo de política monetária brasileiro e seus efeitos sobre a nossa economia.

FINANÇAS IMPACIENTES E AS METAS DE INFLAÇÃO: A DOMINÂNCIA MONETÁRIA SOBRE A POLÍTICA ECONÔMICA BRASILEIRA

O Plano Real trouxe a estabilização da taxa de inflação em 1994, apoiando-se em uma taxa de câmbio fixa e sobrevalorizada para segurar os preços da economia. As baixas reservas internacionais expuseram o país a recorrentes pressões externas e, em 1999, desmoronou o arranjo que sustentara a estabilização até ali. Passou-se a adotar um regime de câmbio flutuante e, em meados daquele mesmo ano, foi lançado o regime de metas de inflação (RMI). A partir de 2000, as políticas fiscal e monetária passaram a focar no equilíbrio das contas públicas, garantindo a rolagem da dívida pública e mantendo a inflação sob controle – de preferência, próxima ao centro do regime de metas de inflação. Em paralelo, a política de flexibilidade cambial, administrada pelo Banco Central do Brasil (BCB), visa moderar o efeito repasse (*pass-through*) da taxa de câmbio aos preços, bem como equilibrar o balanço de pagamentos.

Os resultados até aqui foram bem-sucedidos no que se refere ao controle da inflação, mas a um custo elevado em termos de juros reais acima da média de países de renda equivalente e de uma trajetória de baixo crescimento. Fernando Ferrari Filho e Fábio Terra assim resumem o desempenho:

> A despeito dos objetivos esperados, a condução das referidas políticas econômicas, no período 1999-2022, não conseguiu estabilizar a inflação em patamares condizentes para países que adotam RMI. A performance do PIB foi relativamente risível, e a dívida pública não somente foi volátil, mas cresceu em relação ao PIB: o IPCA, índice oficial da inflação brasileira, cresceu, em média, 6,4% ao ano, a taxa média anual de crescimento do PIB foi da ordem de 2,1%, e a relação dívida pública líquida/PIB elevou-se de 44,5%, em 1999, para 57,5%, em 2022.[19]

Os autores também ressaltam os efeitos sobre o setor tecnologicamente mais dinâmico: a indústria de transformação, o segmento produtivo que mais perdeu participação. Com efeito, o tripé macroeconômico, vigente a partir de 2000, foi responsável por uma economia relativamente estagnada, que crescia aos solavancos e que contribuiu para o processo de desindustrialização do país no século XXI. De forma resumida, os principais resultados econômicos da economia brasileira entre 1999 e 2022 foram:

1. A taxa de inflação anual foi, em média, 6,4%, relativamente elevada, quando comparada a outros países que adotam o RMI.

---

19 Fábio Henrique Bittes Terra, Fernando Ferrari Filho, "Novo consenso macroeconômico, estagnação econômica e desindustrialização", 2024, p. 133.

2. Dada a pressão da taxa de câmbio sobre a nossa inflação, em poucas vezes a inflação ficou no centro da meta, e em nove ocasiões a inflação anual ultrapassou o limite máximo do intervalo das metas.
3. A taxa média de crescimento do PIB foi 2,1% ao ano, com períodos curtos de crescimento e períodos mais longos de estagnação.
4. O resultado fiscal primário em relação ao PIB foi, em média, positivo em 1,2%; em oito anos (período 2014–2021), ele foi negativo – o que conferiu à política fiscal uma natureza pró-cíclica.
5. A taxa Selic média, em termos nominais, foi 12,4% ao ano, ao passo que, em termos reais, ela se situou ao redor de 5,6% ao ano.
6. A taxa de câmbio nominal manteve-se valorizada na maior parte do período (apenas durante o governo Bolsonaro houve uma desvalorização acentuada).
7. A taxa de investimento foi bastante volátil ao longo do período, com média de 16,8% do PIB – patamar muito baixo para um país em desenvolvimento.

Como vimos anteriormente, esse modelo mantém a política fiscal dentro de limites estreitos e sujeita o governo de ocasião a uma pressão contínua por ajustes fiscais. Vimos no Capítulo 13 a transição do regime fiscal do Teto de Gastos de Temer e Bolsonaro para o regime fiscal sustentável de Lula 3. Partimos desse ponto para alinhavar a narrativa da política econômica, revelando o *algoritmo da austeridade* que foi embutido na programação do tripé macroeconômico.

A narrativa dos grupos financistas (e da imprensa corporativa a eles associada) alega que o plano do Ministério da Fazenda – de equilibrar o orçamento via arrecadação – é insustentável em face da falta de acordo no Congresso para aprovar as medidas necessárias para recomposição da base tributária e para bloquear a criação de novas despesas e desonerações tributárias – folha de pagamento, Programa Emergencial de Retomada do Setor de Eventos (Perse) e

PEC do Quinquênio etc. Em face dessas restrições, caberia ao governo avançar no corte de gastos.

É a versão brasileira da TINA (*não há alternativa*). Todas as estradas fiscais levam ao Teto de Gastos de Temer. Reduzindo o tamanho do Estado via cortes orçamentários, desregulação de mercados e venda de ativos e empresas estatais, o setor privado ficaria livre para guiar a economia rumo à alocação eficiente dos recursos. Superávits fiscais derrubariam a taxa de juros, com ativação do investimento privado e da geração de empregos. O corte de gastos permitiria reduzir a carga tributária com rigor fiscal, reduzindo o prêmio de risco do Brasil e permitindo ao Banco Central reduzir a Selic mesmo em face de um Federal Reserve (FED) [equivalente ao nosso Banco Central] reticente em reduzir os juros nos Estados Unidos. Eis o pensamento mágico da Faria Lima.

Em favor de sua agenda, a sede do rentismo conta com o regime de dominância monetária instituído após a maxidesvalorização do Real, em janeiro de 1999. Como vimos, o regime de metas de inflação submete todas as variáveis do sistema econômico ao objetivo de manter a inflação estável. Ao estabelecer limites ao crescimento da economia, dita quanto podem crescer os salários e os lucros, bem como o espaço de expansão do gasto público. Se o BC subir a taxa de juros para conter, por exemplo, o repasse de uma inflação importada sobre os preços domésticos, o gasto com serviço de juros da dívida cresce e restringe o gasto primário do governo, de forma a estabilizar a trajetória da dívida pública.

Como vimos no capítulo anterior, a dívida pública é afetada por inúmeras variáveis. O nível da taxa de juros é um deles, e é definido pelo Banco Central, enquanto a única variável sob comando do governo é o gasto público, uma vez que não é possível controlar de forma rigorosa a arrecadação.

Por esse motivo, a agenda preferencial da Faria Lima é o controle de gastos, vulgo austeridade. Ao adotar como regra o corte de gastos públicos (a chamada âncora fiscal), qualquer surpresa positiva de arrecadação ou venda de ativos da União produz superávit primário e se converte, de modo automático, em redução da dívida pública.

Uma visão não fundamentalista da política fiscal tenta balancear os efeitos combinados do crescimento do PIB, da inflação, da taxa de câmbio sobre a dívida pública, de sorte a encontrar espaço para adequar o gasto público aos anseios da população.

É importante destacar que o montante do serviço de juros da dívida pública depende de três fatores: da taxa Selic, do tamanho da dívida e dos indexadores adotados (pré ou pós-fixado, ou híbrido) na emissão dos títulos pelo Tesouro Nacional. Com efeito, ao definir a taxa Selic, o Banco Central influencia o serviço de juros da dívida pública, o qual determina a trajetória dela.

Nesse regime de dominância monetária, portanto, o BC autônomo tem forte poder sobre a política fiscal. No entanto, a atuação da autoridade monetária é limitada pelos eventos externos, em nada relacionados à decisão do governo de gastar mais ou menos. Vejamos.

O Brasil é um país de moeda não conversível, que depende do sistema internacional centrado no dólar. Isso significa que nossa economia é primordialmente afetada por forças externas e, apenas de forma secundária, por ações do governo.

O principal determinante da taxa terminal da Selic nesse ciclo de queda é o ritmo de corte da taxa de juros americana. O que os economistas do Boletim Focus fazem é calibrar o prêmio de risco dos títulos brasileiros sobre o juro americano.

O atual Risco-Brasil está em cerca de 220 pontos, somando 2,2% à taxa de juros norte-americana descontada da inflação esperada (5,5% – 3% = 2,5%). Ou seja, a nossa taxa real deveria girar em torno de 4,7%. O que explica ela estar em mais de 6% em 2024? Existe um prêmio adicional local – cortesia da Faria Lima – cuja explicação segue o gosto do freguês: pode ser a sucessão de Campos Neto ou a desconfiança com a eficácia do novo marco fiscal.

É nesse sentido que um sindicato do rentismo cobra um pedágio local por deter monopólio das opiniões que informam o Banco Central. É nítido que os investidores estrangeiros não olham tanto para o fiscal, como confirmou[20] a presidente do fundo de investimentos BlackRock no Brasil.

Se o governo Lula não cede à pressão por uma agenda mais à direita, o mercado pune o governo por meio desse ágio local, com o BC como cúmplice. Uma pista desse monopólio das opiniões é a assimetria das reações de analistas a reuniões privadas de diretores do BC com agentes de mercado (aceitas como normais) e aquelas com membros do governo (rejeitadas por indicarem influência política).

No atual contexto, isso se traduz assim: se o FED iniciasse um ciclo forte de cortes da taxa básica de juros, a taxa terminal da Selic cairia de forma expressiva, trazendo todos os efeitos positivos sobre a dívida pública, sobre o PIB e sobre a saúde financeira das empresas não financeiras,[21] cujos pagamentos de juros exorbitantes asfixiam seus investimentos produtivos.

Com efeito, a resiliência da inflação no plano internacional – e, em particular, nos Estados Unidos – impõe um piso à queda da Selic. Como o desaquecimento da economia americana é lento, a perspectiva de manutenção de juros mais altos pelo FED exerce um irrecorrível poder de atração sobre os capitais aplicados em outros países. O dólar se aprecia e derruba a maioria das moedas nacionais, sendo a intensidade da depreciação determinada pelo status de cada uma na hierarquia monetária do dólar: quanto mais integrado ao circuito financeiro internacional, maior é a exposição de cada moeda ao ciclo da política monetária norte-americana.

---

20 André Marinho, "'Hoje Brasil é mais pano de fundo do que foco dos investidores', diz presidente da BlackRock no País", *Estadão*, 17 abr. 2024.
21 Adriana Mattos, "Gasto de empresas com juros supera investimento", *Valor Econômico*, 22 abr. 2024.

A restrição relevante a uma política de distensão monetária no Brasil é o diferencial de juros com os Estados Unidos. Uma redução muito acelerada da Selic pode reduzir a atratividade do Brasil ao capital estrangeiro, agitando os mercados de derivativos, no qual a especulação com a moeda ocorre; a depreciação subsequente da taxa de câmbio pressiona os preços dos bens importados e induz o BC a elevar o juro até aplacar essa pressão cambial, bem como para evitar a difusão da elevação de preços monitorados e de serviços. Como esses preços estão sujeitos à indexação formal (contratos com cláusula de reajuste automático à inflação passada, como aluguéis residenciais) e informal (no caso de serviços), o repasse cambial à inflação leva algum tempo para se dissipar.

A outra restrição à queda da Selic é o chamado risco-país: a diferença que a taxa de juros brasileira precisa manter com relação à dos Estados Unidos (*spread*), tendo por árbitro o mercado financeiro doméstico e internacional por meio das agências de *rating*. Por isso, a conquista do grau de investimento é importante, pois reduz esse pedágio que o país precisa pagar à finança internacional para poder usar a moeda de reserva global, o dólar. Em essência, o critério mais relevante é a estabilidade da dívida pública do país. Se o governo conseguir mostrar uma trajetória confiável de estabilização da dívida, por meio de reformas fiscais (racionalização de gastos e de tributos) e redução do papel do Estado na economia, os mercados diminuem o pedágio que o país deve pagar. Essa é a dupla algema que prende braços e pés do país.

Uma vez que o tripé macroeconômico tem sido bem-sucedido em segurar a taxa de inflação abaixo dos dois dígitos e conta com uma formidável blindagem política formal (Congresso Nacional) e tácita (Faria Lima e imprensa), o que se pode fazer para flexibilizar o regime de metas de inflação? Há alguns caminhos possíveis e todos eles enfrentam fortes resistências.

O primeiro caminho é elevar a meta de inflação, de forma gradativa, para perto de 4%. Em 2023, o debate sobre essa proposta levou a uma forte pressão por parte do rentismo, em favor de reduzir as metas de inflação para 3%. Dada a força da taxa de câmbio e da indexação de preços na economia, isso requer que o BC mantenha a Selic em patamares mais elevados. O segundo caminho já foi adotado: metas de inflação contínuas, as quais ampliam o prazo para cumprir a meta e tornam a política monetária menos sensível a choques de preço externos; ainda nesse ponto, uma meta baseada em um média plurianual de inflação suavizaria a reação da política monetária. Como terceiro caminho, elevar o peso atribuído ao mandato do BC responsável pelo fomento do pleno emprego: hoje a regra de política monetária não considera, em seu modelo, o efeito da atividade econômica.

Em face do arranjo atual, qualquer tentativa de atualizar o regime de metas de inflação enfrenta estridente resistência, a qual leva a punições severas ao governo que questiona a "Santíssima Trindade Macroeconômica", chamada de tripé.

O que está em jogo é exatamente o desenvolvimento de longo prazo do Brasil. Estudos vêm mostrando conexões entre regimes de metas de inflação e tendências de taxas de câmbio em economias altamente abertas a fluxos de capital. No período de 2000 a 2019, dados mostram que os países em desenvolvimento da América Latina tiveram uma tendência de sobrevalorização cambial, impulsionada por maiores diferenciais de taxas de juros para os Estados Unidos – o que é prejudicial ao seu crescimento econômico. Em contraste, a tendência de subvalorização da taxa de câmbio real em países em desenvolvimento asiáticos e europeus – bem como na África do Sul – reflete a capacidade de seus governos de combinar um regime de metas de inflação mais flexível com um sistema de taxa de câmbio flutuante, mas administrado, preservando uma taxa de câmbio real competitiva e estável no longo prazo.

QUEM GANHA E QUEM PERDE COM A AUSTERIDADE MONETÁRIA

Dado o efeito contracionista dos juros altos sobre a economia brasileira, vale analisar quem ganha e quem perde com uma política contracionista.

Quando pressões de custo impulsionam a inflação, uma meta mais rigorosa significa que o Banco Central deve manter a taxa de juros elevada por mais tempo (isso se não surgir outro choque que o obrigue a apertar ainda mais a liquidez da economia).

A política monetária serve como uma restrição ao ritmo da economia. Quando fica mais apertada, há menos crédito disponível para financiar investimentos e produção. Com isso, emprego e renda perdem força. Equivale, nesse caso, a reduzir a marcha de um carro, impondo limite mais baixo à velocidade do veículo.

Mesmo quando os motivos de a inflação estourar a meta se devem aos choques de custo por causa da guerra na Ucrânia ou do choque de preços das commodities no mercado internacional,[22] rege a cartilha ortodoxa: sem austeridade fiscal (o que costumam chamar de "boa comunicação"),[23] a Selic não cai.

A ordem dos fatores aqui é importante: cortando os gastos obrigatórios, a taxa de juros cai, diminuindo o serviço de juros da dívida pública. O controle deve se aplicar aos recursos destinados à infraestrutura, cultura, saúde, educação, funcionalismo e previdência públicos, mas não vale para o exorbitante serviço de juros da dívida pública, que já passa de 732,4 bilhões de reais (ou 6,5% do PIB) nos doze meses acumulados até junho de 2024.[24] Traduzindo: o serviço de juros da dívida tem status (implícito) de "investimento", pois seu financiamento por meio de dívida é virtualmente ilimitado. Esse gasto obrigatório tem prioridade sobre todos os outros.

---

[22] Nathalia Garcia, "Inflação herdada e alta das commodities contribuíram para estouro da meta, diz BC", *Folha de S.Paulo*, 10 jan. 2023.
[23] Fábio Pupo, "Em recado a Haddad, presidente do BC diz ser possível gastar mais se houver boa comunicação", *Folha de S.Paulo*, 15 dez. 2022.
[24] Banco Central do Brasil, "Tabelas especiais", 2024.

É verdade que a dívida pública detida por bancos, fundos de investimento e de pensão pertence aos clientes, não aos banqueiros. Mas há, pelo menos, três categorias de clientes: os desbancarizados,[25] as muitas pessoas com pouca riqueza e os pouquíssimos ricaços com muitos ativos. O mercado é um "camarote VIP" da sociedade. Só tem voz quem tem posses. Vejamos os dados.

Estudo do Insper mostra alguns traços da distribuição de renda e de riqueza no Brasil.[26] Famílias de baixa renda dependem de programas sociais de receitas de conta própria. Os mais ricos gozam dos rendimentos de empregador e de valorização de ativos (financeiros e reais).

Artigo recente de Fernando Rugitsky e Pedro Romero,[27] na prestigiada revista *Cambridge Journal of Economics*, mostra uma relação positiva entre o nível da taxa de juros e a fatia da renda nacional apropriada pelos rentistas no Brasil, entre 2000 e 2019. Evitemos, contudo, fulanizar a questão: o rentismo é uma categoria de renda que concorre com os investimentos produtivos. O fato de aqui ser uma classe social demarcada deriva da alta concentração de riqueza no país, não de uma necessidade teórica.

Entre 2000 e 2019, a renda da classe rentista, medida como parcela do PIB brasileiro, teve tendência ligeiramente crescente, mas sua composição mudou de maneira profunda. Na primeira década do século XXI, o rentismo se apoiou na crescente expropriação financeira dos trabalhadores – os quais se endividavam no contexto da expansão dos salários e do crédito consignado –, parcialmente compensada pela queda na renda sobre os ativos (recebida do governo), a qual seguia a queda das taxas de juros em um contexto de abundante liquidez internacional. Segundo os dados, entre 2004 e 2011, o mercado de trabalho aquecido

---

25 Bruno Costa, "Pesquisa inédita FDC traz preferências dos meios de pagamento no Brasil", 2021.
26 Mateus Santos Rodrigues, Naercio Menezes Filho e Bruno Kawaoka Komatsu, "Quem poupa no Brasil?", jul. 2018.
27 Fernando Rugitsky e Pedro Romero, "Rentiers and Distributive Conflict in Brazil (2000–2019)", 2024, pp. 275-302.

permitiu aos trabalhadores elevarem seus rendimentos do trabalho. Entretanto, a fatia dos salários na renda nacional caiu, devido a um aumento no pagamento de serviços de juros aos rentistas, resultado do agressivo processo de endividamento das famílias. Apesar de ter havido grande redistribuição da renda para a base da distribuição – por meio de políticas sociais e de elevação real do salário mínimo –, houve uma facilitação do acesso ao crédito e da difusão de serviços financeiros, o que acabou aumentando o fluxo de renda da classe trabalhadora para a rentista. Assim, considerando-se todos os grupos sociais, o rentismo foi o grande vencedor do período 2004–2011.

Entre 2012 e 2013, aconteceu algo curioso: os rentistas não conseguiram intensificar a expropriação financeira e viram sua renda cair quase três pontos percentuais. O motivo foi a estabilização do endividamento das famílias, o que limitou a capacidade dos rentistas de aumentar sua renda via expropriação financeira para compensar a queda das taxas de juros a partir de agosto de 2011.

Rugitsky e Marques fazem aqui uma inferência que vale a pena ler em suas palavras, por revelar a relação entre a política do BC e os interesses a ela associados, em particular quando estes são contrariados:

> Em agosto de 2011, o BC iniciou um processo de redução da taxa básica de juros que, em 14 meses, levaria a um declínio de 5,25 pontos percentuais, levando a taxa de juros real para cerca de 2%. Foi parte de uma mudança de política que foi *imediatamente denunciada pelos operadores do mercado financeiro como um enfraquecimento da autonomia do banco central*. Também poderia ser lido como *uma tentativa de tornar a política monetária autônoma dos interesses rentistas*. Além disso, em 2012, o governo ampliou o desafio, usando bancos públicos para forçar a queda dos spreads de juros, levando a uma redução na participação de mercado de instituições privadas.[28]

---

28 Mateus Santos Rodrigues, Naercio Menezes Filho e Bruno Kawaoka Komatsu, *op. cit.*, jul. 2018, p. 295.

O que o BC sob o comando de Alexandre Tombini fez, em 2011, foi reverter o processo de elevação da Selic entre uma reunião e outra, sem avisar ao mercado da mudança de rota.[29] Afinal, os rentistas ganham tanto na subida dos juros quanto na queda deles; o que importa é estar adequadamente posicionado para usufruir estes ganhos. Assim, é fundamental que o BC não "dê cavalo de pau em transatlântico", de sorte a manter a previsibilidade do sentido e da extensão temporal de suas ações.

Por fim, o colapso econômico observado em 2015 e 2016 restaura o pico anterior da fatia da renda dos rentistas, devido a uma forte elevação da taxa Selic. Com a grande recessão entre 2016 e 2019, os dados sugerem que o rentismo sofreu um declínio relativo em sua renda, na esteira da queda da taxa de juros que acompanhou a implementação do Teto de Gastos por Temer. Nesse momento, em que os níveis de endividamento familiar estavam no mais alto patamar, as decisões da equipe econômica de Temer não se concentraram em estimular a demanda agregada, mas no corte dos custos trabalhistas, para estimular a produção. Essa política era um problema para os rentistas. Afinal, tal estratégia não estimulava o aumento dos níveis de endividamento das famílias, derrubando fortemente a expropriação financeira dos trabalhadores.

Entretanto, os autores do artigo alertam que uma limitação na forma de coletar os dados para a pesquisa não permite verificar se essa queda na renda foi compensada ou não pela inflação de preços de ativos. De fato, nesse período, houve um forte avanço nos índices da bolsa de valores e nos preços das ações, o que pode ter gerado intensivos ganhos de capital por meio da venda desses ativos.

---

29 O simples descumprimento da meta não tende a abalar a credibilidade do Banco Central. Um estudo do FMI (Surjit Bhalla, Karan Bhasin, Prakash Loungani, "Macro Effects of Formal Adoption of Inflation Targeting", 2023) mostrou que o controle de inflação reflete mais um acordo social de intolerância à inflação elevada do que o estrito respeito à meta, que se dá em apenas um terço dos casos. Ou seja, é mais um jogo de sinalização de compromisso e de esforço do que efetivamente de cumprir a meta. O propósito é, na verdade, munir o BC de justificativas para pressionar o governo a manter a austeridade fiscal.

É incontroverso, portanto, que a fonte principal dos lucros bancários da provisão de finanças pessoais sejam as deduções dos salários. Em momentos de queda da taxa básica de juros, a queda dos rendimentos sobre os títulos públicos é compensada por um aumento no volume de crédito concedido. Esses dados são reveladores da plasticidade da renda dos rentistas, o que lhes permite uma rápida adaptação às circunstâncias econômicas.

Nesse arranjo institucional, que se combina a uma abissal desigualdade de renda e riqueza, a política fiscal é arrimo de milhões de famílias, enquanto a política monetária tende a produzir efeitos muito heterogêneos. Estudos recentes sugerem que uma política que acomode choques (sem subir muito a taxa de juros) reduz a desigualdade de renda principalmente reduzindo o desemprego.[30]

Um estudo do FMI mostrou que a flexibilização da política monetária reduz principalmente a desigualdade de renda por meio da renda do trabalho, isto é, via redução do desemprego e maior participação na força de trabalho dos trabalhadores não qualificados e mais jovens.[31] Já os efeitos na distribuição da riqueza são menos claros e dependem da composição dos ativos e passivos dos balanços das famílias.[32]

Com efeito, adotar uma meta de inflação muito rigorosa tende a atrasar a queda da taxa de juros e impõe mais restrição fiscal aos gastos sociais para os mais vulneráveis da economia. Mais do que isso, do ponto de vista setorial, há também efeitos diferenciais. Como quase metade do crédito direcionado – isto é, aquele insensível à taxa Selic – é con-

---

[30] Davide Furceri, Prakash Loungani e Aleksandra Zdzienicka, "The Effects of Monetary Policy Shocks on Inequality", 2018; Olivier Coibion, Yuriy Gorodnichenko, Edward S. Knotek II e Raphael Schoenle, "Average Inflation Targeting and Household Expectations", 2021.
[31] Valentina Bonifacio, Luís Brandão-Marques, Nina Budina, Balazs Csonto, Chiara Fratto, Philipp Engler, Davide Furceri, Deniz Igan, Rui Mano, Machiko Narita, Murad Omoev, Gurnain Kaur Pasricha e Hélène Poirson, "Distributional Effects of Monetary Policy", 2021.
[32] Devika Hazra, "Does Monetary Policy Favor the Skilled?", 2022.

cedida ao setor agropecuário, dois efeitos ocorrem: (1) a taxa básica precisa subir mais para compensar a parte do mercado de crédito que não sofrerá aperto nas condições financeiras; e (2) o aperto monetário tende a afetar os setores mais intensivos em capital e que, portanto, dependem de maior volume de financiamento, como a indústria e os serviços sofisticados.

O que a análise da política monetária revela não tem nada de neutralidade. Ou seja, essa política não afeta a todos os grupos sociais e a todos os setores de forma indistinta. Seja pelo canal de crédito, seja pelo efeito riqueza, seja pelo canal da taxa de câmbio, os efeitos reforçam a estrutura de poder vigente – que privilegia os setores mais bem posicionados do ponto de vista político, que conseguem defender seus benefícios e transferir os custos do ajuste para os setores menos organizados da sociedade.

Se é verdade que "dinheiro na mão é vendaval", chover um pouco mais na horta dos mais pobres e daqueles que realmente inovam no país pode destravar nosso potencial econômico. É preciso reprogramar nosso aparelho produtivo e distributivo, de sorte a premiar o esforço e o talento na base da pirâmide social. Sem isso, continuaremos subordinando nossa imensa riqueza aos caprichos da nossa plutocracia.

Posfácio

No século XVI, Étienne de La Boétie, no *Discurso da servidão voluntária*, pondera algumas formas (hábito, religião e superstição) pelas quais as massas podem, voluntariamente, se submeter ao governo de um único homem, que ele classifica como alguém que muitas vezes é o mais covarde. Covardes que zombam de cidadãos sufocando com o vírus que causa a covid-19 ou que organizam golpes de estelionato contra velhinhos são exemplo disso.

Cinco séculos depois, o atual cenário sociopolítico e econômico é muito mais complexo do que aquele organizado pelo pensamento do filósofo francês. Ainda assim, a estrutura fundamental do raciocínio preconizado por La Boétie oferece um elemento-chave para compreender a realidade brasileira no começo do século XXI: a servidão – e consequente dominação – do povo brasileiro não é imposta, única e exclusivamente, por meio do uso das armas de fogo e da força bruta. O modelo organizacional que conforma a estrutura de controle da nação se vale de armas mais sofisticadas para fazer ascender, deliberada ou colateralmente, lideranças como Jair Bolsonaro ou Pablo Marçal.

Neste livro, procuramos escrutinar alguns dos aspectos centrais da dinâmica de funcionamento dessa forma de sociabilidade, que está ancorada na concentração dos poderes midiático, político e econômico.

Considerando a concentração do poder midiático, tratamos da formação e da evolução das mídias hegemônicas brasileiras ao longo do século XX e como o surgimento das redes sociais implica um novo paradigma de governança global e expõe a soberania dos Estados nacionais a riscos ainda pouco conhecidos. Muitos exemplos foram dados por empresas, como a Alphabet (Google), ou por bilionários, como Elon Musk, que exerceram influência direta para desestabilizar a democracia brasileira e alterar a estrutura da nossa política doméstica.

A comunicação é fundamental para a organização social. Nesse sentido, com os principais veículos e plataformas do país concentrados nas mãos de alguns poucos indivíduos e na ausência de uma rede pública comprometida com o desenvolvimento e a soberania do povo brasileiro, um amplo debate público sobre processos legítimos de emancipação social torna-se simplesmente impossível.

Exploramos também o vínculo inexorável do poder político e do mercado financeiro transnacional com as empresas de mídia e como o capitalismo anglo-saxão vem, por séculos, exercendo a função de principal regulador da nossa vida sociopolítica, o que criou uma "sociedade feudal financista", segundo o economista estadunidense Michael Hudson.

Enfatizamos também – utilizando os exemplos do golpe de 1964, a eleição Lula contra Collor, em 1989, a infame operação Lava Jato e o subsequente golpe de 2016 – como a concentração midiática representa uma ameaça à democracia nacional. Esperamos que outros exemplos análogos não aconteçam no futuro, o que parece ser altamente improvável.

No que concerne à concentração do poder político, olhamos para a agudização do dogma religioso no centro da organização da vida social do Brasil e como esse contexto pode produzir a formação de uma espécie de *teocracia miliciana*. Atualmente, os políticos, de ambos os lados no espectro ideológico, mas, sobretudo, os que estão na extrema direita, já organizam as suas formulações e propostas com base em categorias estritamente teológicas ou pseudoteológicas, pelo menos, usando o nome de "deus" e "jesus" para absolutamente tudo. Tais políticos vêm recebendo votações recordes e, hoje, o Brasil já possui mais estabelecimentos religiosos do que escolas e hospitais somados, conforme demonstramos.

Além disso, múltiplos indícios apontam que alguns dos políticos mais populares do país têm relações estreitas com organizações criminosas, que já dominam amplas áreas em diversos estados da Federação. Ou seja, não se trata de alarmismo barato ressaltar a possibilidade de uma teocracia miliciana.

Com o auxílio dos competentes Cláudio Gonçalves Couto e Jorge Mizael, salientamos também o funcionamento dos Poderes da República e o desequilíbrio entre os políticos e representantes patronais em relação aos representantes laborais, adotando o devido cuidado para não criminalizarmos a prática da própria representação. Esse é um ponto crucial para explicitar como e por que a classe trabalhadora rarissimamente consegue fazer valer os seus interesses na política institucional, e joga luz sobre a importância da organização popular. Como sinônimo de corrupção, o lobby foi criminalizado junto à população, mas as grandes empresas jamais deixaram de aplicá-lo no sentido de garantir a obtenção do que desejam.

Na última parte, no que diz respeito à concentração do poder econômico, ressaltamos as diferentes tribos ideológicas no jornalismo econômico e a hegemonia do pensamento neoliberal. A fim de facilitar a compreensão dos leitores, procuramos elaborar metáforas, analogias e estudos de caso, tais como o "fazendão com cassino", o "modelo Serra Pelada de desenvolvimento", a "Faria Lima versus Feira de Acari", a vida no "camarote VIP da sociedade", o caso Natura e o *charme discreto* das classes privilegiadas latino-americanas.

Ao chegar até aqui na leitura do livro, esses termos devem, para além de fazer sentido, ser capazes de transmitir as suas respectivas sínteses de acordo com as ideias que pretendemos avançar. Evidentemente, tais ideias (expostas nesta publicação) não trazem verdades irrefutáveis, fórmulas definitivas ou sequer raciocínios conclusivos para compreender o funcionamento do modelo organizacional que rege o país.

Muito pelo contrário: o esforço de pesquisa e redação empreendido nos capítulos anteriores serve a dois propósitos elementares: (1) um convite à reflexão de como o Brasil está estruturado atualmente e (2) qual o projeto de nação que desejamos desenvolver. Contudo, para alcançarmos, coletivamente, esses dois objetivos, faz-se necessária a leitura crítica deste texto com vistas à emancipação popular, o que esperamos termos sido capazes de promover de alguma forma e, em alguma medida, com a publicação deste livro.

Agradecimentos

Esse livro contou com a generosa colaboração de alguns dos profissionais mais esforçados e competentes nas suas respectivas áreas. Pessoas que dedicam a vida à emancipação popular por meio do pensamento crítico.

Agradecemos a: Alysson Leandro Mascaro, Jorge Mizael, Cláudio Gonçalves Couto, Dilma Rousseff, Eduardo Moreira, Rafael Donatiello e todo o time do Instituto Conhecimento Liberta, Guillermo Arias Beatón, Xico Sá, Luis Nassif, Michael Hudson, Laura Marisa Carnielo Calejon, Thadeu Santos, Livia Vianna e todo time do Grupo Editorial Record (Civilização Brasileira), Marco Bezzi, Hélder Maldonado, Fernando Galindo, João Cezar de Castro Rocha, Luiz Gonzaga de Mello Belluzzo, Marcelo Medeiros, Manoel Pires, Luciana Rosa, Fernando Mattos Filho e Élida Graziane.

Finalmente, agradecemos o apoio atencioso das nossas companheiras de vida, Aline Santos Araújo e Ive Bragiato, que foram essenciais para a conclusão do texto e para o refinamento das ideias.

Referências bibliográficas

ABRANCHES, Sérgio Henrique Hudson de. "Presidencialismo de coalizão: o dilema institucional brasileiro". *Dados – Revista de Ciências Sociais*, v. 31, n. 1, 1988. Disponível em: <https://edisciplinas.usp.br/pluginfile.php/4251415/mod_resource/content/1/AbranchesSergio%281988%29_PresidencialismodeCoalizao.pdf>. Acesso em: 6 set. 2024.

ADAMS, Charles. *For Good and Evil: The Impact of Taxes on the Course of Civilization*. Nova York: Madison Books, 2001.

ALLEN, Robert C. "Agricultural Productivity in Europe, 1300-1800". *European Review of Economic History*, v. 4, n. 1, 2000.

ALVES, José Eustáquio Diniz; CAVENAGHI, Suzana Marta; BARROS, Luiz Felipe Walter e CARVALHO, Angelita Alves de. "Distribuição espacial da transição religiosa no Brasil". *Tempo Social*, v. 29, n. 2, 2017, pp. 215-242.

AQUINO, Zilda Gaspar Oliveira de e BRITTO-COSTA, Letícia Fernandes de. "Identidade infantil e mídia no Brasil de Vargas e na Alemanha nazista". *Caleidoscópio*, v. 18, 2020, pp. 631-645. Disponível em: <https://pdfs.semanticscholar.org/4bc3/9bd5cf96186cd99f-1f87bc7f36687c0184d8.pdf>. Acesso em: 6 set. 2024.

ARISTÓTELES. *A política*. São Paulo: WMF Martins Fontes, 1998.

BAHNSEN, Greg. *Theonomy in Christian Ethics*. Nova York: Covenant Media Press, 2021.

BARROS, Jerônimo Duque Estrada de. *Impressões de um tempo: a tipografia de Antônio Isidoro da Fonseca no Rio de Janeiro (1747-1750)*. (Dissertação de mestrado em História Social). Universidade Federal Fluminense, 2012. Disponível em: <https://www.historia.uff.br/stricto/teses/Dissert-2012_Jeronimo_Barros.pdf>. Acesso em: 6 set. 2024.

BHALLA, Surjit; BHASIN, Karan e LOUNGANI, Prakash. "Macro Effects of Formal Adoption of Inflation Targeting." IMF *Blog*, 13 jan. 2023. Disponível em: <https://www.imf.org/en/Publications/WP/Issues/2023/01/15/Macro-Effects-of-Formal-Adoption-of-Inflation-Targeting-528218>. Acesso em: 6 set. 2024.

BIVENS, Josh e KANDRA, Jori. "CEO pay has skyrocketed 1,460% since 1978". *Economic Policy Institute*, 2022. Disponível em: <https://www.epi.org/publication/ceo-pay-in-2021/#:~:text=Changes%20in%20the%20CEO%2Dto,to%2D1%20ratio%20in%202000>. Acesso em: 6 set. 2024.

BLACK, R. A. e GILMORE, C. G. "Crowding Out During Britain's Industrial Revolution". *The Journal of Economic History*, v. 50, 1990, pp. 109-131. Disponível em <http://www.jstor.org/stable/2123440>. Acesso em: 6 set. 2024.

BONIFACIO, Valentina *et al*. "Distributional Effects of Monetary Policy". IMF *Working Paper*, 2021.

BORGES, Bráulio. "Projeções atualizadas para as receitas fiscais geradas pelo setor extrativo em 2024-2033". *Observatório de Política Fiscal*, FGV Ibre, 2024. Disponível em: <https://observatorio-politica-fiscal.ibre.fgv.br/politica-economica/outros/projecoes-atualizadas-para-receitas-fiscais-geradas-pelo-setor-extrativo>. Acesso em: 6 set. 2024.

BRAGA, Julia de Medeiros; ARAUJO, Mônica Mora Y. e AMITRANO, Claudio Roberto. "Visão geral da conjuntura". Ipea, 29 set. 2023.

Disponível em: <https://www.ipea.gov.br/cartadeconjuntura/index.php/2023/09/visao-geral-da-conjuntura-20/>. Acesso em: 6 set. 2024.

BRANSTETTER, Lee G. e LAVERDE-CUBILLOS, N. Ricardo. "The Dark Side of the Boom: Dutch Disease, Competition with China, and Technological Upgrading in Colombian Manufacturing". *Journal of International Economics*, v. 148, 2024. Disponível em: <https://www.sciencedirect.com/science/article/abs/pii/S0022199623001046>. Acesso em: 6 set. 2024.

BRUSSEVICH, Mariya; DABLA-NORRIS, Era e KHALID, Salma. "Teleworking is Not Working for the Poor, the Young, and the Women". *IMF Blog*, 2020. Disponível em: <https://www.imf.org/en/Blogs/Articles/2020/07/07/blog-teleworking-is-not-working-for-the--poor-the-young-and-women>. Acesso em: 6 set. 2024.

CALEJON, Cesar. *Esfarrapados: como o elitismo histórico-cultural moldou as desigualdades no Brasil*. Rio de Janeiro: Civilização Brasileira, 2023.

_____. *Tempestade perfeita: o bolsonarismo e a sindemia covid-19 no Brasil*. São Paulo: Contracorrente, 2021.

_____. *A ascensão do bolsonarismo no Brasil do século XXI*. Curitiba: Kotter, 2019.

CAPELATO, Maria Helena. "Propaganda política e controle dos meios de comunicação". In: PANDOLFI, Dulce (org.). *Repensando o Estado Novo*. Rio de Janeiro: FGV, 1999, p. 159.

CARVALHO, Kátia de. "Imprensa e informação no Brasil, século XIX". *Ciência da Informação*, v. 25, 1996. Disponível em: <https://revista.ibict.br/ciinf/article/view/643>. Acesso em: 6 set. 2024.

CHILTON, David. *Paraíso restaurado: uma teologia bíblica de domínio*. Brasília: Monergismo, 2024.

COIBION, Olivier; GORODNICHENKO, Yuriy; KNOTEK II, Edward S. e SCHOENLE, Raphael. "Average Inflation Targeting and Household Expectations". *NBER,* working paper n. 27.836, 2020.

COSTA, Bruno. "Pesquisa inédita FDC traz preferências dos meios de pagamento no Brasil". *Brink's Brasil,* 2021. Disponível em: <https://br.brinks.com/-/brink-s-se-une-%C3%A0-funda%-C3%A7%C3%A3o-dom-cabral-em-pesquisa-que-traz-h%C3%A-1bitos-e-prefer%C3%AAncias-dos-brasileiros-em-rela%C3%A7%-C3%A3o-aos-meios-de-pagamento>. Acesso em: 6 set. 2024.

COSTA, Fernando Nogueira da. *La banca brasileira: sistema bancário complexo.* Campinas: Blog Cultura & Cidadania, 2022

COUTO, Cláudio Gonçalves e OLIVEIRA, Vanessa Elias de. "Politização da Justiça: atores judiciais têm agendas próprias". *Cadernos Adenauer,* v. 20, n. 1, 2019, pp. 139-162.

COUTO, Cláudio Gonçalves. "O Brasil de Bolsonaro: uma democracia sob estresse". *Cadernos Gestão Pública e Cidadania,* v. 28, 2023. Disponível em: <https://www.scielo.br/j/cgpc/a/XncJc9VKCjpDS-9mHjSst7YD/abstract/?lang=pt#>. Acesso em: 6 set. 2024.

CZAJKA, Rodrigo. "O Comando dos Trabalhadores Intelectuais e a formação da esquerda cultural na década de 1960". *Temáticas,* v. 19, 2011, pp. 57-80. Disponível em: <https://econtents.bc.unicamp.br/inpec/index.php/tematicas/article/view/13671>. Acesso em: 6 set. 2024.

DANTAS, Audálio. "A mídia e o golpe militar". *Estudos Avançados,* v. 28, 2014. Disponível em: <https://www.scielo.br/j/ea/a/gTDsM7h-ZGgFQcyRLMknXX7k/?lang=pt>. Acesso em: 6 set. 2024.

DARDOT, Pierre e LAVAL, Christian. *A nova razão do mundo: ensaio sobre a sociedade neoliberal.* São Paulo: Boitempo, 2016.

DE OLIVEIRA, Danielle Ferreira. *A queda de Dilma Rousseff: Jornal Nacional e o golpe de 2016*. Rio de Janeiro: Mórula, 2023.

DIETRICH, Ana Maria. "Organização política e propaganda nazista no Brasil (1930-1945): o nazismo tropicalizado". *XXIII Simpósio Nacional de História*, 2005. Disponível em: <https://www.snh2013.anpuh.org/resources/anais/anpuhnacional/S.23/ANPUH.S23.0089.pdf>. Acesso em: 6 set. 2024.

DOMAR, Evsey. "The Burden of Debt and the National Income". *American Economic Review*, v. 34, 1944, pp. 798-827.

DUSEK, André. *Ouro bruto: Serra Pelada em três tempos*. Brasília: Forma e Conteúdo, 2020.

DYCK, Alexander; MORSE, Adair e ZINGALES, Luigi. "How Pervasive Is Corporate Fraud?". *Review of Accounting Studies*, v. 29, 2023, pp. 736-769. Disponível em: <https://link.springer.com/article/10.1007/s11142-022-09738-5#Sec9>. Acesso em: 6 set. 2024.

EICHENGREEN, Barry; EL-GANAINY, Asmaa; ESTEVES, Rui e MITCHENER, Kris James. *In Defense of Public Debt*. Oxford: Oxford University Press, 2021.

EICHENGREEN, Barry; EL-GANAINY, Asmaa; ESTEVES, Rui e MITCHENER, Kris James. "Public Debt through the Ages". *IMF Working Paper*, 2019.

FICO, Carlos. "Versões e controvérsias sobre 1964 e a ditadura militar". *Revista Brasileira de História*, v. 24, 2004. Disponível em: <https://www.scielo.br/j/rbh/a/NCQ3t3hRjQdmgtJvSjLYMLN/>. Acesso em: 6 set. 2024.

FIGUEIREDO, Argelina e LIMONGI, Fernando. "A crise atual e o debate institucional". *Novos Estudos Cebrap*, v. 36, 2017. Disponível em: <https://www.scielo.br/j/nec/a/KBxnHhZWWCPJ5zgJwKTTzSK/abstract/?lang=pt>. Acesso em: 6 set. 2024.

_____. *Executivo e Legislativo na nova ordem constitucional*. Rio de Janeiro: FVG, 1999.

FURCERI, Davide; LOUNGANI, Prakash e ZDZIENICKA, Aleksandra. "The Effects of Monetary Policy Shocks on Inequality". *Journal of International Money and Finance*, v. 85, 2018, pp. 168-186.

GALBRAITH, John Kennet. *A economia das fraudes inocentes*. São Paulo: Companhia das Letras, 2004.

Gayer, A.; Rostow, W. W. e Schwartz, A. J. *The Growth and Fluctuation of the British Economy, 1790–1850*. Oxford: Clarendon Press, 1953.

GENTRY, Kenneth. *He Shall Have Dominion: A Postmillennial Eschatology*. Chesnee: Victorious Hope Publishing, 1992.

GIOVANNETTI, Bruno; CHAGUE, Fernando. *Trader ou investidor?*. Rio de Janeiro: Intrínseca, 2023.

GLEESON-WHITE, Jane. *Double Entry: How the Merchants of Venice Created Modern Finance*. Nova York: W. W. Norton & Company, 2013.

GRAEBER, David. *Dívida: os primeiros 5 mil anos*. Rio de Janeiro: Zahar, 2023.

GREEN, James N. e JONES, Abigail. "Reinventando a história: Lincoln Gordon e as suas múltiplas versões de 1964". *Revista Brasileira de História*, v. 29, 2009. Disponível em: <https://www.scielo.br/j/rbh/a/5vTmVyS7TNZYP4Lj3PqntyS/>. Acesso em: 6 set. 2024.

GUILHERME, Cássio Augusto Samogin Almeida. "1964: golpe ou revolução? A disputa pela memória nas páginas do jornal O *Estado de S. Paulo*". *Cadernos de História*, v. 18, 2017. Disponível em: <https://periodicos.pucminas.br/index.php/cadernoshistoria/article/view/P.2237-8871.2017v18n29p564>. Acesso em: 6 set. 2024.

HAMILTON, Alexander; JAY, John e MADISON, James. *Os artigos federalistas*. Campinas: Avis Rara, 2021.

HARVEY, David. *Condição pós-moderna: uma pesquisa sobre as origens da mudança cultural*. São Paulo: Edições Loyola, 1992.

HAZRA, Devika. "Does Monetary Policy Favor the Skilled? – Distributional Role of Monetary Policy". *The Quarterly Review of Economics and Finance*, v. 86, 2022, pp. 65-86.

HEBLICH, Stephan; REDDING, Stephen J. e VOTH, Hans-Joachim. "Slavery and the Industrial Revolution". NBER *Working Paper Series*, 2022.

HEBOUS, Shafik; VERNON-LIN, Nate. "Carbon Emissions from AI and Crypto Are Surging and Tax Policy Can Help". *IMF Blog*, 2024. Disponível em: <https://www.imf.org/en/Blogs/Articles/2024/08/15/carbon-emissions-from-ai-and-crypto-are-surging-and-tax-policy-can-help>. Acesso em: 6 set. 2024.

HERESI, Rodrigo. "Reallocation and Productivity in Resource-Rich Economies". *Journal of International Economics*, v. 145, 2023. Disponível em: <https://www.sciencedirect.com/science/article/abs/pii/S0022199623001290?via%3Dihub>. Acesso em: 6 set. 2024.

HIRSCHMAN, Albert O. *As paixões e os interesses*. Rio de Janeiro: Record, 2002.

HODGSON, Geoffrey. "Financial Institutions and the British Industrial Revolution: Did Financial Underdevelopment Hold Back Growth?". *Journal of Institutional Economics*, v. 17, 2021, pp. 429-448. Disponível em: <doi:10.1017/S174413742000065X>. Acesso em: 6 set. 2024.

HUDSON, Michael. ... *and forgive them their debts: Lending, Foreclosure and Redemption From Bronze Age Finance to the Jubilee Year*. [s.l.]: Islet, 2018.

HUDSON, Michael. *The Destiny of Civilization: Finance Capitalism, Industrial Capitalism or Socialism*. [s.l.]: Islet, 2022.

HUTCHINSON, Martin e DOWD, Kevin. "The Apotheosis of the Rentier: How Napoleonic War Finance Kick-Started the Industrial Revolution". *Cato Journal*, 2018. Disponível em: <https://www.cato.org/cato-journal/fall-2018/apotheosis-rentier-how-napoleonic-war-finance-kick-started-industrial>. Acesso em: 6 set. 2024.

INSTITUTO SOU DA PAZ. "Violência armada e racismo: o papel da arma de fogo na desigualdade racial". [s.l.], 2022. Disponível em: <https://soudapaz.org/wp-content/uploads/2022/11/Violencia_armada_e_racismo_edicao_2022.pdf>. Acesso em: 6 set. 2024.

JÁCOME, Mauro de Queiroz Dias e LIMA, Luísa Guimarães. "A opinião do *Estadão* nas rupturas políticas de 1964 e 2016". xx *Congresso de Ciências da Comunicação na Região Centro-Oeste*, 2018. Disponível em: <https://portalintercom.org.br/anais/centrooeste2018/resumos/R61-0053-1.pdf>. Acesso em: 6 set. 2024.

KANAAN, Gabriel Lecznieski. "O Brasil na mira do Tio Sam: o Projeto Pontes e a participação dos EUA no golpe de 2016". XVIII *Encontro de História da Anpuh-Rio: História e Parcerias*, 2018. Disponível em: <https://www.encontro2018.rj.anpuh.org/resources/anais/8/1530472505_ARQUIVO_KANAAN,GabrielLecznieski.OBrasilnamiradoTioSam%5BANPUHRJ%5D.pdf>. Acesso em: 6 set. 2024.

KEYNES, John Maynard. *The General Theory of Employment, Interest and Money*. Londres: Macmillan, 1977.

KIELING, Camila Garcia. "Autoritarismo no discurso da imprensa brasileira durante o golpe de 1964". *Revista Extraprensa*, v. 10, 2016, pp. 3-17. <https://doi.org/10.11606/extraprensa2016.106867>. Acesso em: 6 set. 2024.

KINDLEBERGER, Charles P. *Manias, pânicos e crashes: um histórico das crises financeiras*. São Paulo: Nova Fronteira, 1999.

KONINGS, Martijn. *Capital and Time: For a New Critique of Neoliberal Reason*. Redwood: Stanford University Press, 2018.

KOTSCHO, Ricardo. *Serra Pelada: uma ferida aberta na selva*. São Paulo: Brasiliense, 1984.

KUSHNIR, Beatriz. *Cães de guarda: jornalistas e censores, do AI-5 à Constituição de 1988*. São Paulo: Boitempo, 2015.

LASHITEW, Addisu e WERKER, Eric. "Are Natural Resources a Curse, a Blessing, or a Double-Edged Sword?" *Brookings*, 16 jul. 2020.

LEWIS, W. Arthur. "Economic Development with Unlimited Supplies of Labour". *The Manchester School*, v. 22, 1954, pp. 139-191. Disponível em: <https://doi.org/10.1111/j.1467-9957.1954.tb00021.x>. Acesso em: 6 set. 2024.

LIMONGI, Fernando. "A democracia no Brasil: presidencialismo, coalizão partidária e processo decisório". *Novos Estudos Cebrap*, v. 76, 2006. Disponível em: <https://www.scielo.br/j/nec/a/BFxz33vLwN9rRnGy6HQMDbz/>. Acesso em: 6 set. 2024.

LINDERT, Peter. *Growing Public: Social Spending and Economic Growth Since the Eighteenth Century*. Cambridge: Cambridge University Press, 2010.

LOCKE, John. *Dois tratados sobre o governo*. São Paulo: Martins Fontes, 2019.

LOCKE, John. *Second Treatise of Government*. Indianápolis: Hackett Pub. Co. Inc., 1980.

LOUREIRO, Maria Rita; CODATO, Adriano; VIEGAS, Rafael Rodrigues e SILVA, Rodrigo. "Fábrica de líderes: a influência da USP na formação da elite dirigente nacional". *Tempo Social*, v. 36, 2024, pp. 23-44. Disponível em: <https://www.revistas.usp.br/ts/article/view/220846>. Acesso em: 6 set. 2024.

LÖWY, Michael. "A ofensiva do capitalismo neoliberal contra a Mãe Terra". *Libertas*, v. 23, 2023. Disponível em: <https://periodicos.ufjf.br/index.php/libertas/article/view/41356/25966>. Acesso em: 6 set. 2024.

LUCA, Tania Regina de. "A produção do Departamento de Imprensa e Propaganda (DIP) em acervos norte-americanos: estudo de caso". *Revista Brasileira de História*, v. 31, 2011. Disponível em: <https://www.scielo.br/j/rbh/a/Nm9ZFdXP6Gf3vzzGBH458RR/#>. Acesso em: 6 set. 2024.

MAGALHÃES, Carolina. "As aproximações entre a mídia e o agronegócio". In: CABRAL, Eula D. T. *Marcas do bicentenário da Independência do Brasil: cultura, informação e comunicação*. EPCC, 2023.

MANSO, Bruno Paes. *A república das milícias: dos esquadrões da morte à era Bolsonaro*. São Paulo: Todavia, 2020.

MARTINS, Ana Luiza e LUCA, Tania Regina de. *História da imprensa no Brasil*. São Paulo: Contexto, 2008.

MARTINS, Rafael Barbosa Fialho. "As mediações da interação do SBT com a audiência". *Mediação*, v. 18, 2016. Disponível em: <http://revista.fumec.br/index.php/mediacao/article/view/3693>. Acesso em: 6 set. 2024.

MARX, Karl. *O capital*. Rio de Janeiro: Civilização Brasileira, 2024.

_____. *O capital*. São Paulo: Abril Cultural, 1983.

MAURÍCIO, Patrícia; MARQUES, Rodrigo Moreno e BIZBERGE, Ana. "A concentração na internet e o necessário controle social". *Revista Eptic*, vol. 23, 2021, p. 94. Disponível em: <https://ufs.emnuvens.com.br/eptic/article/view/16920/12382>. Acesso em: 6 set. 2024.

MEDEIROS, Marcelo. *Os ricos e os pobres: o Brasil e a desigualdade*. São Paulo: Companhia das Letras, 2023.

MELZER, Nils. *O processo: Julian Assange*. Curitiba: Kotter, 2023.

MILANOVIC, Branko. *Capitalismo sem rivais*. São Paulo: Todavia, 2020.

MIROWSKI, Philip. *Machine Dreams: Economics Becomes a Cyborg Science*. Cambridge: Cambridge University Press, 2022.

_____. *Never Let a Serious Crisis Go to Waste: How Neoliberalism Survived the Financial Meltdown*. Nova York: Verso, 2013.

_____. *Science-Mart: Privatizing American Science*. Cambridge: Harvard University Press, 2011.

MONTESQUIEU. *O espírito das leis*. São Paulo: Edipro, 2023.

_____. *Oeuvres completes*. Paris: Gallimard, 1949.

MORAES, Dênis de. *A esquerda e o golpe de 1964*. Rio de Janeiro: Civilização Brasileira, 2024.

MORRIS, Charles R. *O crash de 2008: dinheiro fácil, apostas arriscadas e o colapso global do crédito*. [s.l.]: Aracati, 2009.

NAPOLITANO, Carlo José. "Propriedade cruzada das mídias e o exercício do direito à comunicação e da cidadania". *Revista de Gestão e Secretariado*, v. 15, 2024, pp. 320-333. Disponível em: <https://ojs.revistagesec.org.br/secretariado/article/view/3353>. Acesso em: 6 set. 2024.

NATHER, David e AHMED, Naema. "The Rise and Fall and Rise of the Budget Deficit". *Axios*, 18 out. 2018. Disponível em <https://www.axios.com/2018/10/18/federal-deficit-is-growing>. Acesso em: 6 set. 2024.

NORTH, Gary e DEMAR, Gary. *Christian Reconstruction: What It Is, What It Isn't*. [s.l.]: Institute for Christian Economics, 1990.

NORTH, Gary. *Tools of Dominion: The Case Laws of Exodus*. [s.l.]: Institute for Christian Economics, 1990.

NUNES, Letícia; ROCHA, Rudi; ULYSSEA, Gabriel. "Vulnerabilidades da população brasileira à covid-19: desafios para a flexibilização do distanciamento social". *Nota técnica n. 9*. Instituto de Estudos para Políticas de Saúde (Ieps), 2020. Disponível em <https://fgvclear.org/site/wp-content/uploads/vulnerabilidades-da-populacao-brasileira-a--covid-19-desafios-para-a-flexibilizacao-do-distanciamento-social--ieps.pdf>. Acesso em: 6 set. 2024.

OGLIETTI, Guillermo e PÁEZ, Sergio. *A mão visível do banqueiro invisível: renda e lucro extraordinário dos bancos latino-americanos*. Curitiba: CRV, 2023.

OLIVEIRA, Giuliano Contento de. "O desempenho do sistema bancário no Brasil no período recente (2007-2015)". Texto para discussão. Ipea, v. 2327, 2017. Disponível em: <https://repositorio.ipea.gov.br/bitstream/11058/8042/1/td_2327.pdf>. Acesso em: 6 set. 2024.

_____. "Estratégias de balanço dos cinco maiores bancos no Brasil no período recente (I-2007/III-2014)". In: SANTOS, C. H. M. *Características estruturais do sistema financeiro brasileiro: um registro da reflexão do Ipea no biênio 2014-2015*. Ipea, 2016.

PANTOJA, João Afonso dos Santos L. e MENDONÇA, Kátia. "'Fala que eu te escuto': um estudo sobre o televangelismo e a Igreja Universal do Reino de Deus (Iurd) nas ciências da religião". *Nova Revista Amazônica*, v. 8, 2020. Disponível em: <https://periodicos.ufpa.br/index.php/nra/article/view/8629/0>. Acesso em: 6 set. 2024.

PAULANI, Leda Maria e MÜLLER, Leonardo André Paes. "Símbolo e signo: o dinheiro no capitalismo contemporâneo". *Revista Estudos Econômicos*, v. 40, 2010, pp. 793-817.

PEREIRA, Eliseu. "Teologia do domínio: uma chave de interpretação da relação política evangélico-bolsonarista". *Projeto História*, v. 76, 2023, pp. 147-173. Disponível em: <https://doi.org/10.23925/2176-2767.2023v76p147-173>. Acesso em: 6 set. 2024.

PETRILLO, Pier Luigi. *Teorias e técnicas do lobbying*. São Paulo: Contracorrente, 2022.

PIERUCCI, Frédéric e ARON, Matthieu. *Arapuca estadunidense: uma Lava Jato mundial*. Curitiba: Kotter, 2021.

PIKETTY, Thomas. "Theories of Persistent Inequality and Intergenerational Mobility". *Handbook of Income Distribution*, v. 1, 2000, pp. 436-437. Disponível em: <https://colab.ws/articles/10.1016%2FS1574-0056%2800%2980011-1>. Acesso em: 6 set. 2024.

_____. *A Brief History of Equality*. Cambridge: Belknap Press, 2022.

_____. *Le Capital au XXIe siècle*. Paris: Points, 2020.

_____. *O capital no século XXI*. Rio de Janeiro: Intrínseca, 2014.

PIRES, Manoel. "Austeridade fiscal: as evidências". *Observatório de Política Fiscal*, FGV Ibre, 2019. Disponível em: <https://observatorio-politica-fiscal.ibre.fgv.br/posts/austeridade-fiscal-evidencias>. Acesso em: 6 set. 2024.

PIRES, Manoel. *Política fiscal e ciclos econômicos: teoria e experiência recente*. Rio de Janeiro: FGV/Elsevier, 2017.

POLANYI, Karl. *A grande transformação*. Rio de Janeiro: Contraponto, 2021.

PRESIDÊNCIA DA REPÚBLICA. *Constituição da República Federativa do Brasil de 1988*. Disponível em: <https://www.planalto.gov.br/ccivil_03/constituicao/constituicao.htm>. Acesso em: 6 set. 2024.

QUEIROZ BARBOZA, Estefânia Maria de e KOZICKI, Katya. "Judicialização da política e controle judicial de políticas públicas". *Revista Direito* GV, v. 8, 2012, pp. 59-85.

QUEIROZ BARBOZA, Estefânia Maria de. "As origens históricas do *civil law* e do *common law*". *Revista Quaestio Iuris*, v. 11, n. 3, 2018, pp. 1456-1486.

QUESNAY, François e MIREBEAU, Marquês. "Philosophie rurale". In: MEEK, Ronald L. *The Economics of Physiocracy*. Cambridge: Harvard University Press, 1963.

RAMOS, Roberto José. "Rede Globo e a ditadura militar: atualização histórica e ideologia". *Revista de Humanidades*, v. 20, 2005. Disponível em: <https://ojs.unifor.br/rh/article/view/595>. Acesso em: 6 set. 2024.

RECH, Lucas Trentin. "Gasto tributário no Brasil: evolução e hipóteses explicativas". In: COUTO, Leandro Freitas e RODRIGUES, Júlia (orgs.). *Governança orçamentária no Brasil*. Rio de Janeiro/Brasília: Ipea/Cepal, 2022.

RECONDO, Felipe. *Tanques e togas: o* STF *e a ditadura militar*. São Paulo: Companhia das Letras, 2018.

ROBINSON, W. I. "Capital Has an Internationale and It Is Going Fascist: Time for an International of the Global Popular Classes". *Globalizations*, v. 16, 2019, pp. 1085-1091. Disponível em: <https://doi.org/10.1080/14747731.2019.1654706>.

ROCHA, Leonardo Cristian. "As tragédias de Mariana e Brumadinho: É prejuízo? Para quem?". *Caderno de Geografia*, v. 31, n. 1, 2021.

Disponível em: <https://periodicos.pucminas.br/index.php/geografia/article/download/25541/17777/>. Acesso em: 6 set. 2024.

RODRIGUES Mateus Santos; MENEZES FILHO, Naercio e KOMATSU, Bruno Kawaoka. "Quem poupa no Brasil?", Insper, jul. 2018. Disponível em: <https://repositorio-api.insper.edu.br/server/api/core/bitstreams/ae1bf4e0-80f2-40d5-bbf0-5ceb36380a16/content>. Acesso em: 6 set. 2024.

ROGOFF, Kenneth. "The Optimal Degree of Commitment to an Intermediate Monetary Target". *Quarterly Journal of Economics*, v. 100, 1985, pp. 1169-1189.

ROMANCINI, Richard. "A querela da imprensa: conflitos regionais e institucionais na construção da história". *I Seminário Brasileiro sobre Livro e História*, 2004. Disponível em: <https://www.researchgate.net/profile/Richard-Romancini/publication/265980936_A_Querela_da_Imprensa_conflitos_regionais_e_institucionais_na_construcao_da_historia/links/54b835980cf269d8cbf6c902/A-Querela-da-Imprensa-conflitos-regionais-e-institucionais-na-construcao-da-historia.pdf>. Acesso em: 6 set. 2024.

RUGITSKY, Fernando e ROMERO, Pedro. "Rentiers and Distributive Conflict in Brazil (2000-2019)". *Cambridge Journal of Economics*, v. 48, 2024, pp. 275-302. Disponível em: <https://doi.org/10.1093/cje/bead053>. Acesso em: 6 set. 2024.

RUSHDOONY, Rousas John. *The Institutes of Biblical Law*. Phillipsburg: P&R Publishing, 1980.

SAJÓ, András. "From Militant Democracy to the Preventive State". *Cardozo Law Review*, v. 27, 2005.

SALUM, Fabian Ariel. *Meios de pagamento no Brasil*. Nova Lima: Brink's Brasil/ Fundação Dom Cabral, 2021. Disponível em: <https://www.

fdc.org.br/conhecimento/publicacoes/relatorio-de-pesquisa-35635>. Acesso em: 6 set. 2024.

SAMPAIO, Mariana. *Governança corporativa e remuneração de executivos no Brasil*. (Dissertação de mestrado em Administração). Universidade Estadual do Rio de Janeiro, 2009. Disponível em: <https://www.coppead.ufrj.br/wp-content/uploads/2019/07/Mariana_Sampaio.pdf>. Acesso em: 6 set. 2024.

SILVA, Cristiano da Costa; SOUZA JÚNIOR, José Ronaldo de C. e OLIVEIRA, Tarsylla da S. de G. "Índice de qualificação do trabalho agregado e desagregado por setores." Carta de conjuntura n. 56, Nota de conjuntura n. 26. Ipea, 2022. Disponível em: <https://www.ipea.gov.br/cartadeconjuntura/wp-content/uploads/2022/09/220920_cc_nota_26_IQTv02.pdf>. Acesso em: 6 set. 2024.

SILVA, Jaqueline de Paiva e. *A Broadcast, o mercado financeiro e a cobertura de economia da grande imprensa: como a Broadcast ajuda a fortalecer os interesses do mercado financeiro, influindo na cobertura de outros veículos de comunicação.* (Dissertação de mestrado em Comunicação). Universidade de Brasília, 2002. Disponível em: <http://www.realp.unb.br/jspui/handle/10482/37750>. Acesso em: 6 set. 2024.

SLOBODIAN, Quinn. *Globalistas: o fim do império e o nascimento do neoliberalismo*. Florianópolis: Enunciado Publicações, 2018.

SMITH, Adam. *A riqueza das nações*. Rio de Janeiro: Nova Fronteira, 2017.

SODRÉ, Nelson Werneck. *História da imprensa no Brasil*. Rio de Janeiro: Civilização Brasileira, 1966.

SOUZA, Diana Paula de. "Jornalismo e narrativa: uma análise discursiva da construção de personagens jornalísticos no sequestro de Abílio Diniz e suas repercussões políticas". *XXXII Congresso Brasileiro de*

Ciências da Comunicação, 2009. Disponível em: <http://www.intercom.org.br/papers/nacionais/2009/resumos/R4-1740-1.pdf>. Acesso em: 6 set. 2024.

SOUZA, Jessé. *O pobre de direita: a vingança dos bastardos*. Rio de Janeiro: Civilização Brasileira, 2024.

_____. *A ralé brasileira: quem é e como vive*. Rio de Janeiro: Civilização Brasileira, 2022.

STEUART, Sir James. *An Inquiry into the Principles of Political Economy: Being an Essay on the Science of Domestic Policy in Free Nations*, Berlim: Hansebooks, 2016.

STUDWELL, Joe. *How Asia Works: Success and Failure in the World's Most Dynamic Region*. Nova York: Grove, 2014.

SVAMPA, Maristella. *As fronteiras do neoextrativismo na América Latina: conflitos socioambientais, giro ecoterritorial e novas dependências*. São Paulo: Elefante, 2019.

TERRA, Fábio Henrique Bittes e FILHO, Fernando Ferrari. "Novo consenso macroeconômico, estagnação econômica e desindustrialização: o caso brasileiro". In: ARAUJO, Eliane e FEIJÓ, Carmem (orgs.). *Industrialização e desindustrialização no Brasil: teorias, evidências e implicações de política*. Curitiba: Appris, 2024.

TOOZE, Adam. *Crash: como una década de crisis financieras ha cambiado el mundo*. Madri: Crítica, 2018.

VENTURA, Jaume e VOTH, Hans-Joachim. "Debt into Growth: How Government Borrowing Accelerated the Industrial Revolution". VoxEu, 2015. Disponível em: <https://cepr.org/publications/dp10652>. Acesso em: 6 set. 2024.

VIEIRA, Ana Paula Leite. "A política editorial do Departamento de Imprensa e Propaganda (DIP)". XXIX *Simpósio Nacional de História*,

2017. Disponível em: <https://www.snh2017.anpuh.org/resources/anais/54/1502802863_ARQUIVO_ApoliticaeditorialdoDepartamentodeImprensaePropaganda(artigocompleto).pdf>. Acesso em: 6 set. 2024.

VISCARDI, Cláudia M. R. "Corporativismo e neocorporativismo". *Estudos Históricos*, v. 31, 2018, pp. 243-256.

VOTH, Hans-Joachim; CAPRETTINI, Bruno e TREW, Alexis. "Fighting for Growth: Labor Scarcity and Technological Progress During the British Industrial Revolution". *Working Papers n. 15*, Business School – Economics, Universidade de Glasgow, 2022.

WEIZSÄCKER, Carl Christian von e KRÄMER, Hagen M. "Saving and Investment in the Twenty-First Century: The Great Divergence". In: VON WEIZSÄCKER, Carl Christian e KRÄMER, Hagen M (orgs.). *Saving and Investment in the Twenty-First Century: The Great Divergence*. Berlim: Springer, 2021.

WILLIAM, Wagner. *O soldado absoluto: uma biografia do marechal Henrique Lott*. Rio de Janeiro: Record, 2005.

WILLIAMSON, J. G. "Why Was British Growth so Slow During the Industrial Revolution?". *The Journal of Economic History*, v. 44, 1984, pp. 687-712. Disponível em: <http://www.jstor.org/stable/2124148>. Acesso em: 6 set. 2024.

WOODFORD, Michael. "Public Debt as Private Liquidity". *The American Economic Review*, vol. 80, 1990, pp. 382-388.

WOODFORD, Michael. *Interest and Prices*. Nova Jersey: Princeton University Press, 2003.

YERGIN, Daniel. *A busca: energia, segurança e a reconstrução do mundo moderno*. Rio de Janeiro: Intrínseca, 2014.

Este livro foi impresso na tipografia Classical Garamond BT,
em corpo 11/16, e impresso em
papel off-white no Sistema Cameron da
Divisão Gráfica da Distribuidora Record.